JN204770

南岳衡山と聖徳太子信仰

阿部泰郎・吉原浩人［編］

勉誠出版

大阪市杭全神社蔵『聖徳太子絵伝』

第七幅（拡大）

第九幅（拡大）

第二幅

第一幅

第四幅

第三幅

第五幅

第六幅

第七幅

第八幅

第九幅

第十幅

序言

本書は、聖徳太子信仰研究史上、劃期的な意義を持つものである。衡山と聖徳太子信仰の関係を統一の主題としつつ、古代から中世までの聖徳太子信仰全般について、新たな見解を世に問うものとなっている。

まず第一部は、中国湖南省にある南岳衡山を主題とする総論である。阿部論文では聖徳太子の衡山『法華経』取経話を主題とし、吉原論文では衡山における慧思の転生と、達磨と慧思の対面を主題としている。『聖徳太子絵伝』にみられる、夢殿から衡山に青龍車で飛来する聖徳太子像の深奥にはどのような意味が隠されているのか、本書の読者を衡山をめぐる伝承世界に誘う意図を持っている。

第二部は、日本古代における聖徳太子信仰を主題とする。高松論文は聖徳太子が隋に送ったとされる親書を、河野論文は『日本霊異記』における聖徳太子像を論ずる。崔論文は、『聖徳太子伝暦』の形成過程を漢語表現の面から明らかにし、三好論文は史書としての『扶桑略記』に描かれる太子像について分析し、近本論文は聖遺物としての未来記に注目する。

第三部は、中世における聖徳太子信仰を主題とする。郭論文は中世法隆寺の儀礼空間を明らかにし、牧野論文は慶政と太子信仰の関係を論ずる。田村論文は瑞渓周鳳が史書と『聖徳太子伝暦』を引用したと指摘し、安藤論文は、いわゆる『光明本尊』妙源寺本の新解釈である。

附録として、郭佳寧氏による創作絵解きを、日本語版と中国語版で掲載し、最後に太子信仰・太子伝の基本文献図書目録を附している。

以下掲載順に、各論の要旨とその意義を概観したい。なお本書では、南岳に住し聖徳太子に化生したという慧思（五一五～五七七）について、「慧思」「恵思」二種類の表記が混在する。「慧」と「恵」は通字であるため、執筆者の判断にゆだね、敢えて統一していないことをあらかじめお断りしたい。

第一部「南岳衡山と聖徳太子信仰」

・阿部泰郎「聖徳太子恵思転生伝承の展開――衡山取経説話のテクスト諸位相」

本論文は、本書全体の総論として位置づけられる。古代聖徳太子伝の中の恵思転生伝承の意義を説き、法隆寺上宮王院に納められた聖徳太子持物とされた唐代写小字一巻の『法華経』が、小野妹子請来経とされたことに伴う様々な言説について、その展開を明らかにする。そして恵思と智顗「霊山同聴」伝承が、中世の菊慈童説話にまで連なることを論ずる。

・吉原浩人「南岳衡山における転生言説の展開――聖徳太子伝・絵伝にみる慧思三生・七生説と達摩東漸譚」

中国で天竺から来た達摩と慧思が南岳衡山で対面し、日本で慧思は聖徳太子に転生し、しかも達摩は片岡山飢人として太子と対面するという、循環構造を持つ古代・中世の聖徳太子伝は、いつどのようにして生起し、構想されたのだろうか。また衡山は、日本でどのようなイメージとして描かれたのだろうか。慧思転生譚と達磨東漸譚が、どのように受容されたか、聖徳太子の伝記と絵伝の展開から跡付ける。

第二部「古代の聖徳太子信仰」

・高松寿夫「『日本書紀』「推古天皇紀」に見える外交文書」

推古十六年＝隋・大業四年に、小野妹子とともに来日した裴世清がもたらした隋・煬帝の親書と、それに返礼する推古天皇の親書に用いられる書式や語彙について、隋代以前の用例などと照らし合わせ、これらが『日本書紀』編纂時点の作文ではなく、同時代のものとして矛盾はないことを証明する論文。『聖徳太子伝暦』では、推古天皇親書は聖徳太子自ら執筆したとされており、今後の論議に様々な影響を与えよう。

・河野貴美子「『日本霊異記』における聖徳太子」

『日本霊異記』における聖徳太子伝の片岡山飢人譚を評する「聖人知﹅聖」を起点として、「反化」「転生」「弘法」などをキーワードとして、『霊異記』全篇を貫く意図と、論理構造を読み解く。『霊異記』の聖徳太子伝は、独立した一話として読まれがちであるが、本書の全体構造の中で正しく位置づけなければならないことを明らかにしている。

・崔　鵬偉「『聖徳太子伝暦』における漢語表現」

聖徳太子伝のスタンダードとして名高い『聖徳太子伝暦』であるが、実は撰者も撰述時期も未詳である。その成立過程の謎に、語彙の面から迫る劃期的な業績。『伝暦』は漢文体で書かれているにもかかわらず、純粋な漢語表現が少ない。本論では、中国正史・儒教経典を中心に、類書などから幅広く検討し、「聖人」「聖王」「徳」などの概念がどこから来たのかを明らかにしており、今後の『伝暦』成立研究の新たな出発点となろう。本論では、代表的な用例の分析にとどまるが、末尾に「附録　漢語表現一覧」を附す。

・三好俊徳「『扶桑略記』のなかの聖徳太子――慧思転生説を中心として」

『扶桑略記』には、聖徳太子関係記事が多く収載されるが、それらは主に『聖徳太子伝暦』を出典としている。本論では、中世の仏教史書と比較しながら『扶桑略記』太子伝の特徴を明らかにする。特に、『扶桑略記』から発したと思われる、太子の生年と慧思の逝去年の齟齬の問題について、『仏法伝来次第』以下、中世の諸書を検討する。末尾に「聖徳太子伝　事績一覧」を附し、『扶桑略記』『仏法伝来次第』『水鏡』がどのように『伝暦』を取り込んでいるか、一覧することができる。

・近本謙介「聖徳太子転生言説の宗教史――ふたつの聖なる遺物をめぐる道長・頼通とのかかわりへの視座」

藤原道長の全盛期に四天王寺金堂から「発見」された『四天王寺御手印縁起』と、頼通の平等院鳳凰堂造立後に磯長廟から「出土」した「聖徳太子未来記」は、どちらも聖徳太子の仏法興隆を語る「聖遺物」として重視された。本論では、両者の出現の相関性に注目し、道長・頼通父子の寺院大規模造営を、太子の予言と結びつける企図があったと論ずる。

第三部「中世の聖徳太子信仰」

・郭　佳寧「聖徳太子を祀る儀礼空間――中世法隆寺を中心として」

中世において、聖徳太子がどのように祀られてきたか、法隆寺を中心にその実態を探ろうとする労作。中世太子伝や法隆寺・四天王寺で撰述された諸書は、活字化されてはいても、一般の研究者には扱いづらいため、必ずしも活用されているとは言い難い。論者は、祭祀の空間としての仏堂に注目し、そこでどのような儀礼が行われていたかを検証している。

・牧野和夫「慶政と聖徳太子信仰――嘉禎四年前後以降」

渡宋し、西山に法華山寺を建立した慶政を中心とした聖徳太子信仰と、宋版一切経の船載事業や、法隆寺修覆のための勧進活動について、従来の研究史を整理しつつ新たな史料を提示する。法華山寺に隣接する松尾社には、中国の商人金源三次郎が、宋版一切経蔵と三重塔を寄進しているが、慶政と金一党の周辺には、海商のみならず技術者集団がいたのではないかと推測する。

・田村　航「瑞渓周鳳と『聖徳太子伝暦』――『善隣国宝記』と『臥雲日件録抜尤』をめぐって」

室町時代の臨済禅僧、瑞渓周鳳の『善隣国宝記』『臥雲日件録抜尤』における、『聖徳太子伝暦』引用の方法から、瑞渓が『伝暦』を史書として扱っていることを明らかにした。これは、仏教興隆の濫觴を聖徳太子に求め、また隋への国書を太子が執筆したという記事に信を置いていたからであるとし、さらに同時代の知識人である一条兼良や宗祇の、物語を歴史として理解する態度と通ずるものがあると論ずる。

・安藤章仁「『真宗曼荼羅』に図像化された聖徳太子信仰――いわゆる『光明本尊』妙源寺本の構造的解釈」

中世真宗において、名号を中心に祖師たちの図像を描く『光明本尊』が数多く作成されたが、論者はこの原初形態であり、唯一親鸞が生前に関与した妙源寺本を『真宗曼荼羅』と呼称すべきと提言する。本論では、妙源寺本の賛銘と札銘は、親鸞直弟子の真佛の筆跡であり、その形態の機能と内部構造の分析から、画像と賛の意味を解釈し、親鸞の聖徳太子観の変遷から、その信仰の重層性が視角化されていると論ずる。

附　録

・郭　佳寧「絵解き台本：聖徳太子前世譚――太子衡山へ翔ぶ」

・郭　佳寧「絵解き台本：圣徳太子的前世今生譚之衡山取経」

台本作者の郭佳寧氏は、名古屋大学大学院人文学研究科博士後期課程に在学中の中国人留学生で、阿部泰郎氏の指導のもと、日本仏教思想の研究に従事している。名大阿部研究室では、毎年七月二十一日から二十九日にかけて行われる、富山県南砺市井波別院瑞泉寺の「太子伝会」に学び、同じ時期に催される城端別院善徳寺の「虫干法会」において、大学院生たちが『聖徳太子絵伝』の絵解きを奉納している。今回の絵解の絵相は、大阪市平野区杭全神社蔵『聖徳太子絵伝』を使用している。日本語版・中国語版とも、郭氏自身の書き下ろしで、その語り口は聴衆を魅了するものとなっている。

・吉原浩人「聖徳太子信仰・聖徳太子伝 基本研究図書目録」

聖徳太子信仰・聖徳太子伝の単行書に特化した、研究文献目録。本目録の意図するところは「凡例」に記したが、太子信仰関係の文献目録はここ二十年ほど編纂されていないため、初学者には有用であろう。構成は、①「研究書・一般書」、②「文庫・新書・叢書・ブックレット」、③「事典」、④「論集」、⑤「テクスト」、⑥「図録」からなるが、最大の特徴は⑤「テクスト」にある。聖徳太子の伝記を研究する際、各テクストが分散して活字化されているため、専門家以外は扱うことさえ困難であった。ここには、聖徳太子伝や伝聖徳太子著書の原文（一部訳註）を収載する単行書・紀要類一覧を掲出しているので、これを手がかりにより効率的に研究を進めることができるであろう。

以上概観した通り、本書は古代から中世にかけての聖徳太子伝と太子信仰について、南岳衡山への信仰を出発点としつつ、文献資料や絵画・什宝、宗教・歴史や儀礼など、多方面から解明を試みたものである。内容については、入稿前に編者らが査読を行い、大幅な書き直しを行っていただいたものもある。最終的にはそれぞれの執筆者の責任に帰すものであるが、企画段階から二名の編者が主体的にかかわっていることを、ここに明記しておきたい。

聖徳太子研究は、附録の文献目録に見るごとく、一見盛んなようであるが、実は未解明の部分が多く、問題は山積している。本書がそこに一石を投ずることができたか、江湖の諸賢の評価を俟ちたい。

吉原浩人

目次

第三部　中世の聖徳太子信仰

附録

第一部　南岳衡山と聖徳太子信仰

聖徳太子恵思転生伝承の展開
――衡山取経説話のテクスト諸位相

阿部泰郎

はじめに

聖徳太子の伝記は、古代の日本における仏教の伝来と流布を、「太子」という偉大な存在の生涯のうえにしるしづけている。太子の功績を顕彰しようとするテクストの営みは、その過程で、ひとつの壮大な〝仏教神話〟というべきレゲンデ（聖者伝）を生みだした。その最たるものが、中国衡山の恵思禅師が聖徳太子に転生したという所説であろう。それは、ただ文献としての伝記の次元に留まらず、より豊かなテクストの諸位相において展開した。あるいは、宝物や絵伝に描かれるイメージなど、珍重される素材と形態、巧みを伴った物質性（マテリアリティ）や場（トポス）の次元にまで及んで、古代から中世にかけての聖徳太子の神聖化、ないし聖者像の生成に大きな役割を果たしたのである。その過程を追跡し、この伝承が生みだした中世宗教世界の様相を探ることが、本稿の課題である。

太子恵思転生伝承が、いつ、いかにして生じたのか、その起源を解明することは重要な太子信仰上の問題である。これについては、既に多くの議論が積み上げられている。(1)たとえば、かの鑑真和上が、はたしてこの伝承に導かれて日本への来朝と戒律伝法を決意したのか、(2)それは和上に随ってきた思託による『上宮皇太子菩薩伝』に主張される太子恵思転生説の評価とも深く関わることである。また、古代太子伝の形成過程では、この伝承を中心にした『七代記』（大唐国衡州衡山道場思禅師七代記）が、最澄の『天台法華宗付法縁起』（逸書）や光定『伝述一心戒文』に引かれて、[3]いわば日本天台宗の始源を根拠付ける神話として機能した。あるいは、更に遡って六代・隋唐の中国において、南岳衡山の霊地信仰や、恵思伝の背景に、法華持経者の転生伝承が当時の仏教世界のなかで醸成されていたであろうこと、[4]それが道宣の『続高僧伝』や天台智顗の『隋天台智者大師別伝』に反映されていた可能性など、古代の中国と日本との仏教を介した交流史のうえで、興味の尽きない巨大な課題であろう。

一、古代聖徳太子伝における恵思転生説と衡山取経説話

古代の聖徳太子伝形成の種子（核）となった恵思転生説について、きわめて重要な位置を占めるのが、唐僧思託による『上宮皇太子菩薩伝』[5]である。『延暦僧録』の巻二に含まれると推定されているこの伝[6]において、南岳恵思の伝と太子伝とが、再誕説によって結合された。その前半には、南岳衡山の「霊応」の神秘と恵思禅師「三生石」の奇蹟が記され、「思大和尚、即仏在霊山聴法花経僧也。然、霊山同聴法花」の同法として天台智者と定光禅師が挙げられる。後半で、その思禅師が「日本国豊日天皇宮」に「太子」として生まれ、その仏法興隆の事蹟が記される。そのなかで、太子は南岳に先世に持誦せる法花経を使をして取り至らしめ、法花、維摩、勝鬘の三経の疏を作る、という。また、太子は「夢堂」に禅定に入り、僧尼の寺を造り、二〇〇年後に戒律を伝え律儀を興すことを「記言」した「大仙」であり、「妙覚」の位に至った菩薩として伝を結ぶ。すなわち、鑑真による戒律伝来を太子が預言することと、その太子が恵思の転生であることが分かちがたく結びつき、それを証す事蹟

が、太子の命による衡山取経のことになるのである。かくして『菩薩伝』は、鑑真が伝えた戒律と天台の仏法を日本に位置付けるため、思託が構想した仏法伝来史の文脈の許で、以降に展開することになる、太子伝における恵思転生説と衡山取経説話を結びつけた基本的な構造を生みだしたテクストといえよう。

古代における太子伝の輪郭を作ったというべき『上宮聖徳太子伝補闕記』(7)には、所持する法華経の「落字」を太子自ら指摘する事蹟に連なることとして、戊辰年三十八歳条に、太子が七日七夜「三昧定」に入り、八日目に法華経をもたらし、出定の後「口遊(くちずさみ)」に「大隋国の僧は我が善知識なり」(8)と告げた。この経は太子薨後に山代(背)大兄王の許に伝わり、癸卯年に忽然と失せた、という。ここに、いわゆる太子前生所持法華経感得の奇譚の萌芽が見えるが、それは『菩薩伝』の恵思転生伝承や衡山取経と直接には結び付かない。それを結合させるのは、源為憲『三宝絵』法宝第一話の上宮太子伝である。この伝は、日本書紀に加え、「平氏撰聖徳太子伝」に拠ったと典拠を示しており、おそらく『聖徳太子伝暦』の原型となった「平氏撰聖徳太子伝」の概要を仮名に和文化して伝えるテクストと思しい。(9)『三宝絵』の太子伝には、既に本格的な太子衡山取経説話が、次に示すようにその中核を占めるばかりに記されている。

太子斑鳩の宮の寝殿のかたはらに屋をつくれり。夢殿となづく。一月に三度、沐浴している。あくる朝にいで給ひては閻浮提の事をかたる。また、此の内に入りて諸の経疏をつくり給ふ。或る度は七日七夜出で給はずして、戸をとぢておともし給はず。高麗の恵慈法師の云はく、「太子、三昧定に入り給へり。おどろかしたてまつることなかれ」と云ふ。八日といふに、いで給へり。玉の机の上に一巻の経あり。恵慈法師をめしてかたらひ給はく、「我れ、さきの身に衡山にありし時たもてりし実の経は是れなり。さりにし年妹子がもてきたれりし経は、我が弟子の経なり。三人の老僧の、をさめたる所をしらずしてこと経をとりてをくりしかば、我れ、たましひをやりてとらせるなり」との給ふ。こぞの経と見合するに、かれにはなき字一あり。此の度の経も一巻にかけり。黄紙に玉の軸をいれたり。また、百済国より僧道欣等十人来りてつかふまつる。「前世にして衡山にて『法華経』を説き給ひし時、我れ等は盧岳の道士として時々まいりて聞きし人々なり」と申す。後の年に小野妹子またもろこしにわたりて、衡山にゆきたれば、さきの僧ひとりのこりてかたらひて云はく、「去る年に、秋、汝がくにの太子、本は此の山の念禅師、青龍の車に乗りて五百の人を身にしたがへて、東より空を踏みてきたて、旧き室の中にさしはさみをける一巻の経をとりて、雲をしのぎて帰り去りにき」といふ。ここに、あきらかにしりぬ、此の夢殿に入り給へりしおりの事なり。[10]

太子は小野妹子に衡山に登り前生所持の法花経を持ち帰るよう命ずる。衡山に至った妹子に、三人の老僧は「念（ねむ）禅師」の使が来れりと、師所持の経を与え、翌年に帰国した妹子はこの経を太子に奉る。太子は斑鳩宮に入定し、あらたな経をもたらした。二年後に再び妹子は太子の使として衡山に赴き、ただ一人残った老僧より、さきに誤って渡したのは弟子の経であること、正しき持経は、去年、青龍車に乗って飛来した太子が自ら取って去ったことを告げられる。それは太子が夢殿で入定した際に机上に現れた前世所持経であった。この衡山取経説話では、太子の前生は恵思ではなく、「念禅師」と呼ばれている。この呼称は、その後、この「平氏伝」を元に『暦録』や他の伝により増補し、年代記として作り替えた『聖徳太子伝暦』の説話でも引き継がれている。

古代太子伝の集大成であり、かつ、以降の中世において、太子伝の正典（カノン）としての地位を確立したのが『聖徳太子伝暦』二巻である。『伝暦』では、諸本により異同はあるが、およそ上巻から下巻にわたり、太子三十六歳

（推古天皇十五年）から三十八歳（同十七年）にかけて、太子衡山取経説話が、『書紀』による妹子の遣隋使派遣をめぐる記事と重ねるようにして展開される。その中で、三十七歳条では、妹子の帰朝記事に続いて、太子が斑鳩宮の夢殿に「三昧定」に入り「一巻書」をもたらし、「是れ吾が先身に修行せし衡山にて所持の経の実（まこと）なり」(11)と告げ、妹子が持ち帰ったのは吾が弟子の経であると示し、その証として「妹子所持経」の落字を示した、という。ここに、『補闕記』の法華経落字説話は、全く衡山取経説話、ひいては恵思転生伝承に取り込まれるに至る。

太子在二斑鳩宮一、入二夢殿内一。此殿在二寝殿之側一、設二御床蓐一。一月三度、沐浴而入。明旦、談二話海表雑事一、及製二諸経疏一也。若有レ滞レ義即入二此殿一、常有二金人一、至レ自二東方一、告以二妙義一也。閉レ戸不レ開七日七夜、不レ召二侍従一、妃已下等不レ得レ近レ之。時人太異。恵慈法師曰。殿下入二三昧定一、宜莫レ奉レ驚。八日之晨、玉机之上有二一巻書一。設レ筵引二恵慈法師一、謂曰。是吾先身修二行衡山一所レ持之経実也。去年、妹子所二持来一者、吾弟子経也。三老比丘、不レ識二吾所レ藏之處一、取二他経一送、故吾比者遣レ魂取来。指二所レ落字一而告レ師、師大驚奇。其妹子将来経者、无レ有二此字一。(12)

『伝暦』の太子伝としての大きな特色は、この衡山取経説話を中心として『伝暦』の全体にわたり、太子の恵思転生説を、たんに恵思ひとりに収斂することなく、衡山に「数十身」も転生したと、太子自身がくり返し告げ、明かすところにある。主なところでは、六歳、十三歳、二十五歳、三十一歳、そして四十七歳にわたって見える。(13)
とりわけ注目すべきは、一連の衡山取経説話の直後に位置する三十九歳条であり、そこで来朝した高麗僧に対して告げるだけでなく、膳后との夫妻の語らいのなかで、妃に吾が数十身を経た転生者であることを示し、更に薨ずるに先立って四十七歳条において、后に対してより詳らかに自ら「七生」の次第を明かすのである。

冬十月、太子召レ妃、命曰。吾昔世為二微賤人一、逢三師説二法華経一逃レ家剪レ髪。為二一沙弥一、修行三十余年。捨二身衡山之下一。今憶二此時一、当二晋末世一。魂宿二韓氏之腹一、得レ為レ人。出家入道、誓也生々世々不レ擇二中辺一、傳二通佛法一。即登二衡山一、修行五十余年。当二宋文帝世一、復捨二身命一、託二生劉氏一。復得レ為男、出家入道。経二三十余年一、捨二身於彼一、託二生高氏一。此時、斉王君二臨天下一。又修二行衡山一六十余年、捨二身命於此一。当二于梁世一、託二生梁相之子一。復出家入道、猶在二衡山一、経二七十年一。歴二陳、周世一託二生周朝姚氏一。誓下願必生二東海之国一、流中通佛法上。(14)

こうした『伝暦』の太子転生説の全体構想は、既に「平氏伝」の段階において成立していた可能性がある。先述した『三宝絵』の太子伝では、衡山取経説話の直後に、后との対話において前生に数十身を経たこと、また、太子薨後に自ら取りに赴いた法華経が消え失せたことが述べられており、それが明らかに互いに呼応する記事として伝が成り立っていることは留意しておくべきであろう。

『伝暦』の諸伝本には、異同はあるものの、太子恵思転生説の拠となる古代太子伝である『七代記』の逸文を注として引用する。それが上記の説話が展開される太子三十六歳（推古十五年）条と太子四十七歳（推古二十六年）条の二箇所である（この他に、徳島本願寺本裏書注に七代を列記する「七代記」の核に当たるテクストが見え、これも広島大学本『上宮太子伝』(15)中の「大唐国衡州衡山道場思禅師七代記」と共通している）。また、『伝暦』所引のこれらのテクストは、「七代記」に一元化されるのでなく、「(七代碑文記)碑外題」や「思禅師遠忌伝」または「大唐伝戒師僧名記伝」、思託による鑑真伝（いわゆる「鑑真和上広伝」）(16)など、「七代記」と総称されながら各種の位相を異にするテクストからの引用抄出であることも注意しなくてはならない。特に最後の「僧名記伝」は、恵思と智顗の邂逅をめぐり二人が「霊山同聴」の同法であることを恵思自ら智者大師に示す、天台大師伝の一節として、『菩薩伝』とも関連する所説である。

大唐傳戒師僧名記伝云。其恵思禅師、於二一日中一、処二分岳寺三綱一。可二掃レ路開レ堂、敷レ座迎接一。今日有二大菩薩来一。諸人出二迎口一云。不レ見二菩薩、只見二一年少沙弥一。欲還報二和上一、无レ有二菩薩一、但見二一年少沙弥一耳。于時禅師告云。此是菩薩。衆竝迎屈入レ寺。禅師抱レ手言。好在以不、霊山一別、迄二至于今一経隔。明日、即令三昇レ座講二法華経一。智顗、冥然不レ知二所趣一。恵思禅師乃云。昔佛在レ世、我与二弟子一、霊山同聴、可レ不レ憶耶。智顗、便乃朗然大悟、当即宣二吐辨一、若二懸河写レ浪。此即、頓二悟一乗之妙法一也。智顗猶被三思禅師作二其憶念一、玄悟二一乗一。故知、思禅師本来誦二持法華一、味二深禅定一、悟二法華三昧一。又天台智者大師、隋帝和上。四十余年唯著二一衲一、度二僧万余一。造二八十三所寺一、書二十九蔵経一、読十五遍。造二諸経論疏一合七百巻。法華玄文及疏各十巻、大止観十巻、四教十二巻、小止観一巻、禅門十巻、故知、二聖覿レ顔、遞相顕発。広興二佛事一、利二益四生一云云。(17)

以上のように、『伝暦』がこれらの古代太子伝とその周辺に流布した縁起説的な諸伝を含み込んで、後世に恵思転生と衡山取経の説話を宣布する源泉となっていることを、あらためて確認しておきたい。

二、法隆寺に伝承される前生の遺産

古代には、聖徳太子伝記テクストだけではなく、太子の事蹟を伝える場としての太子遺蹟寺院、すなわち、太子によって創建され、または太子を記念して建立された、四天王寺や法隆寺などの寺院においても、太子の前生をめぐる伝承が生みだされ、記憶されていた。そのなかで、南岳恵思転生や衡山取経の伝承は、中心的な役割を果たしていたといえる。とりわけ、それは太子が住した斑鳩宮の故地である法隆寺東院、上宮王院を舞台として、それが寺院として成立した奈良時代（八世紀）に早くも説かれていたと考えられる。その伝承の場は、「夢殿」と呼ばれる、救世観音菩薩である太子を祀る八角円堂の正堂ばかりでなく、その背後の経蔵を宝蔵として、太子を記念する、いわば〝記憶の場〟としての空間であったと思われる。ここには、太子が遺した多数多様な品々が納められ、時に展覧されていた。それらは、太子の仏教信仰を示し象る法宝物から、貴人としての太子が日常に用いていた道具、或いは仏法護持者としての働きを示す武器や神仏との交信の具たる楽器、ひいては幼少時の遊戯具に至るまで、全てが太子が実在した証（あかし）であり、太子の聖俗にわたるはたらきを物語る、記憶の遺産（レガシー）なのである。[18] それらの宝物類の中核を成すのが、太子誕生に際し手に握ってもたらされたと伝承される仏舎利であり（三宝のうち仏宝を象るこの南無仏舎利については別に論じた）[19]、また、法宝としての経典としては法華経であった。舎利と共に、経典こそがこれら宝物群の全体を宗教テクストとして意味付ける役割を負っていると言ってもよかろう。その法華経は、太子が自ら拠として講説し、また注釈として『法華義疏』をはじめ、勝鬘・維摩の三部義疏を著したとする、文字通りの典拠となり、太子御自筆の『法華義疏』と共に伝えられて宗教テクストの要（かなめ）となる。それとともに、この法華経は太子恵思再誕と衡山取経の伝承を説くための具であり、その真実性を保証する霊宝（聖遺物）そのものでもあったのである。[20] この法華経をめぐる、法隆寺上宮王院の記録を辿ることによって、太子恵思再誕と衡山取経の伝承が生成し展開する生きた姿をとらえることができるだろう。

奈良時代の法隆寺上宮王院に納められる「上宮聖徳法皇御持物」は、天平宝字五年（七六一）に記された『法隆寺東院資財帳』[21]に列記される。そのうち、光明皇后やその母橘三千代が奉納した、大般若経をはじめとする七百十九巻の経典の中に、一巻の法華経が次のように記される。

法華経一部〈七巻帙一枚并大唐者／奉請坐法隆寺僧法延〉

また、それが納められていたと思しい箱についても、これが天平九年（七三七）に光明皇后から奉納されていたことが知られる。

櫃鈎納草箱一合　長六寸　広二寸八分、深一寸

右為㆑敬㆓重坐上宮聖徳法王御持物法華経㆒、天平九年歳次丁丑二月廿日、藤原氏皇后宮奉納賜者。

資財帳は、仏像、経疏、仏具と三宝のカテゴリーに沿って記され、経と箱とは一具のものとして認識されない。しかし全ては「上宮聖徳法皇御持物」を中心に、聖遺物というべき太子宝物類が聖武天皇の宮廷の后妃から奉納されることで形成されていった状況が知られ、その中でこの「大唐」より「奉請」された一部の法華経は、太子「御持物法華経」と一体化することになったと推測される。

太子の「御持物」としての法華経の伝承は、天平十九年（七四七）の奥書を付す『法隆寺東院縁起』[22]（但し、その縁起本文は平安初期の道詮の再興事蹟を記すため、明らかに後代の成立）にみえる。推古十五年（太子三十六歳）に、斑鳩宮の西に大伽藍を建て「法隆学問寺」とし、同年に妹子を衡山に遣わして前生に思禅師として所持の法華経（および石鉢、錫杖、麈尾、木絵案机等）をもたらしたと記し、その中に「同年秋七月、大礼小野臣妹子遣大隋国衡山南岳般若寺、則、太子前身思禅師所持複法花経一部（中略）請取、同十六年夏四月妹子帰朝、則納置院家納経蔵」として、法隆寺に伝え納められたものとする。のち、天平十年（七三八）に行信が斑鳩宮の旧地に八角円堂を建て、「太子在世所造御影」を安置するとともに、「幷御経蔵奉納妹子臣請来御持法花経」を始めとした、持物を書写して安置したというのである。

上宮王院の太子宝物としての法華経について、明らかに妹子による衡山取経伝承が説かれるのは、院政期の大江親通による『七大寺巡礼私記』[23]（一一四〇）である。東院の宝蔵に納められた「種々宝物等」のうち、太子俗形御影に続いて、一部の法華経の由来が「函」に納められた形で次のように記される。

> 細字法花経一部複一巻、妹子奉請経也。納函行縁形如経筒、有蓋。
> 件経者、以㆓小野妹子㆒為㆑使、自㆓大唐衡山般若台㆒所㆓取渡㆒也。
> 但、非㆓太子御持経㆒、御弟子経云々。
> 其経第四巻五百弟子品内、「其不在此會」之句、「會」字下「日」作中点焼給処ニ巻寄者也。

この経は「太子御持経」そのものではない。ここにおいて、簡略ながら妹子請来の法華経について、それが恵思の弟子の所持経であるという前述した『伝暦』の所説の骨子にあたる情報と、その証拠としての〝焼字〟（ただし『伝暦』および関連太子伝の説話では「落字」とする）の特徴が示されている。

この、弟子所持経としての一巻小字法華経のことは、鎌倉初期の実睿による『建久御巡礼記』(24)において、より具体的に、東院の「太子先生ノ御宝（タカラ）」の一つとして、衡山取経説話と一体化して説かれている。

先生、衡山御物（モノヽグ）具共、皆、心モ詞モ不レ及。其中、妹子臣ヲ為レ使ト取ニ遣タリシ、持参（モテマイリ）タル小字法花経ノ、沈ノ御経箱ニ入タルハ、「其不在此會」ノ「會」文字ト、「歓喜未曾有」ノ「有」文字ト、焼タリシ経也。我前生（ワガサキ）ノ同法ノ僧ノ経也ト被キ仰。我ガ御経ヲバ、夢殿ニ七日七夜御トノゴモリテ、自五百青龍ノ車ニタテマツリテ、衡山ノ昔ノ巌窟ヲサグリテ取ラセ給タリシハ、御入滅後、具シテ葬サセ給ニキ。

経文の焼字は二字に増え、また太子が自ら青龍車に乗り衡山より取りし先生の御持経は滅後に（太子と共に）葬ったと述べて、『伝暦』とは異なる所伝であるが、いかにも上宮王院に参詣した貴人に太子の宝物を御覧に入れてその縁起を語る口吻と、そのなかでこの法華経の他と異なる特徴を〝焼字〟において示す、その本文（テクスト）への拘（こだわ）りが注目される。

中世の法隆寺においては、鎌倉前期（十三世紀前半）に、当時の九条家が中心となった朝廷による仏教興隆政策の焦点として、太子信仰の復興が図られ、それに応ずるべく、寺僧顕真により、上宮王院とその宝物類の詳細な記述が『聖徳太子伝私記』(25)に記録された。その中心的な対象のひとつが「小字法花経」である。上巻の「御舎利殿（宝蔵は当時、こう呼ばれるようになっていた）之内ニ在二種々宝物一」のうち、拳内御舎利と麈尾に続いて、経台の上に置かれた「法花経ノ筥」のこと、その装飾の詳細と筥自体も「六生所持」と、衡山で転生の度ごとに継承されたものと説かれたようである。法華経については、次のように記される。

所レ入経一巻小字ナリ。一行ニ書ニケリ卅四字一ヲ。黄紙木軸頭ニ入レ玉ヲ入ニ栴檀ノ二別(フタツワカレナル)筥一ニ。此ハ御同法之持経也。而御同法之好レテ眠ヲ、先火ニ焼ニケリ「不在此會」ノ會ノ字ト「歓喜未曾有」之有ノ字一トヲ。彼ノ衡山ノ三人ノ老僧、一人ノ沙弥、誤マテ奉ニル此経一ヲ。此ノ経者、七巻廿八品経之本也。(26)

顕真の『私記』は、以下、この小字一巻の経が通行流布の経と異なる特徴を、各巻の内題を列挙しながら示す。また裏書には、『伝暦』と『補闕記』の衡山取経の本文を引いた上で、その所説の相違を指摘する。次に、法華経の奥書を引いた上で、その年代（唐の長寿三年〈西暦六九三年〉）が太子薨後である理由を説明する。引用された奥書は、次の如くである。

長寿三年六月一日抄訖、写経人雍州長安縣人李元恵、於揚州敬告此経。

顕真は、この奥書が弟子（同法）所持経の伝承と矛盾することについて、以下のように説く。太子所製の法華義疏等が唐に流布し、唐からその「本経」（つまり太子所持経）を求めて僧俗がこの年に来朝した。その際、その「異本」として妹子が持ち帰ったこの七巻二十八品の経をみせたところ、校合するに一文も違わず、大いに喜んで帰国するにあたり、法隆寺僧が唐僧の経を伺い見た際に、その奥にある「注」を後人のために（この小字経に）写したものである、という。唐代写経であることを示すこの奥書は、小字法花経を太子の時代の妹子請来の弟子（同法）所持経として拝見礼拝させ、唱導するに不都合なものであるため、かような合理化を図ったものであろう。

『聖徳太子伝私記』下巻の冒頭には、太子衡山取経説話と密接な関係にある例の『伝暦』太子二十四歳条の高麗恵慈法師に太子が示した法華経の落字について、『伝暦』では明示されないその「落字」が何であるかについての詮義がなされている。ここに注目されるのは、「或抄物云」として、定海なる僧の、いわゆる〝落字勘文〟の全文を引くことである。この定海は、大治二年（一一二七）に広隆寺上宮王院の聖徳太子童形像を造立した願主であり(27)、また『上宮聖徳太子伝補闕記』を所持していた「広隆寺住大蓮房定海聖人」(28)その人であろう。永久四年（一一一六）に記されたこの〝落字勘文〟の詳細な内容について、本論では省略するが、定海は〝落字〟を薬王品の「勤行大精進、捨所愛之身」の二句であるとし、その拠を高麗王子であった僧義天による大蔵経等の海商による将来を通じて得られた情報に求めている。また、太宰府の僧の経に付された朱注に「南岳大師、令メシ伝二授天台大師一之時、此有二句云々」とあるにより、これを確かめようと上宮王院宝蔵の妹子請来経を検ずれば、果たしてこの二句は無く、ここに「南岳ノ恵思大師ト者、太子ノ前身也、六タヒ生レテ二衡山之嶺ニ、世々ニ修二无上道ヲ一」と諒解し、更に「然バ則チ、太子請来之経ノ中ニ、豈无ラム二伝授天台之二句一哉」と結論する。法隆寺側が説いていた〝焼字〟説とは別に、天台僧であった定海は、この小字法華経を典拠として、『伝暦』の太子恵思再誕説と衡山取経説話を、南岳恵思（すなわち太子）天台伝授の聖句たる法華要文の秘事として理解しようとした消息がうかびあがる。

『今昔物語集』本朝仏法部巻十一の冒頭話「聖徳太子この朝に於て始て仏法を弘めたる語第一」でも太子衡山取経説話は大きな比重を占めているが、その上で「太子のつくりたまへる自筆の法華経の疏は、今、鵤（いかるが）寺にあり。また、太子の御物の具等その寺にあり。多くの年を積めりといへども損ずることなし。」という。そのように院政期（十二世紀）には広く知られていた太子自筆の義疏を含む上宮王院宝物の、その中核である妹子請来法華経は、太子衡山取経の証として、落字や焼字という、その本文の欠損や異同こそが天台大師の祖師たる恵思再誕を意義付ける根拠となり、その文字の何たるかを明らめることが、殊に天台僧にとっては重要な信仰上の使命であったと思われる。そして、恵思から天台智顗への伝法は再誕たる太子においていちはやく本朝にもたらされていた、という認識にも、その落字の符合は証明の根拠を与えたのだといえよう。それは、時空を超えて流動しつつ法華経の日本流通の始源を象る、一箇の仏教神話と化したのである。

三、太子伝からの中世的展開――〝霊山同聴〟の転成

太子伝の変化成長の運動は、『伝暦』において完結するわけではない。むしろ『伝暦』のテクストを起点として、中世には更に、聖徳太子絵伝のような絵解きによる物語――説話図像の領域でも更に豊かな展開を遂げることになる。そのなかで、太子恵思再誕説が、法隆寺に太子自筆の疏と共に伝わる小字法華経を妹子請来の弟子（同法）所持経として、この宝物を種に語られる太子衡山取経説話の創出に至り、またその説話（縁起語り）の証拠としても流通するようになる。古代から中世にかけての法隆寺上宮王院とその宝物（聖遺物）をめぐる唱導伝承の状況は、この経そのものが示す、〝落字〟や〝焼字〟ひいては奥書というテクストとしての現象を如何に意味付け、解釈するかという、まさに宗教テクストとしての解釈行為の焦点となっていくことを示している。そこに露呈したのは、定海や顕真の営みの如く、大唐や高麗で成立・流布した仏法（この場合には、法華・天台）の本質

を成す本文を、転生を約束された祖師の再誕たる太子こそが日本にもたらしたという、時空を超越した神話的思惟である。こうした思考の基盤には、さきに指摘した、南岳恵思と天台智顗との邂逅と伝法において恵思から示された一言「霊山同聴」に象徴される、時空を超えて共に仏祖釈尊の霊山の会座に連なり、法華の説法を聴聞したことにより、伝法の真正性を成就もしくは保証するという、宗教的確信が存在する。[29] この「霊山同聴」は、まさしく仏教神話の基底を支えるものと言ってよい思想上の鍵語（キーワード）なのである。

日本中世の天台宗では、「霊山同聴」を基底とした思想の神話化は、太子伝や太子遺蹟寺院の範囲に留まることなく、より発展して、日本天台独自の神話を創造するに至った。それが、天台即位法と呼ばれる、天皇の即位に際して摂政関白が座主の伝授を受けて帝に授ける秘法である。[30] その要諦は、法華経四要品のうち普門品の二句偈である。また、これに伴って説かれるのが、二句偈の伝来縁起としての因縁であった。この二句は、霊山において釈尊が法華を説いたとき、西天の会座に至った周の穆王に対し、直接に漢語で授けたものであるという。更にこの二句は、秦始皇よりその寵童たる慈童に伝えられ、童が流された深山より菊水の流れをへて下流に長生の利益がもたらされたという。二句の力により八百歳の仙童と化した慈童の説話は、中古天台の恵心流の学匠に相承された天台即位法の口伝、やがて『太平記』や能を介して広く流布し、共有される中世の〝知〟の一端となった。[31]

その形成と流布の過程で重要な役割を果たしたのが、関東天台の学匠、仙波談所の尊海である。彼の著した『即位法門』の解釈では、二句文「慈眼視衆生、福寿海無量」の精枠は更に「慈悲」の二字に集約されると説くが、また、慈童は聖徳太子と同体でもあり、観音の慈悲を体現する化身として、明らかに太子の本地垂迹と転生の信仰体系の延長線上に生みだされた伝承説であることを、そのテクスト解釈のうえに説きあかすのである。[32]

「霊山同聴」に発し、展開する仏教神話の解釈学は、中世天台に限らず、顕密仏教にわたって共有されるものであったことが、真言宗における中世弘法大師伝の形成についても確かめられる。高野山中院流の秘事口伝説を鎌倉前期の学匠正智院道範が類聚した『高野山秘記』(33)の中に、「安然親父法道和尚日記」という一条がある（台密の名匠安然は法道和尚が法輪寺で修行中に破戒して儲けた子であるという因縁を付し、この和尚が伝えたこととする大師伝承である）。空海が入唐中、法華経寿量品の「常在霊鷲山」の文句に導かれ、飛翔渡天して霊山の会座に至り、釈尊より「内証智秘密」すなわち法華法としての密教を直授された、と説く秘伝である。この説話は、『高野大師行状図画』をはじめ中世の弘法大師伝絵巻に採り入れられて、宗祖大師の神話化の一端を担うものとなるように、真言宗全体で共有される仏教神話と化す。(34)その生成と展開にも、やはり太子伝の範疇から遥かに逸出しながら、独自に創出された「霊山同聴」の神話的思考のひとつの姿をうかがうことができるだろう。

注

（1）　飯田瑞穂「聖徳太子慧思禅師後身説の成立について」（『飯田瑞穂著作集』一「聖徳太子伝の研究」吉川弘文館、二〇〇〇年、初出一九七八年）。

（2）　藏中進「聖徳太子慧思託生説について」（『日本歴史』三〇四、一九七三年）、同「「聖徳太子慧思禅師託生説」の周辺」（『唐大和上東征伝の研究』桜楓社、一九七六年）、王勇『聖徳太子時空超越　歴史を動かした慧思後身説』大修館書店、一九九四年）。

（3）　飯田瑞穂「聖徳太子伝の推移――『伝暦』成立以前の諸太子伝」（『飯田瑞穂著作集』一「聖徳太子伝の研究」吉川弘文館、二〇〇〇年、初出一九七三年）。

（4）　藏中しのぶ「聖徳太子慧思託生説と『延暦僧録』「上宮皇太子菩薩伝」」（吉田一彦編『変貌する聖徳太子』平凡社、二〇一一年）。

（5）　東大寺宗性写『日本高僧伝要文抄』の一部である。黒板勝美編『国史大系』（第三十一巻、吉川弘文館、一九六五年）解題による。

（6）藏中しのぶ『『延暦僧録』注釈』（大東文化大学東洋研究所、二〇〇八年）。

（7）新川登亀男『上宮聖徳太子伝補闕記の研究』（吉川弘文館、一九八〇年）。

（8）出雲路修校注『三宝絵』（平凡社（東洋文庫）、一九九〇年）七〇・七一頁。

（9）林幹彌『太子信仰の研究』（吉川弘文館、一九八〇年）。

（10）出雲路修校注『三宝絵』（平凡社（東洋文庫）、一九九〇年）七〇・七一頁。

（11）『聖徳太子伝暦』下巻、「是吾先身修二行衡山一所レ持之経実也」（原漢文）、私に訓読した。『大日本仏教全書』第七一巻・史伝部十（講談社、一九七二年）一三四頁。

（12）『聖徳太子伝暦』下巻、『大日本仏教全書』第七一巻・史伝部十（講談社、一九七二年）一三四頁。

（13）『聖徳太子伝暦』上巻（太子六歳）「兒昔在漢、住衡山峯、歴数十身、修行佛道」、（十三歳）「吾昔修行、歴数十身」、（二十五歳）「吾昔所持之経（中略）在大隋衡州衡山寺般若台上」、（三十歳）「吾昔在衡山修行也」、「此等昔日同聴也」、（三十九歳）「今遥想昔、殿下弟子而遊衡山者也」、（四十七歳）「吾昔世為微賤人、逢師説法華経、逃家剪髪、為一沙弥、修行三十余年、捨身衡山之下」（以下、六生にわたる衡山での転生を説く）。

（14）『聖徳太子伝暦』下巻、『大日本仏教全書』第七一巻・史伝部十（講談社、一九七二年）一三四頁。

（15）林、注9前掲書。

（16）飯田、注3前掲書。

（17）『聖徳太子伝暦』下巻、『大日本仏教全書』第七一巻・史伝部十（講談社、一九七二年）一三六頁。

（18）阿部泰郎『中世日本の宗教テクスト体系』第Ⅰ部「聖徳太子宗教テクストの世界」（名古屋大学出版会、二〇一三年）。

（19）阿部泰郎「中世における舎利の機能拡張――法隆寺拳内御舎利と南無仏太子」（長岡龍作編『仏教美術論集5 機能論――つくる・つかう・つたえる』竹林舎、二〇一四年）。

（20）四天王寺においては、慈円の別当再任時にあたる建保二年（一二一四）六月二十九日、宝蔵より「太子先身御持経」が発見され、朝廷に奏上された。現存するこの「細字法華経」一巻は、本論に述べる法隆寺東院宝蔵の太子「御持物法華経」を元に平安後期に写された優美な経典である。その言上状には、この経について「復シテ為二ス一巻一ト是一、黄紙是二、黄標是三、玉軸是四、綺帯是五、漆題是六、一行書卅四字是七、字太微細是八、已上八ヶ条事而トシテ無二シ相違一二」と述べて、その真正性を主張している。川岸宏教「四天王寺別当としての慈円——御手印縁起信仰の展開」（田村圓澄・川岸宏教編『聖徳太子と飛鳥仏教』日本仏教宗史論集第一巻、吉川弘文館、一九八五年、初出一九六四年）。

(21)『大日本仏教全書』寺誌部所収。

(22) 注21前掲書。

(23) 藤田経世編『校刊美術史料』上巻所収（中央公論美術出版、一九七〇年）。

(24) 注23前掲書。

(25) 注23前掲書中巻。荻野三七彦『聖徳太子伝古今目録抄』（法隆寺、一九三七年（名著出版、一九八〇年復刊））。

(26)『聖徳太子伝私記』上巻（荻野、注25前掲書、四頁）。

(27) 伊東史朗編『調査報告　広隆寺上宮王院聖徳太子像』（京都大学学術出版会、一九九七年）。

(28) 新川、注7前掲書。なお、この広隆寺僧定海は、醍醐寺三宝院の定海とは同名異人である。

(29) 米山孝子「行基と婆羅門僧正との贈答歌成立の背景」（水門の会編『水門——言葉と歴史』二三号、勉誠出版、二〇一〇年）は、行基菩薩が婆羅門僧正の来朝を難波に迎えるにあたり、僧正の詠に応えて詠んだ「霊山の釈迦の御前に契てし真如朽ちせず相見つるかな」を、南岳慧思と智顗が邂逅するにあたり示された「霊山同聴」に淵源するものとして『大唐伝戒師僧名記伝』をその拠としていたと指摘する。なお慧思太子再誕説にまでは及ばないが、「霊山同聴」の伝承について重要な議論である。なお、行基婆羅門和歌贈答伝承については、阿部泰郎「聖の歌——聖人の詠歌の系譜」（阿部泰郎・錦仁編『聖なる声——和歌にひそむ力』三弥井書店、二〇一一年）参照。

(30) 阿部泰郎「中世王権と中世日本紀——三種神器説をめぐりて」（『日本文学』一九八六年）。

(31) 伊藤正義「慈童説話考」（『国語国文』五〇〇号、一九八〇年）。

(32) 阿部泰郎「慈童説話の形成」（『国語国文』五五四・五五五号、一九八四年）。

(33) 国文学研究資料館編『中世高野山縁起集』（真福寺善本叢刊第一期第八巻、臨川書店、一九九八年）。

(34) 阿部泰郎『中世高野山縁起の研究』（元興寺文化財研究所、一九八三年）。

南岳衡山における転生言説の展開

――聖徳太子伝・絵伝にみる慧思三生・七生説と達摩東漸譚

吉原浩人

はじめに

中国湖南省衡陽市南岳区に位置する衡山は、聖徳太子伝に登場することから。日本の古代中世においては、泰山・天台山・五臺山など(1)ともに、最もその名が知られた霊山であった。衡山は五岳(2)のうちの南岳として数えられ、現在の中国でも仏教と道教の聖地として、信仰の盛んな山である。

この衡山において、天竺から来た達磨と慧思が対面し、日本で慧思は聖徳太子に転生し、しかも達磨は大和の片岡山において飢人として太子と対面するといった循環構造を持つ言説が、古代には成立していた。こういった太子伝は、いつどのようにして生起し、構想されたのだろうか。また南岳衡山は、日本でどのようなイメージを持って文章や絵画に描かれたのだろうか。小稿では、これらについて、従来の諸説を整理しながら、古代から中世までの各種太子伝と、絵画化された『聖徳太子絵伝』の展開を詳細に検討し、現地踏査の結果を踏まえて、言説や絵相の変遷を分析していきたい(3)。

一、『七代記』研究の現在

聖徳太子は、天台智顗の師である南岳慧思の生まれ替りとされ、鑑真はその伝承を聞いて日本への渡来を決意したという。さらに、南岳慧思は一回のみならず、中国では三回、日本では六回もしくは七回も生まれ替わったともいい、また衡山山中では禅宗の祖の達磨と対面したとされる。聖徳太子は、遣隋大使の小野妹子に命じ、生前所持した『法華経』を取りに遣わしたが、妹子が誤って弟子の経を持参したため、太子は夢殿に七日間入定し、青龍車に乗って、自ら衡山を訪れたという。これらは歴史的事実とは大きく異なるものの、神秘的に彩られた伝承が中国や日本で語られたことに、大きな意味があると思われる。(4)

聖徳太子の生涯を描いた『聖徳太子絵伝』には、これらの場面に加え、達磨が空中を飛行して東に向かう場面もある。達磨が日本に来朝した事跡と、片岡山で聖徳太子が飢人と出会う場面を結び付けて描かれる絵伝も多くある。(5)

『聖徳太子絵伝』は、奈良時代にはじめて四天王寺の絵殿に描かれたと考えられており、法隆寺絵殿にあった現存最古の障子絵（板絵とも、国宝、東京国立博物館蔵法隆寺献納宝物）は、延久元年（一〇六九月）に描かれている。日本では、中世にさかのぼる『聖徳太子絵伝』が約七十本ほど遺存しており、そのほとんどに南岳衡山が描かれている。(6)

小稿は、古代中世における慧思転生譚と達磨東漸譚が、どのように受容されたか、聖徳太子伝と絵伝の展開及び現地踏査の結果から跡付けることを意図している。そのため、奈良時代に成立した『七代記』と通称される典籍を淵源とする、慧思の七生説や、達磨と慧思の対面説の生成について言及はするが、それ自体を証明することが目的ではない。

しかし、この『七代記』あるいは奈良時代の聖徳太子伝の成立事情について、近年新たな視点によって大きく研究が進展しているので、以下に簡単に紹介しておきたい。聖徳太子伝全般の研究は、飯田瑞穂[7]・林幹彌[8]らが領導して、大きく進展した。慧思転生説が、一般にも広く認識されるようになったのは、王勇『聖徳太子時空超越――歴史を動かした慧思後身説』[9]からであろう。この問題について多方面から論じており、本書でほぼ語り尽くされたように思われたが、聖徳太子非実在説を提唱する大山誠一によって、慧思託生説の主人公は、鑑真であると論じられた。[10]また『七代記』をめぐる複雑な諸問題については、竹内理三[11]・古江亮仁[12]・田中嗣人[13]・小口雅史[14]・水野柳太郎[15]・兼子恵順[16]・榊佳子[17]・榊原史子[18]・神野志隆光[19]らによっても論じられている。また近年、藏中しのぶは慧思託生説の背後に杭州仏教の影響をみようとしており、[20]吉田一彦は『異本上宮太子伝』の引用諸書構成についての新見を示した。[21]しかし何といってもここ数年で最大の成果は、伊吹敦の聖徳太子慧思後身説をめぐる一連の論文であろう。[22]ここで伊吹は、舌鋒鋭くかつ周到に先行研究を批判し、独自の見解を示している。また石井公成は、一般向けの概説書ながら、太子研究に新たな視点を提供して問題を投げかけた。[23]今後の古代太子伝研究は、この伊吹・石井らの新たな業績をどのように咀嚼していくかが課題となろう。

小稿では、この『七代記』と呼ばれる文献を出発点とするので、やや煩瑣になるが上述の伊吹敦説の要点を紹介しておきたい。それによると、慧思の転生説などを記した『七代記』には、『大唐国衡州衡山道場釈思禅師七代記』という狭義の『七代記』と、現行の『異本上宮太子伝』の祖本の通称としての広義の『七代記』があるという。『異本上宮太子伝』とは、広島大学図書館所蔵の通称『上宮太子伝』（藤原猶雪編『聖徳太子伝』上巻所収）と、近年学界に紹介された日本大学総合学術センター所蔵本の通称であり、ともに国学者の黒河（川）春村が影写させたものである。広島大学本は、『寧楽遺文』下巻（竹内理三編）に『七代記』と称して収載されたものでもある。広島大学本は前缺のため、底本は同じであるにもかかわらず、『上宮太子伝』（他の『上宮太子伝』と区別するため『異本上宮太子伝』と呼ぶ）と、『七代記』の二種の名称で一般に流布しているのである。

これだけでも混乱が生じるのだが、通称『異本上宮太子伝』（すなわち『寧楽遺文』の『七代記』）には、①「大唐国衡州衡山道場釈思禅師七代記云」、②「碑下題云」、③「李三郎帝即位開元六年歳次戊午／二月十五日杭州銭唐館写竟」（割註）、④「大唐伝戒師僧名記伝云」、⑤「釈思禅師遠忌伝云」という引文が重なっており、どこまでが本来の『七代記』であるか、諸説入り乱れている。伊吹は、飯田瑞穂の説を受け、①②③が本来の『七代記』で、これが宝亀二年（七七二）に、大安寺敬明によって編纂された狭義の『七代記』（『大唐国衡州衡山道場釈思禅師七代記』）であるとした。そして、④は鑑真とともに来日した思託が撰述した鑑真の伝記『大唐伝戒師僧名記大和上鑑真伝』の佚文、⑤は撰者未詳の慧思の伝記『釈思禅師遠忌伝』で、本来は④⑤とも別書であったが、東大寺僧明一が、延暦十七年（七九八）以前に、狭義の『七代記』①②③を、④⑤などとともに取り込んで、新たに編纂したのが広義の『七代記』であるとした。これは『厩戸皇太子伝』『太子伝』『明一伝』などとも呼ばれるが、全体を『七代記』とも呼ばれたため、『聖徳太子伝暦』などに、④が「七代記云」として引かれることになったとするのである。この新説の検証は、これから広く行われるであろうが、とりあえず小稿ではこの見解に従っておきたい。

二、峰と臺の名

小稿では、伊吹敦のいう広義の『七代記』、すなわち奈良時代の言説をまず手がかりとして、その内容を検討

図1　衡山遠景

図2　現在の南岳衡山案内図

図3　南岳大廟本殿

しつつ、南岳衡山[24]（図1〜3）と慧思・達磨伝承が、中世までどのように展開し、絵画化されたかを跡付け、それが現地踏査の結果とどのように一致するのかしないのかを、明らかにすることを目的としている。

広義の『七代記』佚文は、『聖徳太子伝暦』推古天皇十五年条（聖徳太子三十六歳条）と、推古天皇二十六歳条（同四十七歳条）に引用されているので[25]、まずはそこからみていきたい。以下は、三十六歳条にある引文で、この「七代記」は『大唐伝戒師僧名記伝』からの引用である。ここではまず、南岳衡山の五峰の記述からはじまる。

七代記云、南岳衡山者属二衡州一。其衡山五岳之一数也。其山有二五峰、一般若峰、二柱栝峰、三恵日峰、四属融峰、五紫蓋峰等。

《七代記に言うには、南岳衡山は衡州に属しています。その衡山は五岳の一つに数えられています。その山には五つの峰があり、一つは般若峰、二つは柱栝峰、三つは恵日峰、四つは属融峰、五つは紫蓋峰などです。》

衡山には、五峰すなわち般若峰・柱栝峰・恵日峰・属融峰・紫蓋峰があるとする。さらに『聖徳太子伝暦』三十六歳条の東大寺本と流布本には、衡山の寺院について、『釈思禅師遠忌伝』を引いて次のようにいう。

釈思禅師遠忌伝云、南岳衡山有二岳寺一。其寺有二般若臺・双峰臺・紫蓋臺・恵日臺・柱括臺・華厳臺・四禅臺・祝融臺・南臺・般若閣等二十餘所一。各有二衆僧一、六時行道。但思禅師居住岳寺門人、脱レ綿着二布衣一。思禅師臨二命終時一、有レ人勧下請久住二世間一度中脱衆生上。禅師便答、有二十人脱レ綿者一。我亦擬レ住二世間一。今有二一万餘衆生一、皆着二艾布一者。乃是思禅師徒衆也。

《釈思禅師遠忌伝に言うには、南岳衡山に山寺があります。その寺に般若臺・双峰臺・紫蓋臺・恵日臺・柱括臺・華厳臺・四禅臺・祝融臺・南臺・般若閣など二十箇所餘りがあります。それぞれに多くの僧侶がおり、一日六回行道しております。ただし慧思禅師が居住した山寺の門人は、綿の衣を脱いで粗末な衣を着ています。慧思禅師は命終の時に臨み、志ある人がいれば永く世間に留まって衆生を度脱させなさいと勧めました。禅師がすぐに答えたところ、十人の綿を脱ぐ者がおりました。私がまだ世間に留まっているのに擬(なぞら)えられましょう。さらに一万餘の衆生がおり、皆粗末な衣を着る者なのですと。すなわちこれらは慧思禅師の弟子衆

なのです。》

ここでは衡山の山岳寺院が、般若臺・双峰臺・紫蓋臺・恵日臺・柱括臺・華厳臺・四禅臺・祝融臺・南臺・般若閣等の二十餘箇所にあり、そこの僧侶は慧思の遺志を継いで、粗末な布衣を著しているとする。

南岳衡山の現存最古の地誌である、唐・李沖昭『南岳小録』には、五峰を祝融峰・紫蓋峰・雲密峰・天柱峰・石凛峰とする。また、南宋隆興元年（一一六三）、宋・陳田夫『南岳総勝集』巻上では、五峰を祝融峰・紫蓋峰・雲密峰・石廩峰・天柱峰とする。このうち『七代記』と共通するのは、独立峰で一つだけ南面している紫蓋峰（図4）のみであるが、属融峰は衡山の最高峰で、火の神である祝融を祀る祝融峰（図5～7）、柱栝峰は「南天柱石」の石刻のある天柱峰（図8）に比定できる。般若峰と恵日峰は、唐代以降の五峰と共通していないが、般若峰は後述する般若臺のことと思われ、恵日峰は『南岳総勝集』に七十二峰の一つとして数えられている。

またこれ以外に『釈思禅師遠忌伝』に記載される各臺のうち、『南岳総勝集』に、双峰臺は双石峰もしくは双峰とあり、南臺は天柱峰のことである。華厳臺・四禅臺は未詳であるが、華厳寺・西禅寺ならば該当する寺院がある。つまり、『大唐伝戒師僧名記伝』や『釈思禅師遠忌伝』に引く峰や臺の名は、日本人が想像で作成したものではなく、きちんとした典拠があって記されたものである。『大唐伝戒師僧名記伝』は中国僧思託撰述の鑑真伝なので当然ではあるが、中国撰述か日本撰述かで説の別れる『釈思禅師遠忌伝』も、何らかの典拠があって執筆されている。すなわち両書の成立の背景には、遣隋使や遣唐使により齎された衡山に関する文献があったことが考えられ、さらには衡山の古絵図が伝来していた可能性も否定できない。ここに、現在の中国には遺存しない、隋唐期の古い資料の痕跡を確認することができる。広義の『七代記』に記されているすべてのことが荒唐無稽な

図5　衡山祝融峰と祝融殿遠景

図4　衡山紫蓋峰

図7　天柱峰から望む芙蓉峰（手前）・祝融峰（後方左奥）

図6　衡山祝融峰祝融殿

図9　『聖徳太子絵伝』本證寺本第八幅「五峰巡礼」

図8　衡山天柱峰（「南天柱石」の文字が刻まれる）

伝承というわけではなく、何らかの先行文献、しかも大陸伝来の書籍や絵画などに基づく部分があるということを、まず確認しておきたい。ちなみに中世の『聖徳太子絵伝』に五峰の名を色紙形に記すのは、本證寺本（図9）・油日神社本・談山神社本であり、談山神社本のみ華厳峰を加えた六峰を記している。(26)

三、慧思の三生説

次いで、『聖徳太子伝暦』三十六歳条に「七代記」として引く、『大唐伝戒師僧名記伝』において、前節で引用した部分に続き、南岳慧思の六生説について次のように記している。

一々峰各有二禅房静室一。有二思禅師一、六生二於此山一修レ道。一生各立二一塔幷一盤石一。其三石在二般若臺仏殿前一。三塔在二般若臺南尖山中一。霊仙異菓梢梨、経二於千歳一。当レ時有下得二聖果一者上、其梨乃生。思禅師親喫。其梨甘美、世間無レ匹、大如二鉢許一。自レ爾已還、更未レ生レ子。其禅師臨レ将二無常時一、於二般若臺北石室中一、挙二法華経・鉢盂・錫杖一。

《一々の峰にはおのおの禅房静室があります。慧思禅師という僧がおられ、六たびこの山に生じて仏道を修行いたしました。一度の生におのおの一塔ならびに一つの盤石を立てました。その三つの石は般若臺の仏殿の前に在ります。三つの塔は般若臺の南の尖山の中に在ります。霊仙中には不思議な果物で梢になった梨があって、千年を経ています。時にあたって仏の悟りを得る者がいれば、その梨がすなわち生じます。慧思禅師は自らお食べになりました。その梨の甘美なることは、世間に比べるものもなく、大きさは鉢ほどのようでした。それより以来、いまだ実はなっていません。慧思禅師はいまにも死に臨もうとした折に、般若臺の北の石室中において、法華経・鉢盂・錫杖を捧げました。》

慧思は、僧として衡山で六たび生じて、一生ごとに一塔か一磐石を立て、三石は般若臺の仏殿前に、三塔は般若臺南の尖山中にあるという。鉢のように大きく甘美な梨の木があり、慧思は北の石室中に所持の『法華経』・鉢盂・錫杖を奉納したという。この尖山もしくは南尖山という山は、地誌類には見当たらない。しかし般若臺は、現在の福厳寺（図10・11）がある場所で、慧思ゆかりの地として、周辺にさまざまな遺跡がある。

図10　衡山般若臺福厳寺山門

図11　衡山般若臺福厳寺本殿（左）と伝慧思手植の公孫樹（正面）

慧思の転生説は、中国のいくつかの典籍に記録されている。最もよく知られているのが、天台智顗の伝記を弟子の灌頂が記した『隋天台智者大師別伝』である。

　時有二慧思禅師一、武津人也。（中略）思曰、昔日霊山同聴二法華一。宿縁所レ追今復来矣。即示二普賢道場一為説二四安楽行一。

南岳慧思と天台智顗は、師弟の関係であった。慧思がいうには、前世においてあなたと私は、中天竺霊鷲山において釈尊が『法華経』を説法した時、その聴衆としてともに講義を聴いていたが、その宿縁によって今また会うことができたと語ったという。この話は、中国において広く流布し、例えば唐代の白居易・元稹に大きな影響を与えたため、平安時代中期の勧学会結衆たち、すなわち慶滋保胤・源為憲・紀斉名・大江匡衡らに大きな影響を与えていた。[27]

このインドからの転生説とは別に、慧思は中国でも何度か転生している。この説を記す最も古い文献は、唐・道宣『続高僧伝』巻十七である。

　又将二四十餘僧一、経趣二南岳一。即陳光大二年六月二十二日也。既至告曰、吾寄二此山正当二十載一。過レ此已後、必事二遠遊一。又曰、前世時曾履二此処一。巡二至衡陽一、値二一佳所一。林泉竦浄、見者悦レ心。思曰、此古寺也、吾昔曾住。依レ言掘レ之。果獲二之房殿基墌僧用器皿一。又往二巌下一、吾此坐禅、賊斬二吾首一、由レ此命終、有二全身一也。僉共尋覓、乃得二枯骸一聚一。又下細尋、便獲二髏骨一、思得而頂レ之。為起二勝塔一、報二昔恩一也。故其往往伝事、験如二合契一、其類非レ一。

慧思は、四十餘人の僧を率いて、南岳に赴いた。それは陳光大二年（五六八）六月二十二日のことであったが、この山で十年を過ごした後、必ず遠遊するだろうと告げた。また衡陽を巡錫した折、林泉のある浄らかな場所を見て、前世にこの古寺に住していたと述べた。そこを掘ったところ、果たして僧坊基壇や食器などがあらわれた。また巌の下で坐禅していたところを、賊に斬首されたというので、発掘すると首のない遺骸があり、下には頭骨が発掘されたため、塔を建立したという。また慧思は臨終に際して、弟子達に次のように誓願した。

告二衆人一曰、若有二十人一不レ惜二身命一、常修二法華・般舟・念仏三昧・方等懺悔・常坐苦行一者、随レ有レ所、須吾自供給、必相利益。（中略）。咸聞三異香満二於室内一。頂煖身軟、顔色如レ常。即陳太建九年六月二十二日也。取レ験十年、宛同レ符矣。春秋六十有四。

もし十人でも身命を惜しまず常に法華・般舟・念仏三昧・方等懺悔・常坐苦行を行う者があれば、私はどこにでも援助し、必ず利益を与えようという。さらに寂滅の際には、異香が室内に満ち、頭頂は暖かく身体は硬直せず、顔色も生前のようであったという。これが陳太建九年（五七七）六月二十二日のことであり、十年前に入山したときの予言に符号したという。これらの言説を総合すると、かつて前世に僧として修行した慧思は、遷化後もまた生まれ替わって「遠遊」を果たしたと受け取れよう。このような表現が、慧思が何度も転生を繰り返すという伝承を、助長したとも考えられる。(28)

『続高僧伝』では、慧思が転生したと明記するのは一度だけであるが、南宋・志磐『仏祖統記』巻六では、三度生まれ替わったことになっている。

> 乃以陳光大二年、入居二南岳一。（中略）師指二巌下一曰、吾一生曾此坐禅。為レ賊斷レ首。尋獲二枯骨一聚一〔今福巌一生〕。至二西南隅一指二大石一曰、吾二生亦曾居レ此。即拾二髑髏一起レ塔、以報二宿修之恩一〔今二生塔〕。又至二蒙密処一曰、此古寺也。吾三生嘗託二居此地一。因指レ人掘レ之。果有二僧用器皿及堂宇之基一。即築レ臺為レ衆説二般若経一〔今三生蔵〕。

慧思は巌の下を指して、第一生ではここで坐禅していて斬首された、第二生ではその髑髏を拾い塔を建て宿修の恩を報じた、第三生では僧房の跡を掘り食器や堂の基礎があったのでそこに臺を築いて大衆に『般若経』を説いたと語った。これをみると、『続高僧伝』の文言を利用しつつ、一生を三生に分けて語っていることがわかる。しかし、三生説が宋代に入って成立したかといえば、そうではない。三生説がすでに唐代に成立していたことは、『延暦僧録』に引く思託『上宮皇太子菩薩伝』に明らかである。思託は、前述の通り鑑真の弟子で中国僧であり、広義の『七代記』に引用される『大唐伝戒師僧名記伝』の作者でもある。

> 其山中有二千年梨樹一。樹若発レ花結レ菓、即有二聖人応レ生。於二一時一梨樹生レ花結レ実。其思禅師、来二彼山一修レ道。即自堅二一石一記レ之、余一生来レ此、迄二耆年一墜レ歯捨レ寿遷レ形。在二後其樹又発レ花結レ実。又堅二一石一記レ自云、余第二生於二此間一修レ道。在レ後即云、余今往二東方無仏法処一、化レ人度レ物。至レ今唐朝時人皆

云、往二南岳一、観二思禅師三生石一。（中略）思禅師、後生二日本国橘豊日天皇宮一、度レ人出家。

南岳山中には、樹齢千年の梨があり、もし花が咲き実を結んだなら、聖人が世に応化すると言われていた。慧思禅師は衡山に修道して、自ら一つの石を堅めて記していうには、私は第一の生の時にここにやってきたが、年老いて寿命が来れば肉体は滅びる。しかし後にその梨樹に花が開き実がなるであろうと。また一石を堅めて自ら記すには、私は第二生の時に、ここでまた仏教を修行するであろうと。そして生まれ変わった時には、私は東方無仏法の処に往き人々を仏法に導こうと誓った。いま唐朝に至り、人々は南岳に行けば、慧思禅師の三生石を観ることができるとみな言っている。（中略）そして慧思禅師は、のち日本国橘豊日天皇宮に生まれ、人を度し出家させたという。

先引の『聖徳太子伝暦』に引く『大唐伝戒師僧名記伝』にも、この千年の梨について記している。ここで重要なのは、思託のいう三生は、第一生は過去に修行した慧思の前身、第二生は梨の実を食べた聖人としての慧思、第三生は日本国に生まれた聖徳太子だということである。[29] 思託の言説は、宝亀十年（七七九）撰述の淡海三船『唐大和上東征伝』に、以下のように受け継がれている。[30]

昔聞、南岳恵思禅師遷化之後、託二生倭国王子一、興二隆仏法一、済二度衆生一。

鑑真大和上は、むかし南岳慧思禅師が遷化ののち、倭国の王子に託生して、仏法を興隆し、衆生を済度したと、聞いたことがあると言った。なお周知のことであるが、南岳慧思の生没年は、五一五年～五七七年で、聖徳太子は五七四年〜六二二年である。つまり、慧思がまだ西逝していないのに、聖徳太子が誕生しているため転生は不可能なのだが、後世にはこの矛盾解消のための、さまざまな言説が生まれることになる。

さてこれとは別に、唐代の慧思三生説を伝えると考えられるものに、円仁『入唐新求聖教目録』(31)がある。

南岳思大和尚示先生骨影一鋪　三幅綵色

円仁が唐から伝えた南岳慧思大和尚の絵は、三幅対である。しかし「先生の骨影」とあるからには、慧思が前世に三回の生を受けた際の遺骸もしくは遺影を、一幅ずつ彩色で描いたものと考えられる。残念ながら、このような影像は、中国にも日本にも現存しないが、慧思三生説が唐代に広く流布していたことを明らかにする、わずかな痕跡として重要である。

これらにより明らかなのは、唐代にはすでに慧思の三生説が成立しており、衡山では三生石が慧思の遺跡として崇められていたが、三生の内容が、それぞれの伝承によって異なっていたということである。現在の般若臺福厳寺周辺には、第一生において坐禅をしていて殺害された遺跡である一生石（図12）、第二生において窟内で坐禅をしたという二生蔵（図13）、三代の墓石である三生石（図14）がみられるが、上記とは異なる伝承に変化している。

宋代の『南岳総勝集』巻上の慧思伝にも、この三生説を記している。

謂㆓其徒㆒曰。吾昔於㆑此修習、今三生矣。約地深浅、皆獲㆑骨焉。至㆑今有㆑石為㆑識。曰、吾寄㆑此当㆓十年㆒。

図12　衡山般若臺 一生岩

図13　衡山般若臺 二生蔵

図14　衡山般若臺 三生石

因建㆓般若臺㆒居之。

慧思は弟子たちに、昔ここで三生にわたって修習し、その遺骨の場所の指標として石があると語った。またここに十年間いたため、般若臺を建てて居住したと述べたという。

しかし『南岳総勝集』には、続いて次のような伝承も記している。

後至㆑唐再化為㆑僧。名㆓円沢㆒。与㆓僧姓李源㆒、同行㆓於荊峡南浦㆒。為㆑源曰、我就㆓王氏婦家投胎㆒為㆑児。煩㆓□我後事㆒。約㆓十三年㆒、再会㆓抗州天竺寺外㆒。果入寂事畢。源回後赴㆑所㆑約。自㆑洛至㆑呉、聞㆔葛游川畔有㆓

牧童一。扣二牛角一而歌曰、三生石上旧精魂、賞レ月吟レ風不レ足レ論。慚二愧情人遠相訪一。此身雖レ異性常存。

慧思は、唐に至って再び僧に生まれ円沢と名乗った。李という姓であった源という僧侶に、次の世では王という家に生まれることを予言し、十三年を経てから杭州天竺寺外で会おうと約した。果たして源が呉に行くと川畔に牧童がいて、歌によって慧思であることを悟ったという。[32] この遺跡も三生石と呼ばれ、浙江省杭州市法鏡寺（下天竺寺）から霊隠寺に下る道の傍らにある。ただし現在では円沢（円観）と李源（李源和）の隔世の友情を象徴し、三生とは過去・現在・未来の生を示すと解されている。

四、慧思の六生・七生説

中国において、慧思の三生説は多くみられるが、『大唐伝戒師僧名記伝』のような六生説は確認出来ない。ではこのような説は、いつ形成されたのだろうか。

実は『聖徳太子伝暦』には引用されないが、『大唐国衡州衡山道場釈思禅師七代記』（狭義の『七代記』）においては、晋朝の許氏から始まり、周朝の姚氏に至るまで六代の転生を繰り返したことを一覧する。

凡思禅師到二来此山一、所由不レ知、遠祖不レ聞云々。

第一代者、生二於晋朝之許氏一。還二到衡山道場之内一、六時行道、猶如二魏代一。

第二代者、生二於宋朝之崔氏一。衡山道場、還到如レ前。

第三代者、生二於斉朝之李氏一。禅定如レ前。
第四代者、生二於梁朝之韓氏一。読誦如レ前。
第五代者、生二於陳朝之駱氏一。懺悔如レ前。
第六代者、生二於周朝之姚氏一。種々奇異如レ前。

これに続く部分は、『聖徳太子伝暦』四十七歳条にも「七代記文云」に続く形で、引用されている。(33)

身留二於第六之生一、機候二第七之生一。生死大空、凡夫済二於苦海一、菩提純浄、刹〔衍カ〕含類運二於覚路一。然則応化之語不レ忘也、往生之身不レ謬也。所以生二倭国之王家一、哀二矜百姓一、棟二梁三宝一。

身体を第六の生に留め、機縁を第七の世に待っている。生死は大空のようで、凡夫を苦海に救済し、菩提は純浄であるから、衆生を覚りの路に運ぶ。そうであるならば仏菩薩の化身の言葉は偽りではなく、往生が約束される身に誤謬はない。だから慧思は日本の王家に生じて、百姓をかなしみ憐れみ、三宝の棟と梁になったとする。

ここでは、慧思が六代目で、聖徳太子は七代目と解されている。『大唐国衡州衡山道場釈思禅師七代記』の書名そのものが、七代すなわち七回に亙って聖徳太子が生まれ替わったと示すことを意図している。奈良時代には、このような説が成立していたことになる。

ここに、大きな矛盾が生じることとなる。『七代記』で六代目を周朝の姚氏とするが、『続高僧伝』慧思伝冒頭に「釈慧思、俗姓李氏、武津人也」とある通り、慧思の俗姓は李氏だからである。『続高僧伝』の完成は貞観十九年（六四五）であり、日本にもはやくから伝えられていたことから、この誤りに気付いた者も多かったであろう。最澄もその一人で、『天台法華宗付法縁記』(34)には、さきの「第六代」までの一覧を引用した後に、次のように註記する。

> 余〔注文也〕案二此伝文一、似二周世所伝一。未レ陳下第七生所二修行一事上。故謹案、続僧伝第十七云、釈恵思、俗姓李氏、武津人也。験知、第七代者生於二陳朝之李氏一、住二南岳一修行也。此生禅師、諱恵思。其恵思後身、即我上宮也。以レ之計挍、先七生剋於二大唐一、第八生託二於日本一也〔文〕。

わたくし最澄は、この伝文を案ずるに、周代の所伝と考える。なぜなら、第七生の修行のことを述べていないからである。『続高僧伝』にあるように、慧思の俗姓は李氏なのだから、これを第七代として、上宮太子は第八生とすべきだという。最澄は、『七代記』と『続高僧伝』の齟齬を解消するため、慧思を七代目、聖徳太子を八代目の転生と数えるのである。

ここまでは、慧思転生説を前提に述べてきたが、最も流布した太子伝である『聖徳太子伝暦』では、太子に転生したのが、念禅という比丘だとする。

> 山中有二般若臺一。登レ自二南溪下一、入二滋松中一、三四許里、門臨二谷口一。吾昔同法皆既遷化、唯有二三軀一。汝宜下以二此法服一称二吾名一而贈上レ之。復吾昔身住二其臺一時、所レ持法華経、複為二一巻一、乞受将来。妹子到レ彼、問二彼土人一、遂届二衡山一。如二太子命一、入レ自二南溪一比レ至二門側一。有二一沙弥一、在二門之内一。唱云、念禅法師

使人到来。有二一老僧一、策レ杖而出。又有二二老僧一、相続而出。相顧含レ歓。妹子三拝、言語不レ通、書レ地語。各贈二法服一、老僧書レ地曰、念禅法師於レ彼何号。妹子答曰、我日本国元倭国也。在二東海中一。相去三年行矣。今有二聖徳太子一、無二念禅法師一。崇二尊仏道一、流二通妙義一、自説二諸経一、兼製二義疏一。承二其令旨一、取二昔身所持複法華経一巻一、餘無二異事一。老僧等大歓、命二沙弥一取レ之。須臾取レ経、納二一漆篋一而来。語二妹子一曰、是経幷篋念禅法師之所レ持也。念禅在レ此、堕倦読経、睡而焼レ経、有二一点処一。僧等授レ経竟、指二南峰上一石塔一云、彼念禅遷化骸骨之塔也。于レ今三十六歳矣。妹子受レ辞、拝而別去。三老僧各裹レ物一篋、答而贈レ之。幷有二封書一篋一。明年、還来進二于太子一。太子大悦、披レ物而看、有二舎利三枚・名香等一。書辞他人不レ得レ見レ之。太子読竟、垂レ涙投レ火、不レ識二其故一。侍従驚奇レ之。

《山中には般若臺があります。南溪の下から登って、繁った松の中に入ると、三四里ばかりで、門は谷の入口に臨んでいるでしょう。私の昔の同法修行者は皆すでに遷化してしまいましたが、ただ三人のみ残っております。あなたはこの法服をもって私の名をとなえてこれを贈りなさい。また私の昔の身体が般若臺に住んでいた時、所持していた法華経は、書写して一巻となっています。乞い受けて日本に持ち帰りなさいと。妹子は彼の国に到着して、彼の地元の住人に訪ねて、遂に衡山に至りました。太子のおおせの通り、南の溪から入って門の側に至りました。一人の沙弥がおり、門の中におりました。となえて言うには、念禅法師の使人が到着いたしましたと。一老僧がおり、杖をむちうって出てきました。また二老僧がおり、あい続いて出てきました。互いに顧みながら歓びの色を含んでいます。妹子は三拝いたしましたが、言葉が通じなかったので、地面に書いて語りあいました。各々に法服を贈ったところ、老僧が地面に書いて言うには、念禅法師は日本においては何と称しておられるのですかと。妹子が答えて言うには、わが日本国はもとは倭国と申しました。東の海の中にあり、あい去ること三年の行程です。今は聖徳太子がおられ、念禅法師はおりません。仏道を尊崇して、妙法を流通して、自ら諸経を説いて、兼ねて諸経の註釈を撰述なさいました。その命令を承るには、前身に所持した写本の法華経一巻を取ってきなさい、そのほかには何も望んではいないとのことです。老僧たちは大いに喜んで、沙弥に命じてこれを取りに行かせました。すぐさま経を取って、一つの漆箱に納めてやって来ました。妹子に語って言うには、この経と箱は念禅法師の所持したものです。念禅法師がここにいた折には、懈怠して読経していたとき、眠りに堕ちて経を焼いてしまい、一点の焼けた跡があります。僧たちは経を授けおわって、南峰上の一つの石塔を指して言うには、かの念禅法師が遷化した遺骨を葬った塔です。今に至るまで三十六年なのですと。妹子は辞去の言葉を受けて、礼拝して別れ去っていきました。三老僧はそれぞれ物を包むこと一箱、答礼として太子に贈りました。合わせて封書一箱がありました。翌年、帰国して太子に奉りました。太子は大いに喜んで、箱を開いて見ると、仏舎利三枚と名香などが入っていました。書簡の文言は他人が見ることはできませんでした。太子は読み終わって、涙を流しながら火に投じたので、その理由はわかりませんでした。侍従は驚いてこれを不思議に思いました。》

『聖徳太子伝暦』本文では、遣隋大使の小野妹子は、聖徳太子の前身である念禅を含む三老僧と対面し（図15）、遺品の『法華経』と篋を受け取り（図16）帰国したとする。南峰に念禅の石塔があるというが、念禅は遷化から三十六歳を経たという。妹子が衡山に登ったのは、推古天皇十五年すなわち太子三十六歳という設定であるから、生まれ替りの年代についての齟齬はない。

つまり『聖徳太子伝暦』撰者は、前述の慧思転生説の矛盾に気付き、全体構想からそれを取り除いてしまったと考えられる。ところが、撰者以外の誰かが、註として広義の『七代記』(『異本上宮太子伝』)を引用附加し、それが本文化してしまった諸本もあるため、矛盾した説が並び立つ混乱が生じたといえよう。[35] この註記は、『聖徳太子伝暦』成立してからそれほど時間が経たずに附加されていたと考えられる。なぜならば、延久元年(一〇六九)の法隆寺献納宝物『聖徳太子絵伝』(障子絵)には、両者の説が一体となって描かれているからである。

この現存最古の、法隆寺献納宝物『聖徳太子絵伝』第十面左上には、衡山が大きく描かれている(図17)。[36] 前節で引用した『大唐伝戒師僧名記伝』には、慧思は衡山で六たび生じ、一生ごとに一塔か一磐石を立て、三石は般若臺の仏殿前に、三塔は般若臺南の尖山中にあるとしていた。この三石・三塔は、ともに平行する形で、障子絵にはっきりと描かれている(図18)。掲載写真では剥落のため不鮮明であるが、近年紹介された、鎌倉時代の法隆寺金堂阿弥陀三尊像台座上座「衡山図」[37]に、この三石・三塔は鮮明に描かれている(図19)。

これら三石・三塔は、ほとんどの中世の『聖徳太子絵伝』に描かれるが、その描かれ方は多様である。橘寺本第八幅には、衡山山中の向かって左に三石が、右に三塔が描かれている(図20)。大蔵寺本では第一幅右上方に衡山図が描かれるが、三石のみが描かれている(図21)。この三石の位置関係であるが、両絵伝とも一石が中央後方にあり、前方左右にそれぞれ一石を配する形になっている。これと全く同じ配置になっているのが、前掲(図14)の三生石である。現在の衡山三生石は、文化大革命で破壊されたのち、一九八六年に往時を再現して建立されたものである。したがって新しいものではあるが、三石の配置はもとの通りだと推測できる。古代・中世の衡山図は、現代の中国には全く遺されていないが、三石(三生石)の位置が一致するということは、日本に中国の衡山絵図が伝来していた可能性が考えられ、それらを粉本として参照したものかもしれない。なお、現在の衡山において僧俗に取材した結果、慧思の六生伝説は伝えられておらず、したがって「三塔」は現存していない。

図16　『聖徳太子絵伝』本證寺本第八幅「遺品授受」

図15　『聖徳太子絵伝』本證寺本第八幅「三僧対面」

図18　『聖徳太子絵伝』献納本第十面「三塔三石」

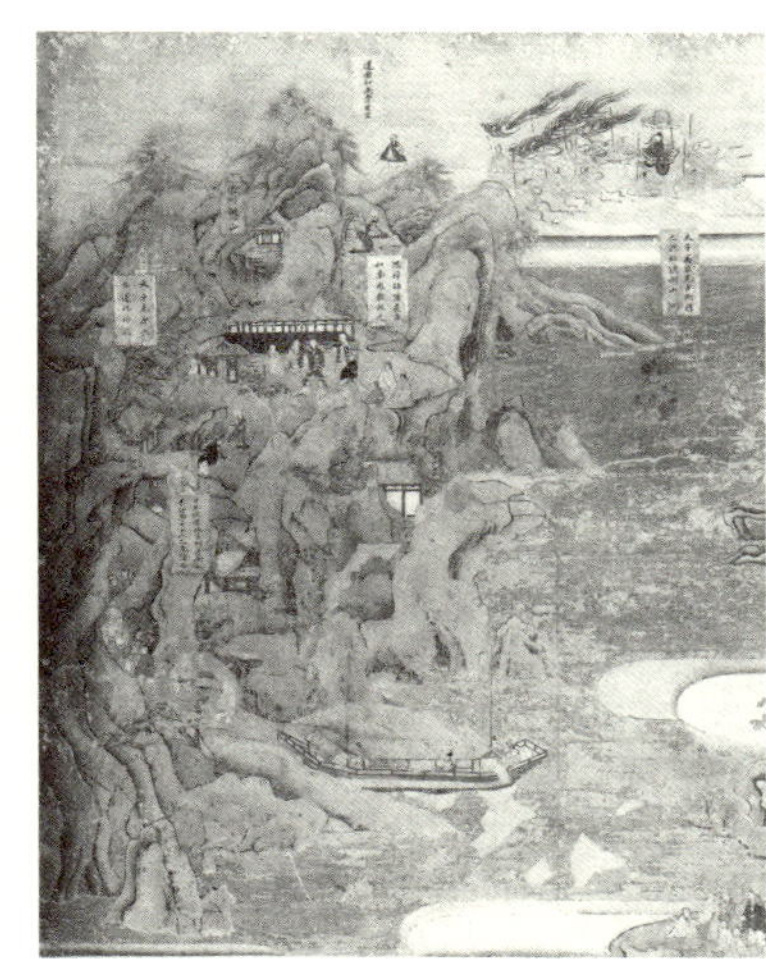

図17　『聖徳太子絵伝』献納本模本第十面「衡山」

図19　法隆寺金堂阿弥陀三尊像台座上座「衡山図 三塔三石

図21　『聖徳太子絵伝』大蔵寺本第一幅「三生塔」

図20　『聖徳太子絵伝』橘寺本第八幅「衡山」

五、達摩と慧思の対面

次に、禅宗の祖として神格化される達摩（菩提達磨・達磨）と、慧思の南岳衡山における対面についてみていく。『聖徳太子伝暦』四十七歳冬十月条には、狭義の『七代記』佚文を引用する。

> 七代記文云、往年西国有二一婆羅門僧一、其名二達摩一。此人応化。魏文帝即位、大和八年、歳次［丁未］十月、到二来漢地一。徘二徊衡山一、吟二詠草室一。於レ是達摩、道場之内、六時行道。問二思禅師一云、汝此寂処、幾年修レ道。答云、廿余年。問、何見二霊験一、何被二威力一。答云、不レ見二霊験一、不レ被二威力一。達摩良久歓息云、禅定易レ厭、濁世難レ離。余忽遇二素交一、永滅二塵劫之重罪一、暫随二清友一、長殖二来生之勝因一。阿師〻〻、努力〻〻。何故化留二此山一、不レ遍二十方一。所以因果並亡、海東託生。彼国無レ機、人情麁悪。貪欲為レ行、殺害為レ食。宜レ令下宣二揚正法一、諫中止殺生上。禅師問云、達摩誰人。答云、余者虚空也。相談已訖、向レ東先去。聖容不レ停、来儀髣髴。禅師恋望、朝夕啼泣、六時行道、年将二五十一。後魏帝拓抜皇始元年庚申、永逝也。凡思禅師、到二来此山一、所由不レ知、遠祖不レ聞云〻。

《七代記の文に云うには、往年西国に一人の婆羅門僧がいて、それを達摩を名づけておりました。この人は仏菩薩の化身でありました。魏の文帝即位大和八年歳次［丁未］十月、漢地に到来しました。衡山のあちこちを見て回り、草堂において吟詠していました。ここにおいて達摩は、道場の内で、一日四時間ごとに行道していました。慧思禅師が問うて云うには、あなたはこの静かなところで、何年仏道を修しているのですかと。答えて云うには、二十余年でありますと。問うに、どのような霊験を見て、どのような仏の偉大な力を被ったのですかと。答えて云うには、霊験を見ておりませんし、威力を被っておりませんと。達摩はやや久くたってから歎息して云うには、禅定は厭いやすく、濁世は離れ難いのです。私はたちまちにあなたとの純粋な交友に遇って、永く計り知れない過去からの重罪を滅しました。しばらく清らかな友に随って、長く来世の勝因を植えたいと思います。師よ師よ、努力なさい努力なさい、どうして化生してこの山に留まって、十方に遍く教えを伝えようとはしないのですか。ゆえに因果が並んでなくなったならば、海東の日本に託生しなさい。彼の国には機根がなく、人情は粗暴です。貪欲を行いとなし、動物を殺害して食としています。よろしく正法を宣揚して、殺生を諫め止めさせなさいと。禅師が問うて云うには、達摩とはいかなる方なのですかと。答えて云うには、私は虚空でありますと。互いに談ずることはすでにおわり、東に向って先に去っていきます。聖容は停まることはありませんでしたが、来臨の様子はありありとしています。禅師は達磨を恋望して、朝夕に声を挙げて泣き、四時間ごとに行道しました。年はまさに五十になろうとしていましたが、後魏帝拓抜の皇始元年庚申に、永逝したのです。およそ慧思禅師が、この山に到り来った、理由はわからず、また遠祖についても聞いておりませんということでした。》

達摩は、魏の文帝即位大和八年十月に漢地に到来し、慧思と対面し、海東に誕生して、機根なく人情麁悪で、貪欲で殺害ばかりする民に、正法を宣揚せよと命じた。慧思はあなたは誰かと問うと、「余は虚空なり」と述べて、先に東に去ったという。

『七代記』では、達摩が中国に来たのは、魏・文帝大（太）和八年丁未とするが、これが北魏・孝文帝の太和八年（四八四）であるとすれば、干支は甲子であり、しかも慧思（五一五～五七七）の誕生以前となる。

達摩の生没年には諸説あるが、現存最古の達摩伝である『宝林伝』(38)巻八に拠れば、梁・武帝（四六四〜五四九）の普通元年（五二〇）九月二十一日に、南天竺から広州に上陸し、十月一日に武帝に謁見したという。十月十九日には梁を去り、同じ年すなわち北魏・太和十年（四八六）十一月二十三日に、洛陽に至ったという。その後少林寺に入り、慧可を弟子として印可を与え、太和十九年（四九五）すなわち梁の大同二年（五三六）に遷化したという。この『宝林伝』でも、括弧内に西暦で示したように、年代の齟齬がみられる。こういった混乱は、のちの達摩伝にも継承され、さまざまに考證されているが、小稿ではこれ以上論じない。

ここで重要なのは、『七代記』に達摩伝の一端が述べられていることである。大和八年とするのは、『宝林伝』の太和十年とは異なるが、「大（太）和」の年号は共通している。ということは、『宝林伝』以前に成立していた達摩伝を、『七代記』が継承している蓋然性が高い。さらにその失われた達摩伝には、達摩と慧思の対面も記されていたかもしれない。もちろん、『宝林伝』やそれ以降の現存の達摩伝において、衡山における慧思との対面についての記録はない。しかし『宝林伝』は、唐・貞元十七年（八〇一）の成立で、『七代記』はこれ以前に成立している。ということは、『七代記』の達摩についての言説は、中国で失われた達摩の伝記を継承している可能性も大いに考えられるのである。この達摩・慧思対面譚と達摩東漸譚は、荒唐無稽とも評されるが、古い達摩伝に依拠した可能性を考慮しなければならず、すべての内容が日本で創作されたと、頭から否定すべきものではない。

なお年号の矛盾については、鎌倉時代の『太子伝古今目録抄』(39)では以下のように考證している。

一　南岳出生国差別事

霊応図本伝集云、陳南岳衡山恵思云々。七代記、魏文帝大和八年、思禅師逢二達磨一不レ同。凡魏有二三種不同一。一前魏五帝、二後魏十六帝、三西魏三帝。今文帝西魏文帝也。南岳恵思、六十四歳也。初逢二魏代一、後陳大建九年逝去給。故随レ後陳南岳云也。逝去支干、当二我朝敏達天皇即位第六年一［丁酉］。彼生月継体天皇代甲午生給也。達磨、後魏庚申歳逝去給歟。可レ尋レ之。又至二太子第七生思禅師一。日本之一生吾朝太子也。
已上。

魏には、前魏すなわち曹丕建国の三国魏と、後魏すなわち北魏と、北魏が五三四年に東魏と西魏に分裂した西魏があり、『七代記』では西魏の文帝のことをいうのだとする。文帝の大同八年は西暦五四二年にあたり、干支は壬戌である。「大同」と「大和」を誤ったとすれば、慧思は二十八歳であり、両者の対面は不可能ではないということになる。ただし『古今目録抄』では、慧思が六十四歳の時のこととしており、その根拠は未詳である。

古代・中世の『聖徳太子絵伝』で、達摩と慧思が対面する場面と、達摩が東方に飛行する場面は、多くの絵伝に描かれる。最古の法隆寺献納本においては、草庵で修行する達摩の前に慧思が現れて対面する図が描かれる[40]（図22）。両者はともに、墨染の衣である。献納本においては、達摩が虚空を東に向けて去る姿も描かれる（図23）。この場面は剥落が著しいが、よく見ると達摩は画面の向かって左を向いている。ところが、鎌倉時代の法隆寺金堂阿弥陀三尊像台座の西側面壁画には、黒衣の達摩が右を向いて虚空を飛んでいる図が描かれる（図24）。この図様は近年まで僧の往生の姿と看做されていたようだが、谷口耕生によって、これが虚空を飛ぶ比丘形の達摩であることが明らかにされた[41]。

達摩・慧思対面と東方への飛行は、中世の絵伝にも多く描かれる。本證寺本の対面場面は、達摩・慧思とも

図22 『聖徳太子絵伝』献納本第十面「達摩慧思対面」

図23 『聖徳太子絵伝』献納本第十面「達摩東方飛行」

図24 法隆寺金堂阿弥陀三尊像台座上座「達摩東方飛行」

に黒衣・如法衣の比丘形で描かれる（図25）が、達摩が東方に飛ぶ場面では緋衣を着している（図26）。中世以降は、達摩といえばいわゆる「朱衣達磨図（像）」[42]の画像や肖像と結び付けられて理解されており、そのイメージを反映させたものである。叡福寺本では、第三幅と第四幅の二箇所に衡山が描かれる珍しい絵相を持つが、その第三幅には緋衣被着の達摩が、黒衣の慧思と対面する場面と、緋衣で虚空を東方に飛ぶ達摩像が描かれている（図27）。

さて東に向かい去って行った達摩であるが、その後どうなったかをうかがわせる文章が、狭義の『七代記』にある。いわゆる片岡山飢人譚であるが、要約すれば以下の通りである。推古二十一年（聖徳太子四十二歳）に、太子が片岡を遊行し

図27　『聖徳太子絵伝』叡福寺本第三幅「達摩慧思対面と東方飛行」

図25　『聖徳太子絵伝』本證寺本第八幅「達摩慧思対面」

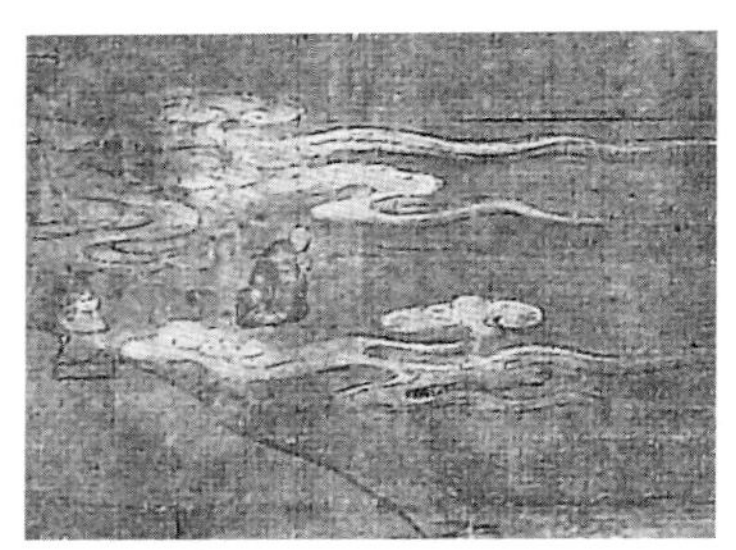

図26　『聖徳太子絵伝』本證寺本第八幅「達摩東方飛行」

たところ、飢者が道に臥していた。姓名を問うたが、ものを言わなかったため、飲食を与え衣裳を脱いで餓者を覆い、互いに歌を詠み交わした。数日後、太子が使いを遣わしたところ飢者はすでに死んでいたので、埋葬して墓を固めた。ところが後日、太子が飢者を凡夫ではなく真人だと語ったため、墓を開いたところ屍骨がなくなり、ただ衣服のみ棺の上に畳んで残されていた。太子はそのままその衣を着たため、聖は聖を知るのだと語り合ったという。この話は、『日本書紀』推古天皇二十一年（六一三）十二月朔条はじめ、諸書にみることができる。

この片岡山の飢人の正体について、『七代記』ではこの後に割註で、「彼飢者、蓋是達摩歟」と記す。最澄の弟子光定（七七九～八五八）が編纂した『伝述一心戒文』には「彼飢者、蓋是達磨也」とある。つまり『七代記』では、疑問形であったものが、『伝述一心戒文』では、達摩であると断定しているのである。ここから、片岡山の飢人が達磨の化身であるという説が、奈良時代から平安時代初期には、確実に流布していたことがわかる。(43)『聖徳太子絵伝』献納本には、片岡山飢人譚は描かれないが、中世の絵伝の中には、この説を反映して、飢人を達摩として描く絵伝が多い。頂法寺本（図28）は、衣に包まれた達摩が衣冠束帯姿の太子と対峙する。数少ない絵巻の『聖徳太子絵伝』の一つである堂本家本（図29）では、インド風の風貌を持った半裸の達摩が袍衣を掛けられている。

図28　『聖徳太子絵伝』頂法寺本第五幅「片岡山飢人」

図29　『聖徳太子絵伝』堂本家本第八巻「片岡山飢人」

図30　『聖徳太子絵伝』本證寺本第九幅「片岡山飢人」

図31　『聖徳太子絵伝』光照寺本第四幅「片岡山飢人」

図32　『聖徳太子絵伝』勝鬘皇寺本第三幅「片岡山飢人」

　ところが平安中期ごろから、片岡山の飢人は、文殊菩薩が太子の前に化現したものと解されるようになった。聖徳太子は観音菩薩の化身であると信じられていたが、日本最初の和歌の贈答が、観音と文殊の変化身によって始まったと喧伝されるようになったのである。なぜ飢人が文殊菩薩とされたかについては、すでに別稿(44)で詳述しているので併せ参照されたい。この説を反映させた『聖徳太子絵伝』も数多く、本證寺本（図30）では路上に病身の姿で描かれ、光照寺本（図31）・勝鬘皇寺本（図32）では業病を背負い、死を間近にして小屋掛けに打ち捨てられた姿として描かれる。

結語

以上、南岳衡山をめぐる転生の言説について、南岳慧思と達摩を中心に概観してきた。中国の衡山において、天竺から来た達磨と慧思が対面し、日本で慧思は聖徳太子に転生し、しかも達磨は大和の片岡山において飢人として太子と対面するといった、循環構造を持つ言説の淵源はどこにあるか、それが後世にどう展開していったかの一端は示せたであろう。

また数次に亙る南岳衡山の現地踏査の結果、三生石など数々の遺跡については確認できたが、三塔についての現地の伝承が確認できなかった。さらに、古代・中世の『聖徳太子絵伝』において、これらがどのように表現されているかの一端を示すことができた。絵相が公開されている絵伝については、すべて比較の対象としているが、紙幅の関係で図版が掲載できたのは一部のみであるため、各図録でご確認いただきたい(45)。

小稿の出発点は、奈良時代に成立した聖徳太子伝記の一種の、『七代記』の記述である。その成立について、従来は中国説と日本説に主張が分かれている。小稿で検討した結果、『七代記』は日本で成立したとしても、現在は失われた隋・唐代の地誌や伝記類を継承している痕跡が多く見られ、すべての内容が日本で創作された破天荒な説とは言い切れないと考える。さらに『聖徳太子絵伝』の衡山の場面も、大陸伝来の衡山図を参照していた可能性がある。これらの検証は、小稿の本来の目的とは離れるものであったが、衡山の地誌や達摩伝の研究上、再度検討すべき問題を孕んでいると思われる。『七代記』を、頭から荒唐無稽な説が満載されていると決めつけるのではなく、再度内容を精査して、その成立について論ずるべきであろう。

使用テクスト　主に以下に依拠しつつ、適宜、句読点・読み等を私に改めた。
『南岳小録』＝四庫全書、『隋天台智者大師別伝』『続高僧伝』『仏祖統記』『南岳総勝集』＝大正新脩大蔵経、『宝林伝』＝宝林伝訳注、『七代記』『唐大和上東征伝』＝寧楽遺文、『延暦僧録』＝四天王寺古文書、『入唐新求聖教目録』＝史窓七四号、『上宮太子拾遺記』『太子伝古今目録抄』＝大日本仏教全書、『聖徳太子伝暦』＝吉原校訂本文。

図版出典
『聖徳太子絵伝』献納本・同模本、法隆寺金堂阿弥陀三尊像台座上座「衡山図」＝『法隆寺献納宝物特別調査概報　X XII　聖徳太子絵伝5』、東京国立博物館、二〇一二年三月）
『聖徳太子絵伝』本證寺本＝『本證寺所蔵「聖徳太子絵伝」研究資料』（名古屋大学大学院文学研究科附属人類文化遺産テクスト学研究センター、二〇一六年九月）
同叡福寺本＝［展観図録］『聖徳太子ゆかりの名宝――河内三太子：叡福寺・野中寺・大聖勝軍寺――』（NHK大阪放送局・NHKプラネット近畿・読売新聞大阪本社、二〇〇八年四月）
同橘寺本・大蔵寺本・頂法寺本・堂本家本＝奈良国立博物館編『聖徳太子絵伝』（東京美術、一九六九年十月）
同光照寺本・勝鬘皇寺本＝平松令三・光森正士・百橋明穂『真宗重宝聚英』第七巻「聖徳太子絵像・聖徳太子木像・聖徳太子絵伝」（同朋舎出版、一九八九年二月）
「五臺山図」＝敦煌研究院主編『敦煌石窟全集』一二「仏教東伝故事画巻」（商務印書館（香港）、一九九九年）
＊これ以外は、すべて吉原撮影。

注

（1）　各霊山についての文献は数多くある。泰山・天台山・五臺山については、吉原浩人「平安朝漢文学における泰山・泰山府君の形象」（小峯和明編『東アジアの今昔物語集――翻訳・変成・予言』、勉誠出版、二〇一二年七月）、同「「天台山の王子信（晋）」考――『列仙伝』から『熊野権現御垂跡縁起』への架橋」（『東洋の思想と宗教』第一二号、一九九五年三月）、同「文殊菩薩の化現――聖徳太子伝片岡山飢人譚変容の背景」（小峯和明監修・出口久徳編『シリーズ 日本文学の展望を拓く』第二巻「絵画・イメージの回廊」、二〇一七年十一月）に参考文献を整理しているので参照されたい。

（2） 東岳泰山（山東省）、西岳華山（陝西省）、南岳衡山（湖南省）、北岳恒山（山西省）、中岳嵩山（河南省）をいう。

（3） 小稿は、二〇一七年八月二十一日、衡陽市南岳区衡陽南岳君雅洲際酒店で開催された、シンポジウム「南岳衡山と聖徳太子信仰」における基調講演「達摩と慧思の対面――聖徳太子伝にみる達摩東漸譚の諸相」と、現地案内「南岳衡山の遺跡と現状」の二つをもとにしている。ともに講演原稿のため、諸説整理に留まり新見は少ないが、衡山の現況と『聖徳太子絵伝』を対比した研究はこれまでに存在していないため、衡山案内の役目は果たせるであろう。

（4） 南岳慧思の転生説については、以下のような先行研究の蓄積がある。ただし後に特記する研究は除いた。辻善之助「聖徳太子慧思禅師後身説に関する疑」（『歴史地理』第五三巻第一号、一九二九年一月↓『日本仏教史之研究』続編、金港堂書籍、一九三一年一月再収↓『日本仏教史研究』第三巻、岩波書店、一九八四年一月再々収）、大屋徳城「聖徳太子に対する後世の崇拝と信仰」（『日本仏教史の研究』第二巻、東方文献刊行会、一九二九年四月↓『大屋徳城著作選集』第三巻、国書刊行会、一九八八年一月再収）、福井康順「聖徳太子の「南岳取経」説について――附、鑑真渡海の動機」（『印度学仏教学研究』第七巻第二号、一九五九年三月↓『東洋思想史研究』書籍文物流通会、一九六〇年三月再収↓『福井康順著作集』第四巻、法藏館、一九八七年四月再々収）、大野達之助「聖徳太子の慧思禅師後身伝説と法華経」（『日本歴史』第一四一号、一九六〇年三月）、福井康順「鑑真和上渡海の動機とその伝戒」（安藤更生・亀井勝一郎編『鑑真和上』春秋社、一九六三年十一月↓『福井康順著作集』第四巻、法藏館、一九八七年四月再収）、藏中進「「聖徳太子慧思禅師託生説」の周辺」（『唐大和上東征伝の研究』桜楓社、一九七六年七月）、金治勇「『聖徳太子伝暦』研究序説」（『奥田慈應先生喜寿記念仏教思想論集』平楽寺書店、一九七六年十月）、池山一切円「南岳恵思と聖徳太子」（同右）、飯田瑞穂「聖徳太子慧思禅師後身説の成立について」（森博士還暦記念会編『対外関係と社会経済』吉川弘文館、一九七八年九月↓『飯田瑞穂著作集』１「聖徳太子伝の研究」吉川弘文館、二〇〇〇年一月再収）、新川登亀男『上宮聖徳太子伝補闕記の研究』（吉川弘文館、一九八〇年九月）、由木義文「日本天台における聖徳太子信仰」（『聖徳太子研究』第一四号、一

九八〇年十二月)、田中嗣人『聖徳太子信仰の成立』(吉川弘文館、一九八三年十二月)、川岸宏教「恵思後身と南岳取経――『上宮皇太子菩薩伝』をめぐって」(『国文学、解釈と鑑賞』第五四巻第一〇号、一九八九年十月)、京戸慈光「聖徳太子の慧思禅師後身説について――資料P.ch.3198を中心として」(『天台学報』第三三号、一九九一年十月)、薗田香融「書評　王勇『聖徳太子時空超越――歴史を動かした慧思後身説』」(『古代史の研究』第一〇号、一九九五年六月)、渡辺信和「聖徳太子伝記―描かれる太子像をめぐって」(『仏教文学講座』第六巻「僧伝・寺社縁起・絵巻・絵伝」勉誠社、一九九五年八月↓『聖徳太子説話の研究――伝と絵伝と』「第一章第七節太子三十六歳条――描かれる太子像をめぐって」新典社、二〇一二年六月再収)、曾根正人「唐僧法進の沙弥戒と沙弥像――『沙弥十戒並威儀経疏』を巡って」(薗田香融編『日本仏教の史的展開』塙書房、一九九九年十月)、中尾良信『日本禅宗の伝説と歴史』(吉川弘文館、二〇〇五年五月)、東野治之「日唐交流と聖徳太子信仰――慧思後身説をめぐって」(藤善眞澄編『東と西の文化交流』関西大学出版部、二〇〇四年三月)。

(5)　片岡山飢人伝説については、以下の研究がある。なお日本における達摩信仰と伝承に関する諸相の研究も、ここに含める。松本文三郎『達磨の研究』(第一書房、一九四二年十月)、田中重久「片岡山伝説地の研究」(『聖徳太子御聖蹟の研究』全国書房、一九四四年十月)、関口真大『達摩大師の研究　達摩大師の思想と達摩禅の形成――新資料による思想史的基礎研究』(彰国社、一九五七年十二月↓春秋社、一九六九年五月再刊)、関口真大『達磨の研究』(岩波書店、一九六七年八月)、荻須純道「聖徳太子と達摩日本渡来の伝記をめぐりて」(『日本仏教学会年報』第二九号、一九六四年三月)、飯田瑞穂「聖徳太子片岡山飢者説話について」(坂本太郎博士古稀記念会編『続日本古代史論集』中巻、吉川弘文館、一九七二年七月↓『飯田瑞穂著作集』1「聖徳太子伝の研究」吉川弘文館、二〇〇〇年一月再収)、木戸忠太郎『達磨と其諸相』(村田書店、一九七七年二月)、牧野和夫「鎌倉時代後期の禅僧と「太子伝」と唱導――中世有馬温泉の唱導活動について」(『慶應義塾高等学校紀要』第八号、一九七七年八月、↓『中世の説話と学問』、和泉書院、一九九一年十一月再収)、福山敏男「達磨寺の研究」(福山敏男著作集三『寺院建築の研究』下、中央公論美術出版、一九八三年三月)、松本真輔「『元亨釈書』本朝仏法起源譚の位相――達磨と太子の邂逅をめぐって」(『中世文学』第四三号、一九九〇年五月↓『聖徳太子伝と合戦譚』勉誠出版、二〇〇七年十月再収)、小林直樹「権者へのまなざし――『三国伝記』の世界」(『国語国文』第六五巻第四号、一九九六年四月↓『中世説話集とその基盤』和泉書院、二〇〇四年十一月再収)、久野昭『日本に来た達磨」（南窓社、一九九八年十月）、小林直樹「続・権者へのまなざし――『三国伝記』と中世太子伝」（『論集説話と説話集』和泉書院、二〇〇一年五月↓『中世説話集とその基盤』和泉書院、二〇〇四年十一月）、奈良国立博物館編『達磨寺の美術』（奈良国立博物館、二〇〇三年九月）、加賀元子『中世寺院における文芸生成の研究』（汲古書院、二〇〇三年一月）、小栗明彦「聖徳太子信仰萌芽期の一様相――達磨寺三号墳の検討を中心として」（『関西大学考古学研究室開設五拾周年記念考古学論叢』下巻、関西大学考古学研究室開設五拾周年記念考古学論叢刊行会、二〇〇三年十二月）、小林直樹「『沙石集』と聖徳太子」（『人文研究』第五五巻第四分冊、二〇〇四年三月↓『中世説話集とその基盤』和泉書院、二〇〇四年十一月再収）、筒井早苗「達磨寺蔵『聖徳太子御絵指示』解題と翻刻」（『同朋大学佛教文化研究所紀要』第二四号、二〇〇五年三月）、荒木浩「『沙石集』と〈和歌陀羅尼〉説について――文字超越と禅宗の衝撃」（『仏法修法と文学的表現に関する文献学的考察――夢記・伝承・文学の発生』平成十四～十六年度科学研究費補助金（基盤研究（C）（2））研究成果報告書、二〇〇五年三月）、中尾良信『日本禅宗の伝説と歴史』（吉川弘文館、二〇〇五年五月）、鈴木英之「『鹿島問答』における聖徳太子――本尊にまつわる問答から」（『佛教文学』第三〇号、二〇〇六年三月↓『中世学僧と神道――了誉聖冏の学問と思想』勉誠出版、二〇一二年八月再収）、藤田琢司『日本にのこる達磨伝説』（禅文化研究所、二〇〇七年十一月）、脊古真哉「遊行寺蔵『聖徳太子伝暦』と四天王寺蔵六幅本聖徳太子絵伝――聖徳太子絵伝の展開についての予備的考察」（『同朋大学佛教文化研究所紀要』第二八号、二〇〇九年三月）、近本謙介「無住の狂言綺語観と和歌陀羅尼観研究覚書――シンポジウム「仏教文学とは何か」とのかかわりから」（『佛教文学』第三四号、二〇一〇年三月）、追塩千尋「片岡山飢人説話と大和達磨寺――古代・中世達磨崇拝の一面」（『年報新人文学』第九号、二〇一二年十二月）、中世禅籍叢刊編集委員会編『中世禅籍叢刊』第三巻「達磨宗」（臨川書店、二〇一五年七月）。

（6）織田顕行編「中世の聖徳太子絵伝一覧」（『展観図録』『伊那谷の仏教絵画――聖徳太子絵伝と真宗の宝を集めて』、飯田市美術博物館、二〇〇八年九月）。注（3）シンポジウムの際には、これらのうちから、法隆寺延久本（献納本）・法隆寺嘉元本・妙源寺本・橘寺本・勝鬘皇寺本・叡福寺本・本證寺本・杭全神社本・井波別院瑞泉寺本・四天王寺本・頂法寺本の衡山図像を集成し、阿部泰郎監修・郭佳寧編『「聖徳太子絵伝」衡山図像集 研究資料』（名古屋大学大学院人文学研究科附属人類文化遺産テクスト学研究センター・早稲田大学日本宗教文化研究所、二〇一七年八月）として作成配布した。

（7）『飯田瑞穂著作集』1「聖徳太子伝の研究」（吉川弘文館、二〇〇〇年一月）。特に、飯田瑞穂「聖徳太子伝の推移――『伝暦』成立以前の諸太子伝」（『国語と国文学』第五〇巻第一〇号、一九七三年十月↓同書再収）。

（8）林幹彌『太子信仰の研究』（吉川弘文館、一九八〇年二月）。

（9）大修館書店、一九九四年七月。他に、王勇「鑑真来日のなぞ」（『駒澤短期大学仏教学科仏教論集』第八号、二〇〇二年十月）、同『おん目の雫ぬぐはばや――鑑真和尚新伝』（農山漁村文化協会、二〇〇二年十二月）など。

（10）『〈聖徳太子〉の誕生』（吉川弘文館、一九九九年五月）。

（11）竹内理三「解説　人々伝（五）七代記」（『寧楽遺文』下巻、東京堂出版、一九六二年十一月）。

（12）古江亮仁「奈良時代成立の「聖徳太子伝」をめぐる若干の問題」（『櫛田博士頌寿記念、高僧伝の研究』、山喜房佛書林、一九七三年六月）、同「天台法華宗付法縁記逸文考――新版『伝教大師全集』未収分について」（福井康順監修『伝教大師研究　別巻』、早稲田大学出版部、一九八〇年十月）。

（13）田中嗣人「『明一伝』と『七代記』――聖徳太子伝研究の一齣」（『古代文化』第二九巻第二号、一九七七年二月）。

（14）小口雅史「七代記」（『國書逸文研究』第三号、一九七九年八月）。

（15）水野柳太郎「聖徳太子古伝の一例」（『聖徳太子研究』第一四号、一九八〇年十二月）。

（16）兼子恵順「『障子伝』と「四天王寺障子伝」」（『四天王寺国際仏教大学紀要』文学部第三〇号・短期大学部第三八号、一九九八年三月）、同兼子恵順「四天王寺撰の聖徳太子伝について」（『四天王寺国際仏教大学紀要』文学部第三一号・短期大学部第三九号、一九九九年四月）。

（17）榊佳子「『明一伝』と『七代記』の構成に関する一試論」（『史観』第一五五冊、二〇〇六年九月）。

（18）榊原史子『『四天王寺縁起』の研究――聖徳太子の縁起とその周辺』（勉誠出版、二〇一三年三月）。

（19）神野志隆光「『七代記』と「日本紀」」（『論集上代文学』三〇、笠間書院、二〇〇八年五月↓神野志隆光『変奏される日本書紀』東京大学出版会、二〇〇九年七月再収）。

（20）藏中しのぶ「聖徳太子慧思託生説と『延暦僧録』「上宮皇太子菩薩伝」」（吉田一彦編『変貌する聖徳太子』平凡社、二〇一一年十一月）。

(21) 吉田一彦「『異本上宮太子伝』の写本と内容」(同右)。

(22) 伊吹敦「鑑真は来日以前に聖徳太子慧思後身説を知っていたか?」(『印度学仏教学研究』第六十二巻第一号、二〇一三年二月)、同「聖徳太子慧思後身説の成立について」(『東洋思想文化』第一号、二〇一四年三月)、同「『異本聖徳太子伝』の成立と流布」(『東洋学研究』第五一号、二〇一四年三月)、同「聖徳太子慧思後身説の変化とその意味」(『東洋学研究』第五二号、二〇一五年三月)、同「最澄と聖徳太子慧思後身説」(大久保良峻教授還暦記念論集『天台・真言諸宗論攷』山喜房佛書林、二〇一五年十二月)。

(23) 石井公成『聖徳太子　実像と伝説の間』(春秋社、二〇一六年一月)。

(24) 以下の衡山の現況と写真は、五回に亙る吉原の現地踏査に基づくものである。二〇〇九年八月早稲田大学日本宗教文化研究所調査旅行、二〇一五年八月湖南師範大学主催「〝湖湘文化与東亜交流〟国際学術研討会」現地踏査、二〇一六年七月禹王遺跡調査、二〇一六年九月南岳大廟講演、二〇一八年八月本シンポジウム。

(25) 『七代記』の引用方法は『聖徳太子伝暦』諸本間で異なり、例えば伏見宮本系統では「七代記云」と簡潔に記される。これらの問題は煩瑣になるので、小稿では省略する。概略は、注(9)林幹彌著書などを参照されたい。早稲田大学日本宗教文化研究所では、前身の早稲田大学古代文学比較文学研究所時代から、年に六回の『聖徳太子伝暦』研究会を開催し、伏見宮本を底本に徳島本願寺本・興福寺本・東北大学狩野文庫本・東大寺本・和学講談所旧蔵本と校合しながら、読解を進めている。小稿では、研究会で作成した吉原担当の校訂本文を使用する。なお広義の『七代記』本文とは、小異はあるものの大差はない。ここで『聖徳太子伝暦』を用いるのは、後世への影響力が圧倒的に大きいからである。

(26) 各絵伝の色紙形は、以下の通りである。

本證寺	油日神社	談山神社
一　般若峰	一　般若峰	般若峰
二　柱括峰	二　柱括峰	柱括台
三　恵日峰	三　慧日峰	恵日峰
四　属融峰	四　□□峰	□□峰
五　紫蓋峰	五　紫蓋峰	紫蓋峰

（27）白居易「香山寺白氏洛中集記」には、「得二宿命通一、省二今日事一、如下智大師記二霊山於前会一、羊叔子識二金鐶於後身一者上歟」（『白氏文集』巻七十［三六〇八］）とある。これらについては、吉原浩人「慶滋保胤勧学会詩序考――白居易との関連を中心に」、吉原浩人・王勇編『海を渡る天台文化』（勉誠出版、二〇〇八年十二月）、同「慶滋保胤の奝然入宋餞別詩序――白居易・元稹詩文との交響」（河野貴美子・王勇編『東アジアの漢籍遺産――奈良を中心として』勉誠出版、二〇一二年六月）、同「銭塘湖孤山寺の元稹・白居易と平安朝の文人」（『白居易研究年報』第一六号、勉誠出版、二〇一五年十二月）などで繰り返し論じている。

（28）飯田瑞穂注（7）・王勇注（9）著書などに言及がある。

（29）小稿は、慧思の聖徳太子転生説について論ずることは目的としていない。注（4）の先行研究を参照されたい。

（30）神護景雲三年（七六七）の、淡海三船「五言扈従聖徳宮寺一首」（『経国集』巻十）に「南岳留禅影、東州現応身」とあるのを嚆矢として、奈良時代から平安初期にかけて急速に、聖徳太子の慧思後身説が広まった。鑑真の弟子で中国僧法進の『梵網経注』（凝然『梵網戒本疏日珠鈔』に佚文）、最澄「求伝法華宗詩序」（光定『伝述一心戒文』巻中）など多くの論著に言及され、果ては唐の明空撰『勝鬘経疏義私鈔』巻一にも、慧思の後身説が記されている。これについては王勇注（9）著書に詳しい。

（31）小南沙月「〈資料紹介〉慈覚大師円仁『入唐新求聖教目録』」（『史窓』第七四号、二〇一七年二月）。

（32）王勇注（9）著書参照。

（33）この「七代記文云」は、次節に引用する。なお『聖徳太子伝暦』太子四十七歳条本文では、以下のような別の六生説を語っている。

冬十月、太子召レ妃命曰、吾昔世為二微賤人一、逢三師説二法花経一。逃レ家剪レ髪、為二一沙弥一、修行卅余年、捨二身衡山之下一。今憶二此時一、当二晋末世一。魂宿二韓氏之腹一、復得レ為レ人。出家入道、誓魂宿、不レ択二中辺一、伝二通仏法一。即登二衡山一、修行五十余年。当二宋文帝世一。復捨二身命一、託二生劉氏一、復得レ為レ男。出家入道、経二四十余年一。捨二身於彼一、託二生高氏一。此時斉王君二臨天下一。又修二行衡山一六十余年。捨二命於此一、当二於梁世一、託二生梁相之子一。復出家入道、猶在二衡山一、経二七十年一。歴二陳・周世一、誓下願必生二東海之国一流中通仏法上。

これを『七代記』の六生説と対照すると、以下の通りになる。

	『七代記』	『聖徳太子伝暦』
第一代	晋朝許氏	晋末世の微賤人
第二代	宋朝崔氏	宋文帝の世の韓氏
第三代	斉朝李氏	劉氏
第四代	梁朝韓氏	斉王天下の高氏
第五代	陳朝駱氏	梁代の宰相の子
第六代	周朝姚氏（慧思）	陳・周の世の人（念禅）

ここで明らかなのは、『聖徳太子伝暦』では、聖徳太子が六回の転生を経て倭国に生まれたという『七代記』の説を継承しながら、転生した人の時代や姓などを変更していることである。これは後述する、第六代を慧思ではなく念禅とする、『聖徳太子伝暦』三十六歳条の説に連動するものである。

(34) 法空『上宮太子拾遺記』巻一などに佚文を引く。該当箇所は巻五にある。『天王寺秘決』にも一部が引かれる。これについては、注（22）伊吹敦「最澄と聖徳太子慧思後身説」などに詳しい。

(35) 注（22）伊吹敦「聖徳太子慧思後身説の変化とその意味」など。七生説自体は、注（33）に記したように『聖徳太子伝暦』も取り入れている。

(36) 献納本は剥落により不鮮明であるため、天明模本を掲載した。これは、天明六年（一七八六）から七年にかけて、吉村周圭充貞により模写されたもので、現在は法隆寺東院絵殿に掲げられている。

(37) 谷口耕生「献納本聖徳太子絵伝第十面「衡山図」の図様継承をめぐって」（『法隆寺献納宝物特別調査概報　XXXII　聖徳太子絵伝5』、東京国立博物館、二〇一二年三月）。

(38) 昭和七年に、常盤大定によって青蓮院経蔵より見出された。田中良昭『宝林伝訳注』（内山書店、二〇〇三年三月）。その他、達摩伝については、注（5）の諸文献参照。

(39) 藏中進「中世太子伝変奏の序曲――『太子伝古今目録抄』」（『国文学　解釈と鑑賞』第五四巻一〇号「特集＝聖徳太子伝の変奏」、一九八九年十月）など参照。

(40) ここで注意しておきたいのは、達摩が修行した草庵の描き方である。中国における草庵とは、文字通り草を結んで作った庵のことで、敦煌壁画などにしばしば描かれている（図は「五臺山図」）。しかしこの形状の草庵が、鎌倉期以降の『聖徳太子絵伝』などに継承されることはない。ということは、この法隆寺献納本の衡山図には、中国から舶載された粉本があった証左と考えてもよいのではなかろうか。

(41)　注（37）論文参照。

(42)　注（5）『中世禅籍叢刊』第三巻「達磨宗」に、主要図像と文献が紹介されている。

(43)　注（5）追塩千尋「片岡山飢人説話と大和達磨寺——古代・中世達磨崇拝の一面」に、中世の所伝について委細を尽くして論じられている。

(44)　注（1）吉原浩人「文殊菩薩の化現——聖徳太子伝片岡山飢人譚変容の背景」。

(45)　『聖徳太子絵伝』図版掲載書については、吉原浩人「聖徳太子信仰・聖徳太子伝 基本研究図書目録」（本書附録）を参照されたい。

敦煌莫高窟第61窟「五臺山図」部分

第二部　古代の聖徳太子信仰

『日本書紀』「推古天皇紀」に見える外交文書

高松寿夫

はじめに

『日本書紀』推古天皇十六年八月十六日条には、隋使・裴世清がもたらした、隋煬帝から推古に宛てた親書が掲載されている。その本文と訓み下し文は次のとおりである（日本古典文学大系による。以下、『日本書紀』の引用はすべて同書による）。

皇帝問倭皇。使人長吏大礼蘓因高等、至具懐。朕欽承宝命、臨仰区宇。思弘徳化覃被含霊。愛育之情、無隔遐邇。知皇介居海表、撫寧民庶、境内安楽、風俗融和、深気至誠、遠脩朝貢。丹款之美、朕有嘉焉。稍暄。比如常也。故遣鴻臚寺掌客裴世清等、稍宣往意。并送物如別。

（皇帝、倭皇を問ふ。使人長吏大礼蘓因高等、至でて懐を具にす。朕、宝命を欽び承けて、区宇に臨み仰ぐ。徳化を弘めて、含霊に覃び被らしむることを思ふ。愛み育ふ情、遐く邇きに隔無し。皇、海表に介り居して、民庶を撫で寧みし、境内安楽にして、風俗融り和ひ、深き気至れる誠ありて、遠く朝貢ふことを脩つといふことを知りぬ。丹款なる美を、朕嘉するこ（われよみ）と有り。稍に暄なり。比は常のごとし。故、鴻臚寺の掌客裴世清等を遣して、稍に往く意を宣ぶ。幷て物送すこと別のごとし。）

この一文は、意外なことに、陸心源編『唐文拾遺』（光緒十四年〈一八八八〉）巻四に、玄宗遺文として収録されている。『日本書紀』を資料としつつも、推古十六年＝隋・大業四年（六〇八）を、同じ干支（戊辰）である唐・開元十六年（七二八）と誤解した結果であろう。（なぜ総章元年〈六六八〉と誤解しなかったのかは不明。）『日本書紀』は、推古朝の対隋外交の記録において、「隋」という王朝名をほぼ用いず、もっぱら「唐」「大唐」と記しており、『日本書紀』という文献の扱いに通じていなかった十九世紀後半の清人にとって、この誤解はいたしかたなかった側面があるといえる。こんにちでは、当該の一文が、『全隋文』（厳可均編『全上古秦漢三国晋六朝文』のうち）の欠を補うものであることは、日中交流史を専攻する中国の研究者にも、よく認識されているものと思う。

また、右の煬帝の親書に対しては、推古天皇から返書がしたためられたことも、『日本書紀』同年九月五日条は記録する――『聖徳太子伝暦』によれば、この返書は聖徳太子の作文であったというが、それは平安時代前期までに形成された聖徳太子伝説の一つと考えるしかあるまい――。その文面は次のとおりである。

東天皇敬白西皇帝。使人鴻臚寺掌客裴世清等至、久憶方解。季秋薄冷。尊何如。想清悆。此即如常。今遣大礼蘇因高・大礼乎那利等往。謹白不具。

（東の天皇、敬みて西の皇帝に白す。使人鴻臚寺の掌客裴世清等至りて、久しき憶、方に解けぬ。季秋、薄に冷し。尊、何如に。想ふに清悆にか。此は即ち常の如し。今大礼蘇因高・大礼乎那利等を遣して往でしむ。謹みて白す。具ならず。）

しかし、『日本書紀』という文献の性質上、これらの親書を、無批判にその当時（推古十六年・大業四年）の遺文と認めてしまってよいかどうかは、いまなお意見が分かれるところであろう。当時の実際の文書そのものと考える立場と、『日本書紀』編纂時の完全な創作（でっち上げ）と考える立場とを両極として、研究者の間でも、受け止め方にはある程度の温度差が存在するように思われる。

本稿では、これらの文をその当時の文筆資料と捉えて問題はないかどうか、問題がないとすれば、特に日本側の作文からは、どのような語彙の特徴が見出せるかといったことを、その表現や語句の分析をとおして検討することを目的とする。純粋にテキストそのものから、どのような性格が見極められるであろうか。

一、隋煬帝親書について

外交関係のものを含む行政文書を考えるに際して、その文書の書式を把握しておくことは重要である。問題にしている隋煬帝親書の文の冒頭「皇帝問倭皇」について、中村裕一『唐代制勅研究』は、それが慰労詔書の書式であることを指摘した。(1) 中村氏が挙げる隋代の慰労詔書の実例は次のようなものである。

皇帝敬問修禅寺智顗禅師。省書具至意。孟秋餘熱、道体何如。熏修禅悦、有以怡慰。所須寺名額今依来請。智邃師還指宣往意。

（皇帝敬ひて修禅寺智顗禅師に問ふ。書を省るに具に意を至す。孟秋餘熱なれど、道体何如。熏修し禅悦し、以て怡慰有り。須むる所の寺名の額は今来請に依る。智邃師還りて往意を指し宣べむ。）（『国清百録』巻二「文皇帝勅給荊州玉泉寺額書第四十四」）

皇帝敬問婺州双林寺慧則法師。朕尊崇聖教、重興三宝。欲使一切生霊咸蒙福力、法師捨離塵俗、投志法門、専心講誦、宣揚妙典。精誠如此、深副朕懐。既利益群生、当不辞労也。猶寒。道体如宜。今遣使人指宣往意。

（皇帝敬ひて婺州双林寺の慧則法師に問ふ。朕は聖教を尊崇し、重ねて三宝を興す。一切の生霊をして咸福力を蒙らしめんと欲す。法師は塵俗を捨離し、志を法門に投ず。心を講誦に専にし、妙典を宣揚す。精誠此くのごとくして、深く朕の懐ひに副ふ。既に群生を利益す、当に労を辞せざるなり。猶寒し。道体宜しきがごとくせよ。今使人を遣して往意を指し宣べしむ。）

（『淳化閣帖』巻五「隋朝法帖」）

右の二例の慰労詔書には、文末近くに「指宣往意」という共通の句を有するが、これは当該の推古紀掲載の煬帝親書末尾近くの「稍宣往意」と類似することに注目される。推古紀掲載の煬帝親書は、『善隣国宝記』にも掲載され、しかもそこではこの部分、「指宣往意」となっている（河村秀根『書紀集解』指摘）。『善隣国宝記』も『日本書紀』の引用として当該の親書を掲載するのであるが、おそらく、それが『日本書紀』本来の本文を伝えるのであろう（『書紀集解』の他、近年では新編全集も『善隣国宝記』により本文を校訂している）。「皇帝（敬）問」で始まり「指宣往意」云々で閉じる慰労詔書は、この他にも『続高僧伝』巻一七「釈智舜伝」にも認められる。

皇帝敬問趙州房子界嶂洪山南谷旧禅房寺智舜禅師。冬日極寒、禅師、道体清勝、教導蒼生。使早成就、朕甚嘉焉。朕、統在兆民之上、弘護正法、夙夜無怠。今遣開府盧元寿、指宣往意、并送香物、如別。

（皇帝敬ひて趙州房子界嶂洪山南谷旧禅房寺の智舜禅師に問ふ。冬日極めて寒し。禅師、道体清勝、蒼生を教導して、早く成就せしむ。朕甚だ嘉す。朕、兆民の上に統在し、正法を弘護して、夙夜に怠る無し。今開府盧元寿を遣して、往意を指し宣べしめ、并せて香物を送ること、別のごとし。）

（『続高僧伝』巻一七「釈智舜伝」所引「文帝開皇十年〈五九二〉詔」）

これも隋代の例である。慰労詔書の書式は、唐代にもほぼそのまま継承されたことが中村氏によって指摘されるが、しかし唐代の慰労詔書の遺文には、文末部に「指宣往意」の句を有するものは見出せない。この点によれば、推古紀の煬帝親書が、隋代遺文の性格をよくとどめるものである可能性が高いといえよう。

ところで、「皇帝敬問」で始まり「指宣往意」云々で閉じる慰労詔書の書式は、八世紀の日本に継承されたことが確認できる。

天皇敬問新羅王。使人一吉飡金儒吉・薩飡金今古等至、所献調物並具之。王有国以還、多歴年歳。所貢無虧、行李相属。款誠既著、嘉尚無已。春首猶寒、比無恙也。国境之内、当並平安。使人今還、指宣往意、并寄王物如別。

（天皇敬ひて新羅王に問ふ。使人一吉飡金儒吉・薩飡金今古等至りて、献れる調物並に具はる。王国を有ちてより以還、多く年歳を歴たり。貢れるもの虧くること無くして、行李相属れり。款誠既に著れて、嘉尚已むこと無し。春の首は猶寒くして、比恙無しや。国境の内、並びに平安ならむ。使人今還るに、往意を指し宣べて、并せて王に物を寄すること別のごとし。）

（『続日本紀』慶雲三年〈七〇六〉正月十二日条「文武天皇勅書」）

天皇敬問新羅国王。朕以虚薄、謬承景運。慚無練石之才、徒奉握鏡之任。日旰忘飡、翼々之懐愈積、宵分輟寝、業業之想弥深。冀覃覆載之仁、遐被寰区之表。況王世居国境、撫寧人民、深秉並舟之至誠、長脩朝貢之厚礼。庶磐石開基、騰茂響於瀛岫、維城作固、振芳規於鴈池、国内安楽、風俗淳和。寒気厳切。比如何也。今故遣大使従五位下美努連浄麻呂、副使従六位下対馬連堅石等、指宣往意。更不多及。

（天皇敬ひて新羅国王に問ふ。朕虚薄を以て、謬りて景運を承けたり。慚づらくは石を練る才無くして、徒に鏡を握る任を奉けたることを。日旰くるまで飡ふことを忘れて、翼々の懐愈積り、宵分くるまで寝ぬることを輟めて、業業の想弥深し。冀はくは覆載の仁を覃して、遐〻寰区の表に被らしめむことを。況や王世に国の境に居りて、人民を撫寧し、深く舟を並ぶる至誠を秉りて、長く朝貢の厚礼を脩む。庶はくは磐石基を開きて、茂響を瀛岫に騰げ、維城固を作して、芳規を鴈池に振ひ、国内安楽にして、風俗淳和ならむことを。寒気厳切なり。比如何。今故に大使従五位下美努連浄麻呂、副使従六位下対馬連堅石等を遣して、往意を指し宣べしむ。更に多く及さず。）

（『続日本紀』慶雲三年十一月三日条「文武天皇勅書」）

天皇敬問渤海国王。朕以寡徳、虔奉宝図、亭毒黎民、照臨八極。王僻居海外、遠使入朝。丹心至明、深可嘉尚。但省来啓、無称臣名。仍尋高麗旧記、国平之日、上表文云、族惟兄弟、義則君臣。或乞援兵、或賀践祚。修朝聘之恒式、効忠款之懇誠。故先朝善其貞節、待以殊恩。栄命之隆、日新無絶。想所知之。何仮一二言也。由是先廻之後、既賜勅書。何其今歳之朝、重無上表。以礼進退、彼此共同。王熟思之。季夏甚熱、比無恙也。使人今還、指宣往意。并賜物如別。

（天皇敬ひて新羅国王に問ふ。朕寡徳を以ちて、虔みて宝図を奉け、黎民を亭毒して、八極に照臨す。王海外に僻居して、遠使入朝す。丹心至明、深く嘉尚すべし。但し来啓を省るに、臣の名を称ふこと無し。仍て高麗の旧記を尋ぬるに、国の平ぎし日に、上表せし文に云はく、「族は惟れ兄弟、義は則ち君臣なり」といふ。或は援兵を乞ひ、或は践祚を賀ぶ。朝聘の恒式を修め、忠款の懇誠を効す。故先朝其の貞節を善して、待するに殊恩を以ちてす。栄命の隆なること、日に新たにして絶ゆること無きは、想ふに知る所ならむ。何ぞ一二に言ふに仮あらむ。是に由りて先に廻りし後に、既に勅書を賜ふ。何ぞ其れ今歳の朝に、重ねて上表無けむ。礼を以ちて進退するは、彼も此も共に同じ。王熟思へ。季夏甚だ熱し。比恙無しや。使人今還るに、往意を指し宣べ、幷せて物を賜ふこと別のごとし。）

（『続日本紀』天平勝宝五年〈七五三〉六月八日条「孝謙天皇璽書」）

これらを、隋～初唐期の慰労詔書式の受容と捉える指摘が中野高行「慰労詔書の「結語」の変遷」[2]・廣瀬憲雄『東アジアの国際秩序と古代日本』[3]などにある。しかし、中野氏・廣瀬氏の論は、『日本書紀』掲載の煬帝親書の末尾を「稍宣往意」としたうえでの分析であり、問題がある。述べたように、ここは「指宣往意」の本文をとるべきであり、末尾に「指宣往意」の句をもつ書式は、隋代の遺文にしか認められないものであった[4]。むしろ、推古十六年にもたらされた隋煬帝の親書そのものの受容と考えてよいのではなかろうか。右掲の三例のうち文武朝慶雲三年の二例は、日本で本格的な文書行政が始まった最初期の慰労詔書である。その作文に際しては、『文館詞林』掲載の外交関係文書等が、先例として参照されたことを以前に指摘したことがある[5]。その重視された先例として、『文館詞林』など新たに将来された文献に加えて、禁裏の文庫に保存されていたであろう、一〇〇年前の隋煬帝の慰労詔書もあったということなのだと思う。

二、推古親書について（一）

それでは、推古による返書については、どうであろうか。

冒頭「東天皇敬白西皇帝」は、「天皇」という語の使用についての不審はさておき、「白」が「問」に同意と見なせることから、やはり慰労詔書の書式に則ろうとしているように見受ける。しかし、漢土の慰労詔書に「敬白」を用いた実例が見出せないことで、従来、さまざまな議論がある。慰労詔書に限定せず、王言一般に用例を求めても、「敬白」を用いた例はほとんど見出せない。その中で、かろうじて次の例を挙げることができる。

弟子蕭衍、敬白諸大徳僧尼・諸義学僧尼・諸寺三官。夫匡正仏法、是黒衣人事、酒非弟子白衣所急。…

（弟子蕭衍、敬ひて諸の大徳の僧尼・諸の義学の僧尼・諸寺の三官に白す。夫れ仏法を匡正するは、是れ黒衣の人の事にして、酒ち弟子白衣の急にする所にあらず。…）

（梁武帝「断酒肉文四首・其一」『広弘明集』巻二六）

開皇十三年十二月八日、隋皇帝仏弟子姓名、敬白十方尽虚空徧法界一切諸仏・一切諸法・一切諸大賢聖僧。仰惟、如来慈悲、弘道垂教、救抜塵境、済度含生。…

（開皇十三年十二月八日、隋皇帝仏弟子姓名、十方尽虚空徧法界一切諸仏・一切諸法・一切諸大賢聖僧に敬ひて白す。仰ぎて惟ふに、如来の慈悲、弘道の垂教は、塵境を救抜し、含生を済度す。…）

（隋文帝「懺悔文」開皇十三年〈五九三〉『歴代三宝紀』巻一二）

菩薩戒仏弟子皇帝某、敬白十方三世一切諸仏・一切諸法・一切賢聖僧弟子。蒙三宝福祐、為蒼生君父。思与一切民庶共逮菩提、今欲分布舎利諸州、起塔、欲使普修善業、同登妙果。…

（菩薩戒の仏弟子皇帝某、敬ひて十方三世一切諸仏・一切諸法・一切賢聖僧に白す。弟子三宝の福祐を蒙りて、蒼生の君父と為る。一切の民庶と共に菩提に逮ばむことを思ひ、今舎利を諸州に分布し、塔を起てむと欲するは、普く善業を修し、同じく妙果に登らしめむと欲す。…）

（隋文帝「懺悔文」仁寿元年〈六〇一〉『広弘明集』巻一七、王劭「舎利感応記」所引）

いずれも仏教に帰依する天子の立場で作文されたものである。すでに保科富士男「『東天皇』国書考」[6]も、「敬白」が仏教語彙であることに注意する。右に挙げた三例のうち梁武帝の例は、氏名＋敬白となっており、推古親書の書式からやや遠いが、隋文帝による二例は、いずれも「皇帝」が「敬白」する書式になっており、「天皇」が「敬白」する書式の推古親書により近い。推古親書は、これら隋文帝の文に直接倣っているのではないだろうか。「敬白」の対象についてみると、梁武帝の場合は「諸大徳僧尼・諸義学僧尼・諸寺三官」という、仏教に携わる僧綱であるのに対し、隋文帝の場合はいずれも、それら僧綱も含むものの、まずは「一切諸仏・一切諸法」を挙げて対象としていることにも注目される。通常の書式であれば「東天皇敬問西皇帝」とでもなるところを、隋文帝の文に倣いつつ「敬白」を用いるのは、つまり隋の天子を仏菩薩に等しいものとして敬意を表したということになるのではないか。これは、『隋書』「倭国伝」に、大業三年来朝の倭国の使者が、「聞海西菩薩天子重興仏法、故遣朝拝」と述べたというのに通じる姿勢だといえる。[7]このように考えると、この冒頭の表現は、この時期の状況を踏まえながら行われていた倭国の対隋外交に密着していると理解され、やはり推古十六年当時の作文を記録したものと考えてよいであろう。

それでは、挙げたような隋文帝の文例を、倭国側はどのようにして知ったのであろうか。もちろん、遣隋使が資料として持ち帰ってきた可能性は考えられる。『日本書紀』には記載がない隋・開皇二十年（六〇〇）度の遣隋使であれば、開皇十三年の「懺悔文」は将来可能である。しかし、数ある文書から、その文書を選んで持ち帰る必然性は必ずしも高いとはいえないかもしれない。仁寿元年の「懺悔文」は、推古十五年度（隋・大業三年）の遣隋使（この帰国に伴って裴世清等が来朝し、本稿が対象とする親書のやりとりが行われた）が将来することが可能である。仁寿元年の「懺悔文」は、晩年の文帝が熱心に取り組んだ舎利塔建立事業に伴う文なので、倭国にとっても隋朝の仏教事業の重要記録として相応に注目度は高かったと考えられる。あるいは、王劭『舎利感応記』というまとまった記録そのものが将来された可能性も考えてよいかもしれない。また『舎利感応記』には、仁寿元年の「懺悔文」が成った際の舎利塔建立に際しては、居合わせた高句麗・百済・新羅の使者に仏舎利が分与もされたことが記録されている。このことは、その分与にあずかった各王朝にとっても記念すべきことであったはずで、朝鮮諸国を経由して、いち早く倭国にも諸情報がもたらされていた可能性を考えてもよいであろう。

三、推古親書について（二）

推古親書が、推古十六年当時の作文だとすると、その表現を分析することによって、この時期の倭国側が、作文にあたってどのような素材を持ち合わせていたかがうかがえるのではないか、との興味が沸く。

推古親書を一読してわかるのは、その内容がほぼ形式的な挨拶程度の事柄にとどまっていることである。殊に「季秋薄冷」から「此即如常」までのあたりなどは、「晩秋の肌寒いこのごろ、いかがお過ごしでしょうか。さぞかしご清祥のことと存じます。当方も変わりございません」といった具合に、現代の手紙の書き出しにもありそうな口語訳ができてしまう、ありきたりな内容といえる。これは内容にとどまることではなく、用いられている語句そのものが、そもそも書簡で頻用される語彙によって作文されているようなのである。順に検討してみる。

＊季秋薄冷

「季秋」は九月の謂いで一般によく用いられる語であるが、もちろん書簡の時候の挨拶にも頻繁に用いられた。敦煌遺書の書儀（ペリオ将来文書二五〇五・三三七五）では、九月の異称として「季秋」が筆頭に示され、以下、「暮秋」「末秋」「微冷」「漸冷」「甚冷」「風悲」といった語が列挙される。「薄冷」という語はその中に見えないが、「微冷」はそれに近い（「薄、微也」の訓詁はいくつかの典籍に確認できる）。そもそも「薄冷」という語は、隋代以前の用例がほとんど見出せず、いまのところ次の一例を確認するのみである。

薄冷、足下沈痾、已経歳月。豈宜触此寒耶。人生稟気、各有攸処。想示消息。

（薄冷にして、足下痾に沈み、已に歳月を経たり。豈に宜しく此の寒に触るべけんや。人生の稟気、各攸処有り。想ふに消息を示せ。）　（王献之「薄冷帖」『淳化閣帖』巻九）

これが書簡の一節であることは確かである。時代は下って宋代には、いくつか書簡語としての用例を認める。

比日履茲薄冷、起居佳否。

（比日（このごろ）茲に薄冷を履むも、起居佳しや否や。）　（蘇軾「与林天和二十四首・其二十二」『蘇軾文集』巻五五「尺牘」）

違濶、忽復周歳、思仰日深。衝渉薄冷、起居清勝。

（違濶して、忽ち復周歳し、思仰すること日に深し。薄冷を衝渉するも、起居清勝ならむ。）

某竊以、上冬薄冷、即日恭惟。（蘇軾「与人二首・其二」『蘇軾文集』巻六〇「尺牘」）
（某竊に以へらく、上冬薄冷にして、日に即きて恭ひ惟ふ。）（陳宓「与宜黄楊知県劄」『竜図陳公文集』巻一一）

蘇軾の二例は、「履」「衝渉」などとともに用いられるので、あるいは薄氷の意かもしれない。(8) しかし陳宓の例は、晩秋か初冬かの違いこそあるが、推古親書と同意の用例とみてよかろう。現存の文献の上では顕在化しないが、古くから書簡における時候挨拶の語彙に「薄冷」はあったのであろう。推古親書は既成の書簡語を用いたものと考えられる。

＊尊何如
相手の近況をうかがう句であるが、漢土の書簡では同様の文脈に、「尊体何如（如何）」という句が頻繁に見える。

A　須臾寒食節。不審尊体何如。（須臾にして寒食節なり。尊体何如なるかを審にせず。）（王羲之「雑帖　三」『法書要録』巻一〇）
B　極冷。不審尊体復何如。（極めて冷し。尊体復何如なるかを審にせず。）（王献之書『戯鴻堂帖』）
C　比已秋風。不審尊体何如。（比已に秋風す。尊体何如なるかを審にせず。）（司馬攸「秋風帖」『淳化閣帖』巻三）

D　薄熱。不審尊体何如。（薄熱し。尊体何如なるかを審にせず。）（吉蔵「与智顗啓」『国清百録』巻四）

E　孟春猶寒。不審尊体何如。（孟春猶寒し。尊体何如なるかを審にせず。）（敦煌遺書『吉凶書儀』〈P.3442〉巻上）

時候を表す語句に引き続いて述べられる点も含めて、類型的な用いられ方だといえよう。晋代の諸例から、敦煌書儀に至るまで、ひとつの型になっていたことが確認できる。

ところで、本節でここまでに挙げてきた漢土の書簡文の諸例には、王羲之・王献之父子のものが意外に多い。推古親書と王羲之・王献之父子（二王）の書簡文との関係というと、早く徐先堯『二王尺牘与日本書紀所載国書之研究』(9)が、そのことに注目している。右に挙げたA・Bはいずれも徐氏が挙げた例である。徐氏は他の語句もすべて二王の書簡類だけから類似の例を探し求め、その直接的な関係を指摘するわけであるが、右のC～Eを見ても了解されるとおり、それは二王の書簡に限るものではない。すでに東野治之「日出処・日本・ワークワーク」(10)などが指摘するように、広く書簡語彙の受容の中で、推古親書の語句は捉えるべきだろうと思われる。「薄冷」などは、王献之の書簡からの直接の受容を考えてみたくなるような例ではある（しかし、徐氏はそれを見逃していて、指摘していない）が、やはり現在では失われたその他多くの用例が実は存在したのであろう。

＊想清悆

「清悆」という語そのものは、いまのところ他の用例を見出せない。書簡語としては、「勝悆」「康悆」といった語が見られ、それらの応用例なのかもしれない。「勝悆」「康悆」は、次に示す諸例にも明らかなように、書簡の冒頭近くで相手の健勝を祝福する文脈で用いられる常套語と思しい。推古親書の「清悆」も同様の文脈であり、現在では失われた「清悆」の語例があった可能性も考えてよいように思われる。

A　弟子総持和南。暄和。道体勝悆。…（弟子総持和南す。暄和なり。道体勝悆ならむ。…）

（隋晋王〈後の煬帝〉「遣使荊州迎書〈開皇十三年〉」『国清百録』巻二）

B　弟子総持和南。仲秋転冷、仰惟道体康悆。…（弟子総持和南す。仲秋転た冷し。仰ぎ惟ふに道体康悆ならむ。…）於路次書総持和南。寒気漸厳、仰惟康豫。…（路にて書を次ぎ総持和南す。寒気漸く厳し。仰ぎ惟ふに康豫ならむ。…）

（同「従駕東岳於路遺書　二書」同）

C　季秋霜冷。伏惟、動止康悆。…（季秋霜冷なり。伏して惟ふに、動止康悆ならむ。…）（敦煌遺書『書儀』〈S.1438V〉）

D　孟秋尚熱、伏惟、公動止勝悆。…（孟秋尚熱し。伏して惟ふに、公動止勝悆ならむ。…）

（敦煌遺書『書儀鏡』〈S.329〉「四海平蕃破国慶賀書」）

＊此即如常

書簡文に見える類似の用例として、次のようなものが挙げられる。

A　想頃如常。（頃を想ふに常のごとくや。）　（王羲之「十七帖」『法書要録』）

B　秋節凄清、比如常也。（秋節凄清たり。比常のごとくや。）　（梁簡文帝「又答湘王書」『広弘明集』巻二七上）

C　春寒比何如。此吾如常。（春寒比何如に。此の吾常のごとし。）　（敦煌遺書『新定吉凶書儀』「和尚尊師与弟子書」）

D　春寒汝佳健。此吾如常。（春寒汝は佳健ならむ。此の吾は常のごとし。）　（敦煌遺書『新定吉凶書儀』「与弟妹書」）

＊謹白不具

加えて、文末表現「謹白不具」についても類似例を指摘しておく。

A　…大熱、尊体復何如。謹白記不具。謝安惶恐再拝。
（…大に熱し。尊体復何如。謹みて白す。記すも具はらず。謝安惶恐再拝。）　（謝安「与某書」『淳化閣帖』巻二）

B　…願珍重。謹白。書不具。某氏妹白。（…願はくは珍重せよ。謹みて白す。書せど具はらず。某氏妹白す。）
（敦煌遺書『吉凶書儀』「婦人吉書儀」）

以上の検討によって、推古親書が書簡語の学習のうえに作文されたものであることは、ほぼ間違いないのではないかと思われる。外交相手である隋皇帝への天皇直々の親書という点では、これも慰労詔書なのであるが、その内容・語句は、それまでの慰労詔書の書式からの学習というよりは、より一般的な書簡語彙の受容が強くうかがえる。冒頭の「敬白」は、最新の隋の動向を踏まえた語の選択がはたらいているようであったが、全体的には、なんらかの書儀類から学習して作文している可能性が、濃厚であるように思われる。

注

(1) 中村裕一『唐代制勅研究』(汲古書院、一九九一年)第二章第二節。
(2) 中野高行「慰労詔書の「結語」の変遷」(『日本古代の外交制度史』岩田書院、二〇〇八年)。
(3) 廣瀬憲雄『東アジアの国際秩序と古代日本』(吉川弘文館、二〇一一年)第一部第四章。
(4) 類似する「指申往意」の例は『文館詞林』巻六六四所収の貞観年間の詔(「貞観年中慰撫高昌文武詔」)に一例だけ認められる。
(5) 拙稿「大宝二年度遣唐使が日本の文筆にもたらしたもの」(河野貴美子・Wiebke DENECKE編『日本における「文」と「ブンガク」』勉誠出版、二〇一三年)。
(6) 保科富士男「『東天皇』国書考」(『白山史学』三三、一九九七年)。
(7) 河上麻由子『古代アジア世界の対外交渉と仏教』(山川出版社、二〇一一年)第一部第四章が指摘する「仏教的朝貢」。
(8) 『広韻』下平声十五青韻の「冷」の項に「冷沢、呉人云氷凌。(冷沢とは、呉人氷凌を云ふ)」とある。
(9) 徐先堯『二王尺牘与日本書紀所載国書之研究』(華世出版社、一九七九年)。
(10) 東野治之「日出処・日本・ワークワーク」(『遣唐使と正倉院』岩波書店、一九九二年)。

『日本霊異記』における聖徳太子

河野貴美子

はじめに

本稿では、『日本国現報善悪霊異記』（景戒撰、三巻、九世紀初成立。以下『日本霊異記』）における聖徳太子説話を起点として、聖徳太子という存在が古代日本の言説文化に果たした役割について改めて考察を行ってみたい。

日本に起きたさまざまな現報や霊異譚を集め、時代順に編纂した『日本霊異記』において、上巻第四縁に配置された「聖徳皇太子示二異表一縁（聖徳皇太子異しき表を示しし縁）」は、『日本霊異記』を通してしばしば言及される理想的「聖人」の原点を述べる。そして続く上巻第五縁の「信二敬三宝一得二現報一縁（三宝を信じ敬ひて現報を得し縁）」では、聖徳皇太子が転生して聖武天皇となり、聖武天皇の時に現れた行基大徳は文殊師利菩薩の「反化」であると説く。そして例えば中巻第七縁「智者誹二妬変化聖人一而現至二閻羅闕一受二地獄苦一縁（智者変化の聖人を誹り妬みて現に閻羅の闕に至り地獄の苦を受けし縁）」では、その行基を「聖人」として崇め説く。このように『日本霊異記』においては、聖徳太子を起点とする「聖人」の系譜が構想されているようである。

興味深いのは、『日本霊異記』巻頭の上巻序文においては、「愚痴之類、懐二於迷執一、匪レ信二於罪福一。深智之儔、覯二於内外一、信二恐因果一（愚痴の類は、迷執を懐き、罪福を信ぜず。深智の儔は、内外を覯て、因果を信じ恐る）」とあり、「深智」の人であることを理想として掲げ、「聖人」を説くことはないことである。そして、右にあげた『日本霊異記』中巻第七縁においては、「智恵第一」と称された僧智光という人物が、行基を誹り妬んだために地獄の苦しみを受ける結果となったと説くのである。

　このように『日本霊異記』では、上巻序文には「智」という理想が掲げられるものの、その後の所収話に登場する聖徳太子、聖武天皇、行基といった人物によって「智」をさらに上回る「聖」という理想像が提示されていく。しかしながら『日本霊異記』は、下巻末尾の第三十九縁を「智行並具禅師重得二人身一生二国皇之子一縁（智と行と並び具はる禅師重ねて人身を得て国皇の子に生れし縁）」と題する話で閉じ、「智」と「行」とを兼ね備えた禅師が「聖君」に転生したと説く。ここに『日本霊異記』は、上巻序文で掲げた「智」の理想に「行」を重ねて「聖」へと昇華させる形でまとめ、幕を閉じるのである。

　以上のような構想を『日本霊異記』に読み取るとするならば[1]、聖徳太子は、『日本霊異記』を貫く一筋の理想の根拠としての重要な役割を担っていることが、改めて浮かび上がってくる。本稿では、こうした見取り図のもと、『日本霊異記』における聖徳太子の機能について再考していきたい。

　以下、『日本霊異記』における聖徳太子説話を起点とし、当該話が『日本霊異記』という一テキスト全体からみていかなる機能を果たしているのかを改めてたどる。そしてそうした作業を通して、日本の文学・文化史における『日本霊異記』の位置と、聖徳太子の存在が果たした役割についても考察をめぐらせていきたい。

一、『日本霊異記』における聖徳太子説話

『日本霊異記』の撰者景戒については、『日本霊異記』以外にはその著作や事蹟は伝わらず、『日本霊異記』成立の背景や事情を記す資料は残されていない。しかしながら、『日本霊異記』各説話の言説、表現を丁寧に読み取っていくならば、景戒が『日本霊異記』という書物を編纂することを通していかなることを表現し、伝え残そうとしていたのかを推し量ることができる。

そこでまずは、『日本霊異記』上巻冒頭近くに置かれた、聖徳太子が登場する二つの説話の内容を確認し、景戒がいかなる意図をもって聖徳太子説話を『日本霊異記』に収め、『日本霊異記』をいかに構成しようと試みているのかを考察する起点としたい。

はじめに、『日本霊異記』上巻第四縁をみる。

聖徳皇太子示二異表一縁　第四

【A】聖徳皇太子者、磐余池辺双槻宮御レ宇橘豊日天皇之子也。小墾田宮御レ宇天皇代、立之為二皇太子一。太子有二三名一。一号曰二厩戸豊聡耳一。二号曰二聖徳一。三号曰二上宮一也。向二厩戸一産。故曰二厩戸一。天年生知、十人一時訟白之然一言不レ漏能聞之別。故曰二豊聡耳一。進止威儀、似レ僧而行、加製二勝鬘法花等経疏一、弘レ法利レ物、定二考績功勲之階一。故曰二聖徳一。従二天皇宮一住レ上。故曰二上宮皇一也。

【B】皇太子居二住于鵤岡本宮一時、有レ縁出レ宮、遊観幸行。片岡村之路側有レ毛乞匂人、得レ病而臥。太子見之従レ輦下、倶語之問訊、脱二所レ著衣一、覆二於病人一而幸行也。遊観既訖、返レ輦幸行、脱覆之衣挂二于木枝一、

无二彼乞匃一。太子取レ衣著之。有臣白曰、「触二於賤人一而穢衣、何乏更著之」。太子詔「住矣。汝不レ知之也」。後乞匃人他処而死。太子聞之、遣レ使以殯。岡本村法林寺東北角有守部山作レ墓而収、名曰二入木墓一也。後遣レ使看、墓口不レ開、无二之入人一。唯作レ歌書以立二墓戸一。歌言、「伊可流可乃卜三乃乎可波乃太江波己曾和可於保支見乃三奈和数良礼女」。使還状白。太子聞之嘿然不レ言。誠知、聖人知レ聖、凡人不レ知。凡夫之肉眼見二賤人一、聖人之通眼見二隠身一。斯奇異之事。……

（『日本霊異記』上巻(2)）

冒頭【A】の部分では、聖徳太子を称する三つの名（「厩戸豊聡耳」「聖徳」「上宮」）が紹介され、それぞれの由来が示される。

続いて【B】の部分では、いわゆる飢人説話が取りあげられる。聖徳太子が宮を離れ、「遊観幸行」していた時、片岡村で乞食する病人に出会い、太子は着ていた衣を与えたが、帰途、その衣は木の枝に掛けられており、乞食の姿はなく、その後乞食の死亡を聞いた太子は、使者を派遣して墓を作り乞食を葬った。しかしその後墓の口は閉じたままであったのに、中の遺骸は消え、墓の戸には歌が残されていた、というもので、『日本書紀』推古紀二十一年十二月一日条にもみえる著名な話である。

ここで注目したいのは、この説話を評する「誠知」以下の部分である（傍線部）。「聖人知レ聖（聖人は聖を知る）」とは、『日本書紀』の当該話にもみえる文言（「聖之知レ聖」）であるが、『日本霊異記』ではこれをさらに強調し、「聖人は聖を知るが、凡人にはわからない。凡夫の肉眼には賤人とみえても、聖人の通眼には（乞食が）隠身（の聖）であることがみえているのだ。これは奇異（めずらしくあやしい）の事である」と結ぶのである。後にみるように、「聖を知る」こと、「隠身（の聖）」ということは、『日本霊異記』を貫く重要なキーワードに他ならない。

それでは次に、右に続く『日本霊異記』上巻第五縁の内容をみる。

信二敬三宝一得二現報一縁　第五

大花位大部屋栖古連公者、紀伊国名草郡宇治大伴連等先祖也。天年澄情、重二尊三宝一。案二本記一曰、「……皇后癸丑年春正月、即二位小墾田宮一、卅六年御レ宇矣。元年夏四月庚午朔己卯、立二厩戸皇子一為二皇太子一。即以二屋栖古連公一為二太子之肺脯侍者一。……【A】卅三年乙酉冬十二月八日、連公居二住難破一而忽卒之。屍有二異香一而馚馥矣。天皇勅之、七日使レ留、詠二於彼忠一。逕之三日、乃蘇甦矣。語二妻子一曰、「有二五色雲一。如レ霓度レ北。自二而二往其雲道一、芳如レ雑二名香一。観之道頭、有二黄金山一。即到炫レ面。爰薨聖徳皇太子待立。共登二山頂一。其金山頂居二一比丘一。太子敬礼而曰、「是東宮童矣。自レ今已後、逕之八日、応逢二銛鋒一。願服二仙薬一」。比丘環解二一玉一授之呑令レ服、而作二是言一、「南无妙徳菩薩、令二三遍誦礼一」。自レ彼罷下。皇太子言、「速還レ家、除二作レ仏処一。我悔過畢、還レ宮作レ仏」。然投二先道一還。即見驚蘇也」。時人名曰二還活連公一。孝徳天皇世六年庚戌九月、賜二大花上位一也。春秋九十有余而卒矣」。

【B】賛曰、「善哉大部氏、貴レ仙儻レ法、澄レ情効レ忠、命福共存、逕レ世无レ夭。武振二万機一、孝継二子孫一。諒委、三宝験徳、善神加護也。

【C】今惟推之、「逕之八日、逢二銛鋒一」者、当二宗我入鹿之乱一也。「八日」者、八年也。「妙徳菩薩」者、文殊師利菩薩也。「令レ服二一玉一」者、令レ免レ難之薬也。「黄金山」者、五台山也。「東宮」者、日本国也。「還レ宮作レ仏」者、勝宝応真聖武大上天皇生二于日本国一、作レ寺作レ仏也。爾時並住行基大徳者、文殊師利菩薩反化也。是奇異事矣。

（『日本霊異記』上巻）

本話の主人公である「大部屋栖古連公」なる人物は、冒頭で「大花位」にあったことや、「紀伊国名草郡宇治大伴連」等の先祖であること、「天年澄情」で「三宝」を重んじ尊崇していたこと、さらには聖徳太子の「肺脯侍者」であったことが記されるが、『日本霊異記』以外には記録は一切伝わらず、その人物に関する詳細は不明である。しかし『日本霊異記』は【A】の部分で、この大部屋栖古連公の蘇生譚を記し、以後の『日本霊異記』の構造の根幹に関わる人物との関係を示す。

推古三十三年（六二五）十二月八日に急死した大部屋栖古連公は、天皇の勅によって、その忠を偲ぶために七日間遺体を留め置かれる。すると三日後に蘇り、妻子に次のように語るのであった。すなわち、五色の雲がかかる香しい道を進むと黄金の山があり、そこに先に亡くなった聖徳皇太子が待っていた。太子と共に黄金の山の頂に登ると一人の比丘がいた。太子は比丘に敬礼し、「これは東宮の童である。八日後に「銛鋒」に逢うはずであるので、仙薬を飲ませてやっていただきたい」と言った。比丘は環から一つの玉を解いて屋栖古連公に呑ませ「南无妙徳菩薩」と三遍誦して礼するように言った。皇太子は「早く家に還り、仏を作る処を掃除せよ。私は悔過が終わったら宮に還って仏像を作ろう」と言った。そして先ほど来た道を戻り、蘇ったのだと。その後、屋栖古連公は大花上位を賜り、九十余才まで生きた、とある。

『日本霊異記』はこの話を受けて、「賛」（【B】）を記し、末尾の部分（【C】）で、屋栖古連公が見た死後の世界を解説する。すなわち、「八日後に銛鋒に逢う」というのは、宗我入鹿の乱のことであり、「八日」とは八年であり、「妙徳菩薩」とは文殊師利菩薩である。また「一つの玉を服させる」とは、難を免れさせる薬であり、「黄金山」は五台山、「東宮」とは日本国のことである。また、「宮に還り仏を作る」とは、聖武天皇が日本国に生まれ、寺を作り仏像を作ったことであり、その時に共に現れた行基大徳は、文殊師利菩薩の「反化（化身）」である。これは「奇異」の事である、というのである。

『日本霊異記』はここで、聖徳太子は死後、海を越えて五台山にわたっていた、そして自ら聖武天皇に転生することを予言した、という奇想天外な謎解きを行うのである。五台山は、文殊信仰を中心とする中国仏教の聖地である。聖徳太子は五台山で文殊菩薩とともにあり、その文殊菩薩は姿を変えて、行基菩薩として現れた、というのである。

聖徳太子の転生と説かれる聖武天皇は、『日本霊異記』において特別に重要視されている天皇に他ならない。それは例えば、『日本霊異記』中巻序文に「勝宝応真聖武大上天皇、尤造二大仏一、長紹二法種一……是天皇代所レ録善悪表多数者、由二聖皇徳一顕事最多（勝宝応真聖武大上天皇は、尤れて大仏を造り、長に法種を紹ぎ……是の天皇の代に録す所の善悪の表の多数なるは、聖皇の徳に由りて顕るる事最も多し）」などとみえる通りである。また行基は、『日本霊異記』説話に最も多く登場する[3]、『日本霊異記』内の最重要人物といって間違いない人物である。

一方、大部屋栖古連公は、『日本書紀』にも載らない謎の人物である。その人物の体験、見聞を軸に、聖徳太子を起点として聖武天皇と行基の出自に関わる強いつながりを説く本話には、『日本霊異記』を、そしてさらには日本の歴史、仏教史を、この三者を軸に構想しようとする撰者の意図が反映しているといえるのではないか。またさらには、「転生」が重要人物の誕生の背景にあることを主張するという点は、『日本霊異記』の最終話である下巻第三十九縁が、桓武天皇皇子と嵯峨天皇をそれぞれ仏者の転生である、と説くところまで『日本霊異記』に一貫してみえる方法である[4]。『日本霊異記』全体には、合計一一六にもおよぶさまざまな説話が収められている。しかしその根幹となるフレームは、聖徳太子を起点として構想されていることを見て取ることができるのではないか。

二、『日本霊異記』の理想

(1)「聖」

前節でもとりあげた『日本霊異記』上巻第四縁の聖徳太子説話の話末部評語（「誠知、聖人知レ聖、凡人不レ知。凡夫之肉眼見二賤人一、聖人之通眼見二隠身一」）には、『日本霊異記』を貫く重要なキーワードが示されている。そこで次にそれらの語句に注目して、聖徳太子説話を起点とする『日本霊異記』の論理をさらにみていきたい。

まず、聖人たる聖徳太子は、他の人びとの眼には乞食としか映らない病人であっても、実はそれが「隠身（の聖）」であることがわかっていたのだ、という部分にみえる「隠身」という表現は、『日本霊異記』においてこの他三箇所に繰り返し見えるものである。

中巻第一縁[5]では、長屋王が天皇主催の法会に許可なく入り込んできた沙弥の頭を打ったことが、その後、長屋王が自尽に追い込まれる原因となったと説く話で、『日本霊異記』は当該話の末尾を「誠知……著二袈裟一之類、雖二賤形一不レ応レ不レ恐。隠身聖人交二其中一故（誠に知る……袈裟を著たる類は、賤しき形なりと雖も恐りずはあるべからず。隠身の聖人其の中に交るが故なり）」と結ぶ。また下巻第三十三縁[6]も同様の話で、乞食する沙弥を打った人物がその悪報によって死に至る話であるが、その話を『日本霊異記』は「雖二自度師一、猶闚二忍心一。隠身聖人、交二凡中一故（自度の師なりと雖も、猶し忍の心をもて闚よ。隠身の聖人、凡の中に交るが故に）」と説明し、人びとへの戒めとする。

そして残るもう一話は、中巻第二十九縁で、ここでは他でもなく行基が「隠身の聖」なのである、とされる。

行基大徳放二天眼一視三女人頭塗二猪油一而呵嘖縁　第廿九

故京元興寺之村、厳㆓備法会㆒、奉㆑請㆓行基大徳㆒、七日説㆑法。于㆑是道俗皆集聞㆑法。聴衆之中、有㆓一女人㆒。髪塗㆓猪油㆒、居㆑中聞㆑法。大徳見之嘖言、「我甚臭哉。彼頭蒙㆑血女、遠引棄」。女大恥出罷。凡夫肉眼是油色、聖人明眼見視㆓宍血㆒。於㆓日本国㆒是化身聖也。隠身之聖矣。

（『日本霊異記』中巻）

これは、元興寺で行基を奉請して行われた法会に、猪油を頭に塗った女人が参加していたのを行基が見抜き、法会から退出するよう呵責した、という話である。『日本霊異記』はこの話を、凡夫の眼にはただの油にみえても、聖人である行基の眼には動物の血に見えたのである、と説く。そして『日本霊異記』は行基を「化身の聖」「隠身の聖」であると称える。聖人には知り得る隠身の聖人の存在。これを上巻第四縁にあてはめれば、行基は聖徳太子に匹敵する存在であり、また同時に、聖徳太子に見出された隠身の飢人にも匹敵する聖としての性格を備えた存在として位置付けられていることになる。

『日本霊異記』において行基を聖人と称えることは、これ以外に、本稿の冒頭でも触れた中巻第七縁にもみえる。

智者誹㆓妬変化聖人㆒而現至㆓閻羅闕㆒受㆓地獄苦㆒縁　第七

釈智光者……天年聡明、智恵第一。製㆓盂蘭盆大般若心般若等経疏㆒、為㆓諸学生㆒、読㆓伝仏教㆒。時有㆓沙弥行基㆒……捨㆑俗離㆑欲、弘㆑法化㆑迷。器宇聡敏、自然生知。内密㆓菩薩儀㆒、外現㆓声聞形㆒。聖武天皇、感㆓於威徳㆒、故重信之。時人欽貴美称㆓菩薩㆒。……於㆑是智光法師、発㆓嫉妬之心㆒、而非之曰、「吾是智人。行基是沙弥。何故天皇、不㆑歯㆓吾智㆒、唯誉㆓沙弥㆒而用焉。」……見之前路有㆓金楼閣㆒。問、「是何宮」。答曰、「於㆓葦原国一名聞智者、何故不レ知。当知、行基菩薩将二来生一之宮一。……往前極熱鉄柱立之。使曰、「抱レ柱」。光就抱レ柱。……又指レ北将往。倍二勝於先一熱銅柱立。……即就抱之。身皆爛銷。……又指レ北而往。甚熱火気……問、「是何処」。答、「為二師煎熬一阿鼻地獄」。……今者忽還……光発露懺悔曰、「……是以慙愧発露。当願免レ罪」。行基大徳、和レ顔嘿然。……従レ此已来、智光法師信二行基菩薩一、明知二聖人一。然菩薩、惑レ機尽レ縁、以天平廿一年己丑春二月二日丁酉時、法儀捨二生馬山一、慈神遷二彼金宮一也。智光大徳、弘レ法伝レ教、化レ迷趣レ正、以二白壁天皇世一、智嚢蛻二日本地一、奇神遷二不レ知堺一矣。

（『日本霊異記』中巻）

生まれつき聡明で「智恵第一」と称され、数々の経典の注釈書も執筆していた智光は、行基が聖武天皇のあつい信頼を受けていることを嫉妬したために、地獄に堕ち、責め苦を被るとともに、行基が転生する予定の金楼閣を目の当たりにする。蘇った智光は、行基が聖人であることを明らかに知った（傍線部）、という話である。はじめにも述べたように、この説話は、『日本霊異記』において、上巻序文で目標と掲げられた「智」人よりも、行基のごとき「聖」人を上位に位置付けようとする『日本霊異記』の思考、判断を示すものと捉えることができるわけであるが、それでは『日本霊異記』が行基を「聖」と位置付け称する根拠はどこにあるのか。

ここで注目したいのは、右の説話中波線を付した「弘レ法化レ迷（法を弘め迷を化す）」という語句である。(7) これと同様の文言は、『日本霊異記』上巻第四縁の聖徳太子の、「聖徳」の名の由来を説く中でも用いられていたものである。

進止威儀、似レ僧而行、加製二勝鬘法花等経疏一、弘レ法利レ物、定二考績功勲之階一。故曰二聖徳一。

（『日本霊異記』上巻第四縁）

「智」を備えることは、当然必要なことながら、それのみに止まらず、その「智」をもって、仏法を弘め、衆生を「利」し「化」す、そうした実践、すなわち「行」に価値をみとめる姿勢。『日本霊異記』における「聖」とは、そのような価値観に裏付けられ、理想として掲げられているのではないか。ちなみに、同様の表現は上巻第二十二縁にもみえる。

勤求二学仏教一弘レ法利レ物臨二命終時一示二異表一縁　第廿二

故道照法師者船氏、河内国人也。奉レ勅求二仏法於大唐一、遇二玄奘三蔵一而為二弟子一。……業成之後、到二此土一、造二禅院寺一而止住焉。時利珠无レ玷、知鑑恒耀。遍遊二諸方一、弘レ法化レ物。遂住二禅院一、為二諸弟子一、演二暢所レ請衆経要義一。……即後夜、光自レ房出、施二耀寺庭松樹一、良久乃光指レ西飛行。弟子等莫レ不二驚怪一。大徳西面端坐応卒焉。定知、必生二極楽浄土一。賛曰、「船氏明レ徳、遠求二法蔵一。是聖非レ凡、終没放レ光」。

（『日本霊異記』上巻）

唐に渡り、玄奘三蔵に師事した道照法師は、帰国後、「法を弘め物を化し」、「聖」と称えられた人物であった、とする。

そしてさらに興味深いのは、『日本霊異記』において「弘法」の語が用いられるもう一例が、『日本霊異記』下巻最終話の第三十九縁にみえることである。

智行並具禅師重得二人身一生二国皇之子一縁　第卅九

【A】尺善珠禅師者、俗姓跡連也。負二母之姓一而為二跡氏一也。幼時随レ母、居二住大和国山辺郡磯城嶋村一。得度精懃修学、智行双有。皇臣見レ敬、道俗所レ貴。弘レ法導レ人、以為二行業一。是以天皇、貴二其行徳一、拝二任僧正一之。而彼禅師之頬右方、有二大黶一也。平城宮治二天下一山部天皇御世延暦十七年之比頃、禅師善珠、臨二命終時一、依二世俗法一、問二飯占一時、神霊託二卜者一言、「我必宿二於日本国王之夫人丹治比嬢女之胎一、将レ生二王子一、吾面黶著生。以知二虚実一耳」。命終之後、延暦十八年之比頃、丹治比夫人誕二生一王子一。其頬右方黶著如レ先。善珠禅師之面黶不レ失而著生。故名号二大徳親王一。然経二三年許一、存レ世而薨。向問二飯占一時、大徳親王之霊、託二卜者一言、「我是善珠法師也。暫間生二国王之子一耳。為レ吾焼香供養」者矣。是故当知、善珠大徳、重得二人身一、生二人王之子一矣。内教言、「人家々」者、其斯謂矣。是亦奇異事矣。

【B】又伊予国神野郡郷内有レ山。名号二石鎚山一。是即彼山有石鎚神之名也。其山高崪而、凡夫不レ得二登到一。但浄行人耳、登到而居住。昔諾楽宮廿五年治二天下一勝宝応真聖武太上天皇之御世、又同宮九年治二天下一帝姫阿倍天皇御世、彼山有二浄行禅師一而修行。其名為二寂仙菩薩一。其時世人道俗、貴二彼浄行一故、美称二菩薩一。帝姫天皇御世於下九年宝字二年歳次二戊戌一年上、寂仙禅師、臨二命終日一、而留二録文一、授二弟子一告之而言、「自二我命終一以後、歴二廿八年之間一、生二於国王之子一、名為二神野一。是以当知、我寂仙云々」。然歴二廿八年一、而平安宮治二天下一山部天皇御世延暦五年歳次二丙寅一年、則生二於山部天皇皇子一、其名為二神野親王一。今平安宮疏二十四季一治二天下一賀美能天皇是也。是以定知、此聖君也。又何以知二聖君一耶。世俗云、「国皇法、人殺罪人者、必随レ法殺。而是天皇者、出二弘仁年号一伝レ世、応レ殺之人成二流罪一活二彼命一、以人治也。是以旺知二聖君一也」。或人誹謗、「非二聖君一。何以故。此天皇時、天下旱厲有。又天災地妖飢饉雖二繁多有一、又養二鷹犬一、取二鳥猪鹿一。是非二慈悲心一。是儀非レ然。食国内物、皆国皇之物。指レ針許末、私物都無也。国皇随二自在一之儀也。雖二百姓一敢謗之耶。又聖君堯舜之世、猶在二旱厲一。故不レ可レ誹之也。（『日本霊異記』下巻）

『日本霊異記』の最後を閉じるこの説話は、「智」と「行」とを兼ね備えた禅師が国王の子に転生した例を二例掲げるものである。一例目（【A】）は、「善珠禅師」が死後、桓武天皇夫人の丹治比夫人の腹に宿り、王子として誕生した、というもの。そして二例目（【B】）は、「寂仙菩薩」が死後、山部天皇（桓武天皇）の皇子の神野親王、すなわち嵯峨天皇に転生した、というものである。「智」と「行」を兼ね備えた仏者が王子、さらには今の天皇に転生した、と説く本話は、『日本霊異記』撰者にとっての「今」の国家と仏教との深く親密な関係を、転生という仏教の論理を軸に示すものであり、『日本霊異記』の立場を直截に表明する記述として、『日本霊異記』を考えるうえできわめて重要な意味を有するものである。

そして、「智」のみならず、「行」を備えた仏者が、「聖君」（傍線部）に転生した、と説く本話は、上巻序文、そして聖徳太子説話に端を発して綴られてきた『日本霊異記』の理想を語る最終章として、『日本霊異記』の一貫した主張をまとめあげる機能を有するもの、と捉えることができる。

そしていま、注目したいのは、一例目（【A】）の転生譚で、善珠禅師の「行」のあり方を説明する部分に、先にみてきた表現と同様、「弘レ法導レ人（法を弘め人を導く）」（波線部）という表現が使用されていることである。これによって善珠は、聖徳太子から道照禅師、そして行基を経て、『日本霊異記』を貫く「聖」の系譜に位置付けられている、と捉えることができよう。

それでは、二例目（【B】）に登場する寂仙菩薩は、『日本霊異記』においていかに位置付けられる存在であろうか。

(2) 山における修行、菩薩

右にあげた『日本霊異記』下巻第三十九縁の【B】の部分において、寂仙菩薩は、石鎚山での「修行」「浄行」を誉められて「菩薩」と称えられた、と紹介される。寂仙菩薩の「行」の実際は、山における「修行」「浄行」であったということなのであるが、ここで注目されるのは、寂仙菩薩が世の人びとから菩薩と称えられたことを述べる「美称二菩薩一」（美めて菩薩と称す）（二重線部）という表現である。実は『日本霊異記』では、これもまた、行基のことを記すのにも用いられていた表現であった。

時有二沙弥行基一……捨レ俗離レ欲、弘レ法化レ迷。器宇聡敏、自然生知。内密二菩薩儀一、外現二声聞形一。聖武天皇、感二於威徳一、故重信之。時人欽貴美称二菩薩一。……

（『日本霊異記』中巻第七縁）

「美称二菩薩一」は、『日本霊異記』内ではもうあと一例、下巻第一縁のみにみえる表現である。使用例の多くない、限定した対象にのみ用いられる表現が共有されていることは、――撰者の意図がそこに明確にあるかどうかはともかくとして――行基菩薩と寂仙菩薩とを結びつける連想を喚起する仕組みが『日本霊異記』に設けられているように読める。

また同じく「美称二菩薩一」の表現を持つ下巻第一縁も、下巻第三十九縁の寂仙菩薩が『日本霊異記』最終話の重要登場人物に取りあげられることを考えるうえで、示唆を与えてくれるものである。

憶二持法花経一者舌著二曝髑髏中一不レ朽縁　第一

諸楽宮御二宇大八洲国一之帝姫阿倍天皇御代、紀伊国牟婁郡熊野村、有二永興禅師一。化二海辺之人一。時人貴二其行一。故美称二菩薩一。従二天皇城一有レ南故、号曰二南菩薩一。爾時有二一禅師一。来二之於菩薩所一。所レ持之物、法花経一部、〔字細少書、減二巻数一成二一巻一持之。〕白銅水瓶一口、縄床一足也。僧常誦二持法華大乗一、以レ之為レ宗。歴二一年余一、而思二別去一、敬二礼禅師一、……遥二送二年一、熊野村人、至二于熊野河上之山一、伐レ樹作レ船。聞之有レ音、誦二法花経一。……禅師怪往而聞有レ実。尋求見之、有二一屍骨一。以二麻縄一繋二二足一懸レ巌、投レ身而死。骨側有二水瓶一。乃知、別去之禅師也。……見二髑髏一者、至二于三年一、其舌不レ腐。菀然生有。……賛曰、「貴哉禅師、受二血肉身一、常誦二法華一、得二大乗験一。投レ身曝レ骨、而髑髏中、著レ舌不レ爛。是明聖也、不レ凡矣」。

（『日本霊異記』下巻）

人びとを教化していた永興禅師の「行」を人びとは誉め称えて「菩薩」と称した、とある。そしてこの説話は、永興禅師のもとを訪れた一禅師が、山に入り、死後も舌のみは朽ちることなく『法華経』を誦し続けていた、そのことを永興禅師も実際に確かめた、という記事を記し、髑髏となっても誦経を続けたその禅師は「聖」である、と述べる。

このように『日本霊異記』では、山に入って仏事を行う人物を「聖」と称するものが他にもみえる。例えば、下巻第六縁には次のようにある。

禅師将レ食魚化二作法花経一覆二俗誹一縁　第六

吉野山有二一山寺一。名号二海部峯一也。帝姫阿倍天皇御世、有二一大僧一。住二彼山寺一、精懃修レ道、疲レ身弱

㆑力、不㆑得㆓起居㆒。念㆓欲食㆑魚……開㆑櫃見、化㆓法花経八巻㆒也。……童子……白㆓禅師㆒言、「雖㆓実魚体㆒、而就㆓聖人之食物㆒者、化㆓法花経㆒也。……」
（『日本霊異記』下巻）

吉野山の山寺で「精懃修道」していた僧が疲れて力衰え、魚を食すことを願った。弟子が魚を買ってくるが、それをみとがめた人が魚の入った櫃を無理矢理に開けさせると、魚は法花経に姿を変えていた、実際には魚であっても、「聖人」の食物となれば法花経に化すのだ、というものである。山寺での修行者を「聖人」と称する例である。

また、中巻第二十一縁には次のようにある。

攝神王蹲放㆑光示㆓奇表㆒得㆓現報㆒縁　第廿一

諾楽京東山、有㆓一寺㆒。号曰㆓金鷲㆒。金鷲優婆塞、住㆓斯山寺㆒。故以為㆑字。今成㆓東大寺㆒。未㆑造㆓大寺㆒時聖武天皇御世、金鷲以㆓行者㆒常住修㆑道。其山寺居㆓一執金剛神攝像㆒矣。行者神王蹲繋㆑縄引之願、昼夜不㆑憩。時従㆑蹲放㆑光、至㆓于皇殿㆒。……世之人美㆓讃其行㆒、称㆓金鷲菩薩㆒矣。……
（『日本霊異記』中巻）

ここには「聖」の語はみえない。しかし東大寺の前身である山寺に住む行者の「行」を世の人が「美」め讃えて「金鷲菩薩」と「称」したという表現は、行基や寂仙に用いられた「美㆓称菩薩㆒」という語句に重なる。そして金鷲菩薩もまた、「山寺」で「修道」する人であった。

なお、『日本霊異記』における山の修行者といえば、それを代表する者としては役優婆塞があげられるであろう。

修二持孔雀王咒法一得二異験力一以現作レ仙飛レ天縁　第廿八

役優婆塞者、賀武役公、今高賀武朝臣者也。大和国葛木上郡茅原村人也。生知博学得レ一、仰二信三宝一、以レ之為レ業。……唱二諸鬼神一而催之曰、「大倭国金峯与二葛木峯一度レ椅而通」。於レ是神等皆愁、藤原宮御レ宇天皇之世、葛木峯一語主大神、託讒之曰、「役優婆塞謀将レ傾二天皇一」。……即流二之於伊図之嶋一。于レ時身浮二海上一、走如レ履レ陸。体踞二万丈一、飛如二翥鳳一。昼随レ皇居レ嶋而行、夜往二駿河富岻嶺一而修。……遂作レ仙飛レ天也。

吾聖朝之人、道照法師、奉レ勅求レ法往二於太唐一。法師受二五百虎請一、至二於新羅一、有二其山中一講二法花経一。于レ時虎衆之中有レ人、以二倭語一挙レ問也。法師問レ「誰」。役優婆塞。法師思二之我国聖人一、自二高座一下求之无之。……

（『日本霊異記』上巻）

役優婆塞は、鬼神たちを使って金峯山と葛木山の間に橋をかけようとした。それを愁えた葛木峯の一語主大神の讒言によって、役優婆塞は伊豆へ流される。しかしそこでも役優婆塞は伊豆の島と富士山とを往復して修行を続け、遂には仙となって天に飛んでいった。その後、道照法師が新羅の虎の要請を受けて山中で法花経を講じていたところ、虎の中に役優婆塞が交じっているのを知る。道照法師は「我国の聖人」だと思い、高座を下りて役優婆塞を探したが、すでにその姿はなかった、というものである。

後世、修験道の祖と称される役小角説話の早期の形がここにみえるわけであるが、まず注意したいのは、山での修行を専らとする役優婆塞に対して「聖人」の称が用いられることである（と同時に役優婆塞については「生知博学」とあり、その「智」に関する形容もある）。一見、役優婆塞と寂仙菩薩とは、場所も時代も背景も異なり、関連はないようにもみえるが、山のすぐれた修行者を「聖」と称するという点で、両者は『日本霊異記』において同じ価値観から称賛されているともいえるのではないか。

またもう一点興味深いことは、この上巻第二十八縁において、『日本霊異記』説話において自身も「聖」と称された道照法師が、役優婆塞のことを「聖人」と称するという、いわば「聖が聖を知る（見出す）」という構図がみえることである。

（3）「聖人知聖」

ここで再び上巻第四縁の聖徳太子説話に立ち戻ってみると、聖徳太子と片岡村の乞食との邂逅について、それを「聖人知㆑聖（聖人は聖を知る）」と解説する文言が付されていた。先にも触れたように、この言葉は同じ記事を伝える『日本書紀』推古紀（「聖之知㆑聖」）にもみえる文言であるが、『日本霊異記』はこれと類同の表現をさらに他の説話においても繰り返している。そしてそれはまた、行基に関わる説話であり、さらにはまた、『日本霊異記』末尾の下巻第三十九縁なのである。「聖人知聖」というこの言葉もまた、『日本霊異記』において、聖徳太子説話を起点とし、行基を経て、最終話に至る一本の論理を貫くキーワードとなっているのである。

まず、行基の説話を再びみると、中巻第七縁には次のようにあった。

……光発露懺悔曰、「……是以慙愧発露。当願免㆑罪」。行基大徳、和㆑顔嘿然。……従㆑此已来、智光法師信㆓行基菩薩㆒、明知㆓聖人㆒。然菩薩、感㆑機尽㆑縁、以天平廿一年己丑春二月二日丁酉時、法儀捨㆓生馬山㆒、慈神遷㆓彼金宮㆒也。智光大徳、弘㆑法伝㆑教、化㆑迷趣㆑正、以㆓白壁天皇世㆒、智嚢蛻㆓日本地㆒、奇神遷㆓不

㆑知堺㆒矣。

（『日本霊異記』中巻）

行基を誹謗した罪で地獄に落ち、同時に行基が転生する予定の金宮を目の当たりにした智光は、蘇生した後、行基が「明らかに聖人であることを知った」（傍線部）わけであるが、ここで注意したいのは、この中巻第七縁において「聖人を知る」主体は罪を犯した智光であることである。智光は、『日本霊異記』中巻第七縁の冒頭にも紹介されているように、数々の仏典注釈書とともに今に名を残す、奈良期における屈指の学僧である。『日本霊異記』の当該説話においては、その智光が行基誹謗の罪により、地獄の責め苦を与えられる様子が描かれることに読者は衝撃を受けるのであるが、しかし『日本霊異記』説話では智光は蘇生し、罪を悔い、「慚愧発露」し、「免罪」を願い、それに対して行基は顔を和らげ黙ってそれを許している。となると、自らの罪を知り、それを償い、慚愧し、免罪された智光は、「聖人を知る」ことができる存在へと転じ、救いあげられたともいえる。というのも、「聖人を知る」ことができるのは、それもまた「聖人」だからである。それを裏付けるのが、右の引用の波線部にあるように、智光自身、蘇生後は、「弘㆑法伝㆑教、化㆑迷趣㆑正（法を弘め教えを伝え、迷を化し正に趣かす）」と、やはりまた、聖徳太子から行基へと連なる「聖」の「行」を同様に実践したと『日本霊異記』が記すことである。なお、当該説話の末尾において、智光の死後、その「智嚢」は「日本の地」を脱し、「奇神」はいずこに行ったかは分からない、とされるが、上巻第五縁とのつながりからいえば、智光もまた、行基と聖徳太子が待つ五台山の金宮へと旅立ったのだ、と想像されたのかもしれない。

さて、また「聖を知る」というフレーズは、下巻第三十九縁でも次のように繰り返し使用される。

是以定知、此聖君也。又何以知二聖君一耶。世俗云、「国皇法、人殺罪人者、必随レ法殺。而是天皇者、出二弘仁年号一伝レ世、応レ殺之人成二流罪一活二彼命一、以人治也。是以旺知二聖君一也」。

（『日本霊異記』下巻）

ここでは、寂仙菩薩が転生した結果としてこの世に誕生した嵯峨天皇が「聖君」であることは、確かに、明らかに「知る」ことができるのだ、と繰り返し説かれる。それではそれを「知る」のは誰か。ここで、「聖君」を「知る」主体は『日本霊異記』の撰者であり、そして『日本霊異記』を伝え、読む人びとである。上巻第四縁で掲げられた聖徳太子によって導き出された「聖人」という理想は、『日本霊異記』を貫く。そして『日本霊異記』は末尾に至り、『日本霊異記』編纂の今において、また「聖君」が現れたことを説き、そしてそれを『日本霊異記』を通して「知る」ようにと人びとを誘い、導くのである。

こうしてみると、『日本霊異記』が冒頭近くに聖徳太子に関わる記事を置き、数々の聖徳太子説話の中でも、「聖人は聖を知る」ことを説く、片岡村の飢人説話を選んだのは決して偶然ではないように思われる。『日本霊異記』は、聖徳太子と飢人の説話を起点として、理想の聖のあり方と、その聖を知ることの大切さとを知らせるのである。『日本霊異記』が説く「聖」の様相は単純ではない。「智」と「行」とを備え、そしてその「行」には、「弘法」によって人びとを化し、導くこと、あるいはまた、山に入り専心修行を実践することもその範疇に含まれる。『日本霊異記』の説く理想は決して一様ではないが、本稿では、聖徳太子説話を起点として、その言説をたどり、『日本霊異記』を貫く構造、構想の一端を考察してみた次第である。

おわりに

『日本霊異記』以後の説話集のうち、所収話の多くを『日本霊異記』に取材する『三宝絵』をはじめ、『日本往生極楽記』『今昔物語集』などにおいては、いずれも日本の仏教史として聖徳太子を筆頭に掲げ、続いて行基の記事を掲載する。『日本霊異記』は、それら日本の仏教説話の型の基盤を作りだしたものとして、日本の文学史、文化史上、重要な役割を果たしたものといえるが、その一方で、最終話に善珠や寂仙菩薩といった仏者を登場させ、彼らが天皇やその王子に転生したと語ることなどは、後世の説話集には継承されない『日本霊異記』単独の、独特の言説である。またこの他にも『日本霊異記』には、歴史書を初めとする他の著作や記録と相異なる記述も多数含まれている。

例えば『日本霊異記』下巻第十九縁（「産生肉団之作二女子一修レ善化レ人縁」（産生みたる肉団女子と作りて善を修し人を化する縁）」）は、「肉団」から生まれ、身体に異常がありながら、聡明で、七歳以前から「法華八十花厳」を転読していた女が、安居会の場で大安寺僧の戒明大徳や高名な智者との問答にも屈することがなかった、という話である。女は「猴聖」と呼ばれていたが、この事件を機に「聖の化」であることが知られ、「舎利菩薩」と称されるようになった、とある。これもまた「智」に勝る「聖」を称える話と捉えることができるが、ここで注意すべきは、大安寺の著名な僧侶である戒明が地方の一女人との問答に敗北するという、中央の仏教界にとってみればはなはだ衝撃的な内容を、なにゆえ『日本霊異記』が記し得たのか、という問題である。ちなみに、『日本霊異記』とほぼ同時期に成立した『延暦僧録』（延暦七年（七八八）成立）には戒明の伝が立てられているが、そこには戒明の在唐時や大安寺における事蹟が記されるのみで、『日本霊異記』所載のエピソードについては一切言及がない。(8)『延暦僧録』は、鑑真とともに来日した僧思託の撰述になるもので、その第一巻冒頭は、「高僧沙門釈鑑真伝」

から始まる。一方の『日本霊異記』は、鑑真について一切の言及がなく、『延暦僧録』に伝が収められる人びととの重なりは少ない。[9]そのようなことから考えてみると、『日本霊異記』において、聖徳太子が死後五台山に遷っていたとされること、あるいは、聖徳太子を語るのに慧思や南岳衡山等に関して一切言及がないこと、その一方で、興福寺において法相宗の学僧として活躍した善珠を重視して取りあげることなど、[10]『日本霊異記』には、撰者景戒の環境や背景が色濃く反映していることが改めて推定される。しかし景戒の思想的背景や周辺の環境がいかなるものであったのかを明らかにすることは容易ではない。例えば、下巻序文に残された「羊僧景戒、所㆑学者未㆑得㆓天台智者之問術㆒（羊僧景戒の学問は、まだ天台智者の問術には及ばない）」という発言[11]はいかに解釈すべきか。『日本霊異記』が撰述されたのは、最澄や空海の活躍の時期とも重なる。『日本霊異記』成立の思想的背景については、これまでも数多くの研究がなされてきたが、日本仏教の歴史やその推移の状況と重ね合わせて検討することとともに、『日本霊異記』の言説を語句表現のレベルからも繰り返し丹念に読み解き、『日本霊異記』の論理や主張を見出していく作業は今後も必要と思われる。

以上本稿では、聖徳太子説話を起点として、『日本霊異記』を貫く意図の抽出を試みた。聖徳太子をめぐっては、『日本霊異記』成立の時代において、すでにさまざまな立場からさまざまな言説が生み出され、その存在がさまざまに利用されていたものである。したがって、『日本霊異記』が聖徳太子をいかに取り込み、「利用」しているかを、さらに他の著作や記録等との比較からもみていくならば、『日本霊異記』の立場や意図をより明確に浮かび上がらせていくことが可能であろう。そしてまた、聖徳太子という存在がいかに複雑多様な足跡を展開してきたのか、その実態をとらえていくことは、古代日本の言説文化史を考察するうえでは欠くことのできない作業であることを改めて確認し、稿を閉じたい。

注

（1）河野貴美子「日本文学史における『日本霊異記』の意義――その表現と存在」（『上代文学』一一六、二〇一六年四月）。河野貴美子「『日本霊異記』からみる「世界」の想像」（Imagining the World in Premodern Japan（於ＵＣＬＡ、二〇一六年三月十八日）における口頭発表）、河野貴美子「日本霊異記の典拠」（瀬間正之編『〈古代文学と隣接諸学10〉「記紀」の可能性』竹林舎、二〇一八年）等参照。

（2）『日本霊異記』の引用本文は新編日本古典文学全集（小学館）および日本古典文学大系、新日本古典文学大系（岩波書店）を参照した。なお句読点などは私に改めた箇所がある。

（3）行基は『日本霊異記』上巻第五縁、中巻第二縁、第七縁、第八縁、第十二縁、第二十九縁、第三十縁に登場する。

（4）山本大介「「安楽国」と「日本国」――『日本霊異記』における天皇と自土意識」（『古代文学』四九、二〇〇九年）。同「「人家々」と「聖君」――『日本霊異記』下巻第三十九縁の転生譚を中心に」（『日本文学』六一―九、二〇一二年九月）等参照。

（5）『日本霊異記』中巻「恃二己高徳一刑二賤形沙弥一以現得二悪死一縁　第一」。

（6）『日本霊異記』下巻「刑二罰賤沙弥乞食一以現得二頓悪死一縁　第卅三」。

（7）「弘法化他」の語は『妙法蓮華経文句』巻八上（大正蔵第三十四巻、一〇七頁ａ）に、また、「弘法利物」の語は『薬師七仏供養儀軌如意王経』（大正蔵第十九巻、六二頁ａ）等にみえる。

（8）藏中しのぶ『『延暦僧録』注釈』（大東文化大学東洋研究所、二〇〇八年）参照。

（9）師茂樹は「『日本霊異記』というテキストが宗教的実践の伝統によって裏づけられているというだけでなく、『日本書記（ママ）』や『延暦僧録』に対抗しようとした仏教史叙述の実践だったと位置づけることが可能になるかもしれない」と述べている。師茂樹『論理と歴史――東アジア仏教論理学の形成と展開』第五章（ナカニシヤ出版、二〇一五年）。

（10）善珠は『日本霊異記』下巻第三十五縁にも登場する。

（11）『日本霊異記』下巻第三十八縁にも「景戒……未レ得二天台智者之甚深解一」と、同様の発言がある。

『聖徳太子伝暦』における漢語表現

崔　鵬偉

はじめに

平安中期成立の『聖徳太子伝暦』（以下『伝暦』と略す）は、聖徳太子の伝承を編年体に記した集大成の伝記である。漢文体で書かれたにもかかわらず、漢語表現が少ないことは、『伝暦』の特徴の一つとして認められよう。しかし反面、そこにみられる数少ない漢語が、どのような経緯で『伝暦』に取り入れたのかに注目することによって、『伝暦』の成立事情を一層明らかにすることができるのではないか。つまり、『伝暦』の跋文に記された『日本書紀』や『上宮聖徳太子伝補闕記』（以下『補闕記』と略す）などの太子伝の先行文献の表現を取り除いた後に、残された『伝暦』独自の文章にみられる漢語表現が、いかなる出典を持ち、どのような文脈で使われていたかを検討することは、『伝暦』の編纂方針の解明につながってくるからである。いままでの『伝暦』の独自記事に関する論考は、各種の太子伝（『日本霊異記』や『三宝絵』などに記されている異伝も含む）との記述の異同を指摘するにとどまるものが多く、それらの典拠を網羅的に整理したものは少ない。(1)

そこで、本論文では、『伝暦』における独自の漢語表現に注目し、その注釈作業を通して、『伝暦』の成立の経緯を探ってみることとしたい。なお、仏典に特有の解釈や表現は、その数が膨大である故に、本論文では必要に応じて触れるだけにとどめ、詳しい検討はまた別の機会に譲る。

一、日本の正史とのかかわり

現存最古の太子伝は、『日本書紀』にある。その記述を受け継いだ『伝暦』は、他の日本の正史からも表現を採取した。

たとえば、『伝暦』十九歳条・四十七歳条にみえる「海表之国」という言葉は、海外にある未開の国を意味する。前者は百済を、後者は隋王朝と高麗を指す。[2] 次のようにある。

①学問尼善信等、自㆓百済㆒来。太子於㆓天皇前㆒試㆓問釈義律義㆒。尼等不ㇾ能㆓弁答㆒。天皇勅曰、何必遠問㆓於海表之国㆒。如ㇾ今眼前有㆓此三蔵大師㆒乎。太子辞譲。（十九歳条）

②太子謂㆓大臣已下㆒曰、海表之国興ㇾ軍大戦。西方大国将ㇾ滅㆓東方小国㆒、小国待拒。大国稚王、各将ㇾ滅ㇾ国。有㆓一木姓㆒、将ㇾ奪㆓神器㆒。大隋之運、今年可ㇾ尽。我国無ㇾ事、唯聞㆓挙動㆒。大臣已下、未ㇾ識ㇾ所ㇾ命。太子命曰、秋中可ㇾ聞㆓北方国事㆒。（四十七歳条）

その出典は、『尚書』立政篇である。

其克詰二爾戎兵一、以陟二禹之迹一、方行二天下一、至二於海表一、罔レ有二不服一。

とある。「海表」に対する孔安国の伝は次の通りである。

釈地云、九夷・八狄・七戎・六蛮謂二之四海一。知二海表謂夷狄戎蛮、無レ有二不レ服レ化者一。

「海表」は、いわゆる夷狄戎蛮を指すという。この言葉は、中国の正史において一般的に使われている。しかし、「海表之国」という用法はない。『三国志』巻十四蔣済伝には、「今海表之地、累レ世委レ質、歳選二計考一、不レ乏二職貢一」とあり、この用例が、最も近い表現である。一方、『日本書紀』継体天皇六年（五一二）十二月条には、「夫住吉神初以二海表金銀之国、高麗・百済・新羅・任那等一、授二記胎中誉田天皇一」と、『日本書紀』宣化天皇元年（五三六）五月条には、「是以海表之国候二海水一以来賓、望二天雲一而奉貢」との二例が確認できる。ここでは、日本を中心にその他の高麗・百済・新羅・任那を海表の国、すなわち開化の地に服従する蛮族と捉えている。

ところで、『続日本紀』を確認すると、主に外交文書や詔など公式文書から集中的に言葉を受け継いでいることが分かる。たとえば、後に取り上げる四十七歳条「太古之時、聖人揖譲、其後干戈相尋、姦猾簒レ祚」と、四十八歳条「以レ此為レ例、貽二于後昆一」との二文の傍線部の表現は、いわゆる「元明譲位詔」[3]にみえる下記の一文に集中している。[4]

昔者揖譲之君、旁求歴試、干戈之主、継レ体承レ基、貽二厥後昆一、克隆二鼎祚一。

前者は袁宏「三国名臣序賛」（『文選』巻四十七）をはじめ易姓革命の文脈にしばしば用いられる対表現で、後者は詔にみる常套表現である。

もう一例を示すと、同じく四十七歳条「修レ仁善レ隣、俟二彼修礼一」にある「修礼」という言葉は、礼儀を重んじ施行するという意味であり、両国の国交にかかわる文脈に使われる用例が少ない。『春秋左氏伝』僖公七年秋、

> 管仲言二於斉侯一曰、臣聞之、招レ攜以レ礼、懐レ遠以レ徳。徳礼不レ易、無二人不一レ懐。斉侯修二礼於諸侯一、諸侯官受二方物一。

には、最も古い用例が確認できる。六国史の中では、ただ一例のみ、すなわち『日本後紀』巻五延暦十五年（七九六）冬十月己未、渤海国王大嵩璘が桓武天皇あてに出した国書に、[5]

> 嵩璘猥以二寡徳一、幸属二時来一、官承二先爵一、土統二旧封一。制命策書、冬中錫及、金印紫綬、遼外光輝。思下欲修二礼勝方一、結二交貴国一、歳時朝覲、桅帆相望上。

とみえ、礼儀をもって日本と国交を結びたいという。

このような歴史書の文言に倣う姿勢から、『伝暦』の歴史書としての性格の極めて強いことが窺える。特に夷狄とかかわる文脈においては、その傾向が強い。それは、この種の記事を『伝暦』の撰者が全て一から創作したのではなく、殆んど『日本書紀』の記録を基軸に独自の文章を書き加えたりする手法を採用しているからである。

要するに、『日本書紀』の文体と一致させるための工夫である。こういう作業を進めるにあたって、六国史のみに限らず、中国の正史も模倣の対象となっていた。

二、中国の正史とのかかわり

例えば、『伝暦』二十歳条、崇峻天皇が任那を再建するために新羅に出兵しようとすることに(6)対する聖徳太子の上奏文は、次のようにある。

太子独奏曰、新羅豺狼、貪婪難レ量、外称二相随一、内実相叛。今雖レ興レ軍、不レ得二済成一。況亦宮庭近有二血臭一乎。

傍線部では、新羅のことを豺狼に譬え、残虐で侵略的な国と称する。(7)ここの「外称」と「内実」との二語は、それぞれあまたの用例を有するが、対となっている用例は、管見の限り、『旧唐書』東夷伝の百済伝に一例が確認できるのみである。

璋因遣レ使奉レ表陳謝。雖二外称一レ順レ命、内実相仇如レ故。（巻百九十九上）

百済の王である扶餘璋が表では唐の太宗の命令に従い高麗・新羅と仲良くすると称したが、実際にはそれまでと変わらぬように互いに憎んでいたという。新羅の態度に関して、表と裏が一致しないという『伝暦』の描写は、『旧唐書』のこの章段と趣が同じである。『伝暦』のこの箇所は、『旧唐書』「東夷伝」の記述を意識して書かれたのであろうか。

また、漢語表現が極めて多く用いられている『伝暦』四十七歳条の場合、推古紀二十六年（六一八）秋八月条がそのまま引用されているほか、独自記事の分量ははるかにそれを上回る。ここにも、東夷伝からの言葉表現を採取した形跡がある。夏五月条に、

彼漢之俗、帝系非ㇾ一。太古之時、聖人揖譲。其後干戈相尋、姦猾簒ㇾ祚、彼漢之常也。我朝相離、遐居二東鄙一。不ㇾ聞二流血之乱一、不ㇾ知二投刀之害一。故孔子欲ㇾ居二九夷一。

とある。「孔子欲ㇾ居二九夷一（孔子は東の蛮族に住もうとする）」という一文の原典が、『論語』子罕篇、

子欲ㇾ居二九夷一。或曰、陋、如ㇾ之何。子曰、君子居ㇾ之、何陋之有。

であることは疑う余地がない。それをさらに解釈したものとしては、『論衡』問孔篇の一節、

子欲ㇾ居二九夷一。或曰、陋、如ㇾ之何。子曰、君子居ㇾ之、何陋之有。孔子疾二道不ㇾ行二於中国一、志恨失意、故欲ㇾ之二九夷一也。或人難ㇾ之曰、夷狄之鄙陋無二礼義一、如ㇾ之何。孔子曰、君子居ㇾ之、何陋之有。言以二君

子之道一、居而教レ之、何為レ陋乎。

がみられる。『論語』や『論衡』のどちらも『伝略』の拠り所と考えられる。しかし、『伝暦』の元の文脈としては、戦乱流血が繰り返される中国に比べて、遐（はるか）に「東鄙」(8)に居る日本はそういった戦争とは無縁であり、中国より環境が優越であるから孔子が日本に行きたがるのだとする。歴史事実がどうであったかはともかく、このような記述がなされたのは、おそらく『漢書』や『後漢書』にみえる東夷に関する記録とかかわっているであろう。

まず、『漢書』地理志下には次のようにある。

可レ貴哉、仁賢之化也。然東夷天性柔順、異二於三方之外一、故孔子悼二道不レ行、設二浮於海一、欲レ居二九夷一、有以也夫〈師古曰、論語称孔子曰、道不レ行、乗レ桴浮二於海一、従レ我者其由也歟。言欲下乗二桴筏一而適中東夷上、以其国有二仁賢之化一、可二以行レ道也〉。（巻二十八下）

『論衡』にいう「鄙陋無二礼義一」と異なり、東夷には「仁賢之化」があり、他の南・西・北の夷狄より優れているとする。これを継承したのは、『後漢書』東夷列伝の記録である。

王制云、東方曰レ夷。夷者、柢也、言仁而好レ生、万物柢レ地而出。故天性柔順、易二以レ道御一、至レ有二君子・不死之国一焉。夷有二九種一、曰畎夷・于夷・方夷・黄夷・白夷・赤夷・玄夷・風夷・陽夷。故孔子欲レ居二九夷一也。（巻八十五）

日本はまさしく東夷に含まれている。(9) こういった認識のもとで、『伝暦』の記述が書かれたと考えたほうが妥当ではないか。

『隋書』東夷列伝にある下記の記述は、それを裏付けることができる。

史臣曰、広谷大川異レ制、人生二其間一異レ俗、嗜欲不レ同、言語不レ通、聖人因レ時設レ教、所下以達二其志一而通中其俗上也。九夷所レ居、与二中夏一懸隔、然天性柔順、無二獷暴之風一、雖レ緜二邈山海一、而易二以レ道御一（中略）故孔子曰、言忠信、行篤敬、雖二蛮貊之邦一行矣。（巻八十一）(10)

九夷の人々は、天性が柔順にして、聖人の教えによって彼らを治めることが容易であるという。孔子がいうには、彼らは異民族でありながらも、発言や行動が忠実でつつしみ深いから、私は九夷に行こう（波線部）。言葉遣いこそ異なるが、その趣旨は右に引用した『漢書』や『後漢書』の末尾と同じだと言えよう。ここで注目したいのは、「言語不レ通」という言葉とそれが『隋書』にあることとの二点である。

「言語不レ通」は、『伝暦』三十六歳条、小野妹子が太子の前世に持っていた『法華経』を取りに衡山に派遣され、出迎えの老僧と筆談する場面に用いられている。

有二一老僧一、策レ杖而出。又有二一老僧一、相続而出。相顧合歓。妹子三拝、言語不レ通、書レ地語。各贈二法服一。

この言葉の最も古い用例は、『礼記』王制篇の「中国・夷・蛮・戎・狄、皆有二安居・和味・宜服・利用・備器一。

五方之民、言語不㆑通、嗜欲不㆑同」である。右の『隋書』東夷列伝の用例がこれを踏襲していることは明らかである。他に、『漢書』匈奴伝や[11]『三国志』東夷列伝東沃沮伝[12]など正史中の四夷伝にも「言語不㆑通」の描写がみられる。この言葉を『伝暦』は、『隋書』東夷列伝のような文脈から採集したとみてよかろう。

その上、『伝暦』三十二歳条「太子始製㆓五行之位㆒。徳・仁・義・礼・智・信、各有㆓大小㆒、合十二階。徳者摂㆓五行㆒也、故置㆓頭首㆒」にみえる冠位十二階の「徳・仁・義・礼・智・信」という順番は、『隋書』巻八十一東夷伝・倭国、

内官有㆓十二等㆒、一曰㆓大徳㆒、次小徳、次大仁、次小仁、次大義、次小義、次大礼、次小礼、次大智、次小智、次大信、次小信、員無㆓定数㆒。

にみえる順番と一致している。[13]それに対して、『日本書紀』推古十一年（六〇三）十二月条には、「徳・仁・礼・信・義・智」と異なる配列となっている。

十二月戊辰朔壬申、始行㆓冠位㆒。大徳、小徳、大仁、小仁、大礼、小礼、大信、小信、大義、小義、大智、小智、並十二階。

これもやはり『伝暦』と『隋書』倭国伝との関係を示唆している。右の冠位十二階に関する記録を含めて、推古紀全体が書かれた際に『隋書』を参考しなかったことは、『日本書紀』の先行研究において論証済みである。[14]しか

し、それは『伝暦』が『隋書』を参照していないことにはならない。『伝暦』の跋文においては、『日本書紀』の記事を「不レ尽二委曲一」ないものとし、『暦録』やその年暦と一致する『太子行事奇蹤書』より記事を増補したという記述がみられる。のみならず、『伝暦』四十七条に引く『暦録』の逸文と重なる内容は、『隋書』恭帝紀（巻五）の記録に確認できる。この二点に基づいてみれば、『伝暦』が『隋書』を参考史料にしたと考えた方が自然である。

以上、「外称〜、内実〜」・「孔子欲居九夷」・「言語不通」という三つの漢語表現が使用される文脈について考察してみた。『伝暦』は、中国の正史に収められている東夷伝から漢語表現を参照したり借用したりする傾向が見受けられる。とりわけ『隋書』東夷列伝と密接な関係にあることが認められよう。六国史にしても中国の正史にしても、『伝暦』の撰者は、このように外交関係の文脈に注目しつつ語彙表現を採取し、現存する『日本書紀』の記述を補って、国際政治に関心を示す聖徳太子像を浮き彫りにした。『伝暦』に描かれた国際政治事件に臨む聖徳太子の言動は、現実に聖徳太子を信仰していた当時の人々が抱く理想像を生き生きと現している。そして、このような言動がなされた思想背景には、どのような観念があるだろうか。

三、聖人・聖王になぞらえられる太子

『伝暦』の独自記事には、仏典の特有表現や解釈を用いて作品全体の仏教色を強める特徴がみられる。たとえば、十二歳条にある聖徳太子が百済人の日羅と対面する場面である。

日羅大放二身光一、如二火熾一、太子眉間放レ光、如二日輝一、須臾即止。

日羅の身に光があって火焔のようであることは、早くも『日本書紀』敏達天皇十二年（五八三）是歳条にみえる。一方、太子が眉間より光を放っていたという描写は、増補されたもので、仏の白毫相[15]をベースに作り上げたと考えられる。この後、太子は日羅のことを「聖人」と称し、彼が自分の前世の弟子だと語ったうえで、日羅の死を予言する。予言の能力は、『日本書紀』推古天皇元年（五九三）四月条に「兼知㆓未然㆒」によって知られている。しかし、前世の話が分かるという設定は、太子が「救世観世音大菩薩・伝灯東方粟散王」として、過去・現在・未来にわたる因縁をよく知っていることを裏付けるために付加されたのであろう。他に、聖徳太子が殺生を慎んだり、因果を重んじたりする発言も[16]数多く増補されている。『伝暦』が成立した当時の日本は仏教国家としての側面が強い。仏教を日本に広めたとされる聖徳太子の一代史に[17]、仏教的解説や表現が参照し付加されることは不自然ではない。

一方、『伝暦』の独自記事には、外典にみる聖王・聖人にまつわる故事を踏襲したりして聖徳太子を聖人になぞらえる箇所が少なくない。

まず『伝暦』十五歳条、聖徳太子は、用明天皇に仁徳を施し、敏達天皇の喪服する期間中にしても、政治を怠らないように勧める。すると、用明天皇は、聖徳太子の子孫が続かないことのみを悲しむと答える。さらに、聖徳太子が左の言葉で用明天皇を慰める。

過去之因也。児身僅脱及㆓于子孫㆒、尸解登㆑仙、魂胎㆓蓮花㆒。復亦何恨。無㆑可㆓如何㆒。

「尸解登㆑仙」は道家の仙術の一種で、死に仮託して肉体から魂を解放することによって屍解仙になるという。[18]

『伝暦』において、「真人」と称される聖徳太子が[19]生きる間に国を治め、死して仙人になるという理想像は、いかにも『抱朴子』内篇「弁問」に登場する黄帝の面影を彷彿させる。[20]

聖徳太子の政治理念は、『伝暦』二十一歳条、崇峻天皇との会話から窺える。次のようにある。

天皇密勅㆓太子㆒曰、①天尊地卑、貴賤位矣。君南面臣北面、是理之常也。而蘇我臣内縦㆓私欲㆒、外似㆓詐餝㆒。雖㆑有㆔初興㆓如来之教㆒、而無㆓和順忠義之情㆒。汝以為何。太子奏曰、②三綱五常、聖人難㆑行、③陽九百六、愚臣為㆑害。如今大臣可㆑謂㆓驕臣㆒。仏教有㆓六波羅蜜㆒、其中忍辱亦仏深誨。臣願、陛下行㆓此功徳㆒。能有㆓推移㆒、樞機之順発、栄辱之主也。陛下鉗㆑口莫㆓妄発動㆒。

①天は尊く地は卑しくて、上下貴賤の位は定められていると、崇峻天皇が蘇我入鹿の驕り高ぶる行為に不満の意を表明している。『易経』繋辞上伝「天尊地卑、乾坤定矣。卑高以陳、貴賤位矣」、或いは『礼記』楽記「天尊地卑、君臣定矣。卑高已陳、貴賤位矣」（『史記』巻二十四楽書第二に同文あり）の、両方とも出典と考えられるが、『伝暦』と同様に群臣関係について言及しているのは『礼記』である。ただ、『隋書』百官志上は、『易経』を引用し、聖人の政治に臨む姿勢と臣下の国家機能を示している。

易曰、天尊地卑、乾坤定矣、卑高既陳、貴賤位矣。是以聖人法㆓乾坤㆒以作㆑則、因㆓卑高㆒以垂㆑教、設㆑官分㆑職、錫㆑珪胙㆑土。由㆑近以制㆑遠、自㆑中以統㆑外、内則公・卿・大夫・士、外則公・侯・伯・子・男。咸所㆘以協㆓和万邦㆒、平㆓章百姓㆒、允㆓釐庶績㆒、式㆗叙彝倫㆖、其由来尚矣。

（『隋書』巻二十六）

君臣関係の秩序を検討するにあたって、ある種の常套表現のようにみえる。

②人として守るべき君臣・父子・夫婦の秩序や仁・義・礼・智・信といった道徳は、聖人にしても実行しがたい。[21] 三綱五常は儒教の基本的教義とされる。聖徳太子は、儒教的理念である三綱五常を政治を行う基礎と見做している。ここの「聖人」とは、国家を治める理想的な存在であり、聖王と見做してよかろう。③陽九百六の厄年には、愚かな臣下が害をなす。元々決まった年のことを指していたが、後に洪水など自然災害にしても、戦争など人為災害にしても、その起こる年をも「陽九の厄」と言うようになった。[22]『漢書』律暦志上に引く『易伝』の逸文を出典とする。戦乱の用例としては、袁宏「三国名臣序賛」と独孤及「弔道殣文並序」が挙げられる。[23] ①②③は、すべて儒教の経典やその注釈の理論に基づいて、君臣関係の確立と変異を説明している。とりわけ、聖徳太子の台詞としての②と③は、聖徳太子の儒教教養の高さを示そうとしている。[24]

次に『伝暦』十六歳条、用明天皇が病気になり、聖徳太子は衣の帯を解くことなく、日夜に看病した。

天皇不豫、太子不解衣帯、日夜侍病。天皇一飯、太子一飯、天皇再飯、太子再飯。

天皇が一度食事すると、太子も一回食事し、天皇が再び食事すると、太子も再び食事したという。これは全体的に、『礼記』文王世子篇に記されている周の武王が冠や帯を解くことなくして父の文王が病を伺候した典故に倣っている。

文王有疾、武王不脱冠帯而養。文王一飯、亦一飯、文王再飯、亦再飯。

とあるように、「不レ解二衣帯一」がそのまま使われていないが、後半はほぼ『礼記』そのままとなっている。ちなみに、子供が衣帯を解かずに親の看病をする用例は、『漢書』巻九十九上王莽伝「陽朔中、世父大将軍鳳病、莽侍レ疾、親嘗レ薬、乱首垢面、不レ解二衣帯一連月」と『魏書』巻二十一下彭城王伝「自二高祖不豫一、勰常居レ中、親侍二医薬一、夙夜不レ離二左右一、至二於衣帯罕解、乱首垢面一」との二例が確認できる。日本側の文献としては、『三代実録』巻十五貞観十年（八六八）二月十八日壬午条「母紀氏寝疾疲、良縄昼夜扶侍。不レ捨二左右一、衣不レ解レ帯、目不レ接レ睫」が挙げられる。要するに、これは、人物の孝行を描く日中両国共通の常套表現である。儒教で聖王として崇められる武王の故事をそのまま聖徳太子に当てはめるのは、聖徳太子にも聖王の素質が備わっているとされていた故であろうか。(25)

また、『伝暦』四十六歳条、聖徳太子が『勝鬘経』を講読したところに、大臣たちは次のように奏した。

> 大臣奏曰、儲君所レ講妙経義理、莫レ不二入レ微出一レ機、通レ内該レ外。漢后夢見像飛東去、其道因レ人。知レ之在レ今。伏惟、陛下聖無レ不レ通、情無レ不レ兼。西方大聖、妙義甚深。殿下開レ口吐レ舌、金声玉振。末劫衆生、化登二浄土一、五濁悪世、還為二儴佉一。不可思議之功、不可思量之労、不レ可レ不レ酬、無二徳不一レ答。謹敢申聞。

傍線部の「金声玉振」は『孟子』万章下に出る言葉で、集大成の意味である。

> 伯夷、聖之清者也。伊尹、聖之任者也。柳下恵、聖之和者也。孔子、聖之時者也。孔子之謂二集大成一。集大成也者、金声而玉振レ之也。金声也者、始二条理一也。玉振之也者、終二条理一也。始二条理一者、智之事也。

終二条理一者、聖之事也。智、譬則巧也。聖、譬則力也。由レ射二于百歩之外一也。其至、爾力也、其中、非二爾力一也。

右にあるように、金は鐘、玉は磬。伯夷・伊尹など聖人の道（知恵と徳行）を集めて大成する孔子は、各種の楽器の秩序を整えるために音楽の演奏の始めと終わりに鳴らす鐘や磬と同じような存在であるという。『伝暦』と同じく、仏教関係の文脈で用いられる例は、さほど多くない。ここでは、顕慶元年（六五六）春三月乙丑、玄奘が唐の高宗に上奏した「請レ書二大慈恩寺碑文一表」を確認したい。

非二夫牙曠撫レ律、義和総レ馭、焉得下揚二法鼓之大音一、裨中慧日之沖彩上。敢縁二斯義一、冒用干祈。伏乞成二茲具美一、勒以二神筆一。庶淩雲之妙、邁二跡前王一、垂露之奇、騰二芬後聖一。金声玉振、即悟二群迷一、鳳翥龍蟠、将レ開二衆瞽一。

（『大唐大慈恩寺三蔵法師伝』巻九〔大正五〇―二六八中〕）

御製の大慈恩寺碑文が素晴らしくて、そこに説かれる内容は、「金声玉振」のように迷いの世界に生きる衆生を悟らせるという。『伝暦』では、この語によって、聖徳太子の『勝鬘経』講読が、末法時代の衆生を浄土に導いたり五濁悪世を弥勒の出現した後の世界に変えたりするほどの、まるで集大成のようなものだと称賛している。

以上の考察からわかるように、『伝暦』にみる聖徳太子には、仏教の聖人（仏）ならではの特徴[26]のみならず、儒教や道家の聖王（人）・真人に備わる素質も併せ持っている。[27]要するに、『伝暦』における聖徳太子像は、このように内典・外典を問わず、あらゆる聖王・聖人の故事に倣って作り上げたに違いない。ただ、『伝暦』が日本で仏教を広げた聖徳太子の一代記として、「未レ識二因果之理一」のような仏典に特有の表現を多用している一方、釈迦の一代記、すなわち仏伝より言葉表現を採取した箇所は意外と少ないようである。(28)『伝暦』の独自記事には未だ確認できていない。

つまり、『伝暦』の撰者は独自記事を創作する際に、内典においては教理を、外典においては聖人にまつわる故事を中心に取材した。そして、四十七歳冬十二月条に聖徳太子が「吾為二釈迦大聖弟子一、豈為二孔子小賢弟子一乎」と発言したように、聖人・聖王になぞらえる太子像の形成において、内典の教理の役割は「体（根本的）」で、外典の典故の役割はあくまでも「用（従属的）」にすぎない。

四、徳を重んずる太子

しかし、内典ばかりを重んじ外典を軽んじたりする傾向は、『伝暦』にみる聖徳太子にはない。むしろ両方を並行してバランスよく整えているように思われる。その証がたとえば、十四歳条、物部弓削大連と中臣勝海連が、因果のことわりを知らずに排仏しようとすることに対する太子の評価である。

太子奏曰、二臣未レ識二因果之理一。修レ善福至、行レ悪禍来、是自然之理、如来之教也。児聞、古之聖人勝二於大災一、故有二唐旱殷水之事一。今之疫病以レ徳可レ除。何更滅二将レ興之法一。能免二将レ死之命一耶。二臣如今必蒙二天禍一。

「唐旱殷水之事」とは、堯が舜を登用し、さらに舜が禹を採用して九年間の洪水を治めたことや、湯が自ら天に禱って七年間の旱魃を終わらせたことである。唐は堯、殷は湯を指す。堯の事績は、『史記』夏本紀の記述(29)が最も詳しい。いわゆる禹の治水のことである。一方、湯の事績は、『呂氏春秋』季秋紀・順民篇(30)と『淮南子』主術訓(31)に詳しい。異なるのは、旱魃の年数を前者は五年とする一方、後者は七年とすることである。ただ、堯と湯それぞれの事績が同時に言及される文脈の中で、七年は一般的である。例えば、『漢書』食貨志には、

聖王在レ上而民不二凍飢一者、非二能耕而食レ之、織而衣レ之也。為レ開二其資財之道一也。故堯・禹有二九年之水一、湯有二七年之旱一、而国亡二捐瘠一者、以二畜積多而備先具一也　（巻二十四上）(32)

とあり、『晋書』傅玄伝には、

臣聞聖帝明王受レ命、天時未二必無一レ災。是以堯有二九年之水一、湯有二七年之旱一。惟能済レ之以人事耳。故洪水滔レ天而免二沈溺一、野無レ生レ草而不二困匱一。　（巻四十七）

とある。しかし、最も近い表現は、『魏書』王粛伝にみえる。

臣聞堯水湯旱、自然之数、須二聖人一以済レ世、不レ由レ聖以致レ災。是以国儲二九年一、以禦二九年之変一。　（巻六十三）

注目すべきは、『漢書』・『魏書』・『晋書』の三例がともに聖王と災害との関係を説いているところである。それは『伝暦』にいう、いにしえの聖人が災害に勝つという論調と同趣である。したがって、正確には「唐水殷旱」というべきである。古代中国でよく知られた故事を『伝暦』において誤用されたのは、単なる誤写であろうか。この表記は何に基づいていたか、極めて不審である。用例は少ないが、『日本後紀』巻二十三（『類聚国史』巻百七十三）嵯峨天皇弘仁四年（八一三）五月二十五日条の勅命に次のようにある。

勅、治レ国之要、在二於富一レ民。民有二其蓄一、凶年是防。故禹水九年、人無二飢色一、湯旱七歳、民不レ失レ業。

つまりこの故事は、誤った形で中国から日本に伝わったわけではない。その手がかりを『日本霊異記』巻下第三十九「智行並具禅師重得二人身一生二国皇之子一縁」に求めてみたい。

是以定知、此聖君也。又何以知二聖君一耶。世俗云、国皇法、①人殺罪人者、必随レ法殺。而是天皇者、出二弘仁年号一伝レ世、①応レ殺之人成二流罪一、活二彼命一以人治也。是以旺知二聖君一也。或人誹三謗非二聖君一。何以故。②此天皇時、天下旱厲有。又天災地妖飢饉雖二繁多有一。又養二鷹犬一取二鳥猪鹿一、是非二慈悲心一。②是儀非レ然。食国内物、皆国皇之物、指レ針許未、私物都無也。国皇随二自在之儀一也。雖二百姓一敢誹之耶。又聖君堯舜之世、猶在二旱厲一故、不レ可レ誹之也。

聖君の治世においても災害があるが、それは聖君失格にはならないという点において、傍線②と右の『伝暦』および『漢書』などとは通じている。また、堯舜の治世と旱魃という組み合わせは、『伝暦』と傍線②とは一致する。これだけで両者を結び付けることは難しいが、傍線①の死罪の代わりに流罪にするという設定は、『伝暦』十六歳条に穴太部皇子・宅部皇子の死罪を流罪にしようと主張する聖徳太子のイメージ(33)と重なってみえる。(34)さらに、『日本霊異記』の題に説くように、高僧がその徳によって重ねて人身を得て国王の子として生まれるというのも、『七代記』に説く聖徳太子の転生譚と同趣だといえよう。(35)以上の三点に基づいて、『伝暦』の独自記事の形成に『日本霊異記』巻下第三十九が関与した可能性(36)が推測できる。要するに、『日本霊異記』巻下第三十九に触発され、「唐水殷旱」の故事を『伝暦』の撰者が誤って「唐旱殷水」にしたと思われる。

ところで、「徳」によって災害を除することができるという論断は、『伝暦』独自のものである。その論拠が不明であるが、「徳」が極めて重要視されていることは違いない。しかも、仏教が説く功徳と儒教が説く聖王の聖徳とが同時並行的に用いられている。ここにおいてもやはり、堯・殷の武王にまつわる儒教の故事によって、仏教の因果応報を立証していると考えてよかろう。

この十四歳条の記事は決して特例ではない。二十四歳条と二十七歳条にみえる推古天皇の治世を評価する聖徳太子の発言からも、『伝暦』において徳に関しては、仏教の理論と儒教のそれとが並行して用いられる傾向が確認できる。まず、二十四歳条には、推古紀三年（五九五）夏四月条に記された淡路島での沈水香木漂着事件に対する聖徳太子の解釈が次のように増補されている。

> 太子観而大悦、奏曰、是為㆓沈水香㆒者。此木名㆓栴檀香木㆒、生㆓南天竺国南海之岸㆒。夏月、諸蛇相繞、此木冷故也。人以㆑矢射㆑之。冬月、蛇蟄即折而採㆑之。其実鶏舌、其花丁子、其脂薫陸。沈㆑水久者為㆓沈水香㆒、

不レ久者為二浅香一。而今陛下興二隆釈教一、肇造二仏像一、故釈梵感レ徳、漂二送此木一。

右傍線部にある栴檀香木の取り方に関する描写は、『大唐西域記』巻十秣羅矩吒国の記述、

国南濱海有二秣剌耶山一。崇崖峻嶺、洞谷深澗。其中則有二白檀香樹一。栴檀儞婆樹、樹類二白檀一不レ可二以別一。唯於二盛夏一登レ高遠瞻、其有二大蛇一縈者、於レ是知レ之。猶其木性涼冷故、蛇盤也。既望見已、射レ箭為レ記。冬蟄之後、方乃採伐。

〔大正五一―九三二上〕

に基づいているようにみえる。このめでたい香木の価値を見抜いた聖徳太子は、帝釈天や梵天が推古天皇の仏教を興隆した功徳に感応し香木を漂着させたのだと解釈している。まさしく因果応報の理の体現そのものである。似たような発想は二十七歳条にもみえる。異なるのは、儒教が説く天人相関説に基づいているところである。該当する記事は下記のとおりである。

此秋、新羅王献二孔雀一隻一。天皇御看奇二其美麗一。太子奏曰、是不レ足レ怪。有二称レ鳳者一、在二南海丹穴之山一、非二聖人徳一不レ能レ致レ之。天皇勅二太子一曰、朕夢得レ見足矣。其夜、天皇夢見二鳳凰一、晨説二其容一。太子大悦、是遐寿之表也。

新羅から孔雀が奉献されたことは、推古紀六年（五九八）秋八月条にみえる。鳳凰をめぐる推古天皇と聖徳太

子との会話は、『伝暦』の独自記事である。南海丹穴之山に棲息する鳳凰[37]を至らせることができるのは、聖人の徳に限るという。鳳凰が集まって空を翔ることは、聖王の徳を称える際にしばしば用いられる瑞祥の一種である。用例として、『論語』子罕篇を引用した『三国志』魏志・文帝紀に施された裴松之注が挙げられる。

　然則天地之霊、暦数之運、去就之符、惟徳所レ在。故孔子曰、鳳鳥不レ至、河不レ出レ図、吾已矣夫。（巻二）

『伝暦』に説く、夢で鳳凰を見ることと長寿を結びつける典拠はいまだ明らかではないが、徳と結びつくのは儒教の天人相関説とみてよかろう。

　このように、香木が見つかったことも、夢で鳳凰を見たことも、その実現に必要不可欠な条件は、施政者の徳行なのである。

「徳」を強調することは、『伝暦』の特徴の一つとして認められよう。また、仏教と儒教それぞれに説く徳が並行して用いられる点は、第三節で検討した聖人・聖王になぞらえる聖徳太子像に内典・外典の併用がみられる点と通じる。「聖徳太子」という表記で太子に対する呼称を統一しようとする姿勢を見せる『伝暦』[38]においては、キーワードとなる「聖」と「徳」のいずれも、内典・外典を同時に利用し、外典の故事によって内典の教理を顕彰しているように思われる。それは、先行する『日本霊異記』の編纂方針における、内典・外典の取り扱いかたと共通している。「夫善悪因果者、著二於内経一、吉凶得失、載二諸外典一」（『日本霊異記』巻下の序）や、「愚癡之類、懐二於迷執一匪レ信二於罪福一、深智之儔、覯二於内外一信二恐因果一」（同巻上の序）という記述を見てわかるように、「聖徳」という呼称にふさわしくすべく、内典・外典を兼ねて通じ因果の理をわきまえた太子像を『伝暦』は作り上げたのである。

おわりに

『伝暦』が編年体の体裁で聖徳太子の一代史を書くからには、当時に披見可能であった歴史書を模倣することは不自然ではない。そもそも、『伝暦』の独自記事には、聖徳太子の優れた才能や予言・聖徳太子の前生譚・仏教隆興・外交政策と対夷政策に対する聖徳太子の発言に関するものが多い。その中、外交政策と対夷政策の文脈で漢語が多用されたのは、無論『日本書紀』の文体との一致を維持する狙いがあったことは言うまでもないが、このような文章が容易には創作できないことも理由として考えられる。それにも関わらず、敢えてこの類の章段を増補したのは、聖徳太子信仰のさらなる広まりを狙っていたからではないか。また、東夷伝や他の夷狄と絡む文脈から表現を採取することからすると、このような外交事件に関与する聖徳太子像の形成には、当時の太子信仰の志向するところと深くかかわっていたことが推測できる。要するに、偏（ひとえ）に日本で仏教を広げた宗教界の教主としてだけではなく、内政・外交に対して優れた政治決断力を持つ俗世間を治める聖王としても、「聖徳太子」という呼称にふさわしい理想像をより立派に作り上げる時代的要請があったであろう。その作業にあたって、内典のみならず、外典にみる聖王・聖人たちの故事も必然的に取材の対象となったのである。しかし、いくら外典を利用したといっても、『伝暦』の仏教色が薄まることはない。むしろ、内典の教理を立証するために外典の故事が利用されていたと考えたほうが自然である。そして、内典と外典を同時に重要視する考え方は、先行する『日本霊異記』にすでに見出だされる。『日本霊異記』に収録されている霊験譚のようなものが巧みに加工され、時代とともに聖徳太子のイメージが膨らんでいただろうが、このような霊験記と『伝暦』との関連性をさらに明らかにする必要性が改めて認識される。引き続き今後の課題としたい。

使用テクスト（主に以下に依拠しつつ、適宜、句読点等を私に改めた）
『聖徳太子伝暦』『上宮聖徳太子伝補闕記』＝『聖徳太子全集』第二巻。『論語』『尚書』『礼記』『春秋左氏伝』『論衡』＝新釈漢文大系。『文選』＝新釈漢文大系、上海古籍出版社（李善注）。『史記』『漢書』『後漢書』『三国志』『隋書』『文館詞林』『旧唐書』『旧五代史』『文苑英華』＝中華書局。『山海経』＝全釈漢文大系。『全唐文』＝中華書局、吉林文史出版社。『尚書正義』『論語集解』＝十三経注疏（北京大学出版社）。『日本書紀』＝新編日本古典文学全集。『続日本紀』『日本霊異記』＝新日本古典文学大系。『日本後紀』『弘仁私記』『類聚国史』＝新訂増補国史大系。『仏所行讃』『仏本行経』『弘明集』『法華文句』『大唐西域記』『大唐大慈恩寺三蔵法師伝』＝大正新脩大蔵経。

注

（1）林幹彌氏は、「『聖徳太子伝暦』の写本（Ⅱ）」（『文星紀要』第二号、一九九〇年三月）において、『日本書紀』と『補闕記』を中心に、『伝暦』の記事のすべてにわたって、年月別にその出所を指摘している。光川康雄氏は、「『聖徳太子伝暦』典拠の整理」（『文化学年報』第四五号、一九九六年三月→学術文献刊行会編『国文学年次別論文集・中古Ⅲ』、朋文出版、一九九八年三月再収）において、林幹彌氏の論考をふまえて、『伝暦』の本文のみならず注の典拠をも検討したうえで、本文全体の典拠が不明な独自記事二十五個条を一覧表に作った。しかし両氏の論考は、共に『伝暦』が先行する太子伝に拠らない不明点を指摘するのみで、さらに踏み込んだ典拠探しは十分になされていない。また、光川氏が列挙した記事の他にも、『伝暦』に特有の記述と認められるものはなお多くある。

（2）『日本書紀』に類似する表現は多い。中国との関係については、榊原小葉子「『聖徳太子伝暦』にみえる中国観」（『東京大学史料編纂所研究紀要』第一五号、二〇〇五年三月）参照。『日本書紀』や『伝暦』にみる新羅征伐譚やその変遷については、松本真輔「『聖徳太子伝暦』の殺生を避ける太子像」（『古典遺産』第五三号、二〇〇三年九月）、同『聖徳太子伝と合戦譚』第四部第一章「『聖徳太子伝暦』の新羅侵攻譚」（勉誠出版、二〇〇七年）等参照。また、当時の日本における朝鮮半島観については、佐伯有清「九世紀の日本と朝鮮」（『日本古代の政治と社会』、吉川弘文館、一九七〇年）、成沢光「藩国と小国――古代日本人の対外観について」（『政治のことば――歴史の意味をめぐって』、平凡社、一九八四年）、鈴木靖民『古代対外関係史の研究』（吉川弘文館、一九八五年）等参照。

（3）『続日本紀』霊亀元年（七一五）九月庚辰条。

（4）「元明譲位詔」に関する研究と注釈は、高松寿夫「「元明譲位詔」注解――元明朝文筆の解明への手がかりとして」（『万葉集研究』第三三集、二〇一一年十月）等参照。

（5）崔鵬偉「渤海使関係文筆資料注釈稿『日本後紀』延暦十五年（七九六）十月己未条所載「渤海王嵩璘啓」」（『早稲田大学日本古典籍研究所年報』第一一号、二〇一八年三月）参照。

（6）『日本書紀』崇峻天皇四年（五九一）八月条そのままである。

（7）ほかに二十九歳条には、『日本書紀』に記されていない新羅討伐をめぐる推古天皇と聖徳太子との会話が増補され、そこにも「新羅者虎狼之国也」とみえる。松本真輔氏は、このような『伝暦』の新羅観が日本当時の蝦夷観と関係しているとする（注2前掲著書第四部第一章「『聖徳太子伝暦』の新羅侵攻譚」参照）。実は、中国の正史にも同じ夷狄観がみられる。「夫秦、虎狼之国也。有下呑二天下一之心上」（『史記』巻六十九蘇秦伝）。「秦地戎・夷混並、虎狼之国、裕亦不レ能レ守レ之。風俗不レ同、人情難レ変、欲レ行二荊揚之化於三秦之地一、譬無レ翼而欲レ飛、無レ足而欲レ走、不レ可レ得也」（『魏書』巻三十五崔浩伝）。「新羅具知二軍計一、卒起二大兵一、尋属二敗亡一、乞レ降帰附。紀男麻呂宿祢取レ勝旋レ師入二百済営一、令二軍中一曰、夫勝不レ忘レ敗、安必慮レ危、古之善教也。今処二彊畔一、豺狼交接、而可二軽忽不一レ思二変難一哉」（『日本書紀』欽明天皇二十三年（五六二）是月条）。

（8）東鄙は、東の僻地。「臣東鄙幽介」（謝荘「月賦」、『文選』巻十三）に対する李善注には、『戦国策』巻五「范雎謂二秦王一曰、臣東鄙賤人」を引く。また、「故季路学二於仲尼一、厲二風霜之節一」（劉孝標「弁命論」、『文選』巻五十四）の李善注には、「尸子曰、子路、東鄙之野人、孔子教レ之為二賢士一」とある。「有二天竺沙門真諦一、挟レ道孤遊遠化二東鄙一」（『続高僧伝』巻一釈法泰）。

（9）『伝暦』三十七歳条「吾昔経二数十身一、修行崇レ道、僅為二小国儲君之身一。流二通妙義一、万未レ足レ一。而今釈典漸伝、正灯頗照。九夷之中、略演二一乗一」参照。

（10）『北史』巻九十四四夷伝の最後にほぼ同文がみえる。

（11）中国と夷狄とは、習俗が異なり、言語が相通じないという。「夷狄之人貪而好レ利、被髪左衽、人面獣心。其与二中国一殊二章服一、異二習俗一、飲食不レ同、言語不レ通、辟二居北垂寒露之野一、逐レ草随レ畜、射猟為レ生、隔以二山

谷一、雍以二沙幕一、天地所三以絶二外内一也」（『漢書』巻九十四下）。

(12) 漁師が風に吹かれて島に漂着したが、そこの住人の言語が分からなかったという。「耆老言、国人嘗乗レ船捕レ魚、遭レ風見レ吹数十日、東得二一島一、上有レ人、言語不二相暁一、其俗常以二七月一取二童女一沈レ海」（『三国志』巻三十）。

(13) 林幹彌氏注1前掲論文、王勇「聖徳太子と道教思想」（『季刊日本思想史』第三四号、一九九〇年三月）、同『聖徳太子時空超越――歴史を動かした慧思後身説』第三章「『隋書』における聖徳太子像」（大修館、一九九四年）参照。

(14) 『隋書』は参考史料として、雄略紀・清寧紀・顕宗紀・仁賢紀にしか採用されていないとされる。坂本太郎「『日本書紀』と『隋書』」（『国学院雑誌』第七七巻三号、一九七六年三月↓同『日本古代史叢考』吉川弘文館、一九八三年↓同『坂本太郎著作集』第二巻「古事記と日本書紀」吉川弘文館、一九八九年）など参照。

(15) たとえば、『法華経』序品に「爾時仏放二眉間白毫相光一、照二於東方万八千世界一、靡レ不二周遍一」（「大正九―二中」）とある。

(16) 前者は、松本真輔氏注2前掲論文参照。後者は十四・十五・十六・十七・四十三・四十七・四十八歳条などにみえる。

(17) 高橋庸一郎氏は、『伝暦』が、釈迦一代記に比すべく、聖徳太子信仰の最も基本的な経典として撰述されたとする。高橋庸一郎「聖徳太子宗の経典――『聖徳太子伝暦』について」（『国文学　解釈と鑑賞』第五四巻一〇号「特集=聖徳太子伝の変奏」、一九八九年十月）、同『聖徳太子伝暦』説話の変遷」（『阪南論集 人文・自然科学編』第二五巻一～三号、一九八九年十二月）参照。

(18) 『抱朴子』によると、「屍解仙」は「天仙」・「地仙」に次ぐ存在だという。「貴二真人之休徳一兮、美二往世之登仙一、与化去而不レ風兮、名声著而日延」（『楚辞』「遠遊」）。「按仙経云、上士挙レ形昇虚、謂二之天仙一。中士遊二於名山一、謂二之地仙一。下士先死後脱、謂二之屍解仙一」（『抱朴子』内篇「論仙」）。「北海王和平、性好二道術一、自以当レ仙。済南孫邕少事レ之、従至二京師一。会二和平病歿一、邕因葬二之東陶一。有二書百余巻、薬数嚢一、悉以送レ之。後弟子夏栄言二其尸解一、邕乃恨レ不レ取二其宝書仙薬一焉。〈尸解者、言将二登仙一、仮託為レ尸以解化也〉」（『後漢書』巻八十二下王和平伝李賢注）。

(19) 二十四歳・三十七歳・崩御条。

(20) 「且夫俗所レ謂聖人者、皆治世之聖人、非二得道之聖人一。得道之聖人、則黄老是也、治世之聖人、則周孔是也。黄帝先治レ世而後登レ仙。此是偶有二能兼レ之才一者也」（『抱朴子』内篇「弁問」）。「真人」や「聖人」の概念に関しては、金谷治「老荘的統一——真人と聖人」（『秦漢思想史研究』第五章「『淮南子』の研究」第七節、日本学術振興会、一九六〇年三月→平楽寺書店、一九八一年加訂増補）、吉川忠夫「真人と革命」（『六朝精神史研究』同朋社、一九八四年）、同「真人と聖人」〈岩波講座東洋思想一四〉『中国宗教思想2』第Ⅱ部第四章第五節、岩波書店、一九九〇年）等参照。増尾伸一郎氏は、「今の時の深く智れる人——景戒の三教観をめぐって」（小峯和明・篠川賢編『日本霊異記を読む』吉川弘文館、二〇〇四年）において、『高僧伝』に僧侶の得仙を列挙していることによって、太子伝に尸解仙の要素が織り込まれた思想的背景に三教の習合が作用していると指摘した。

(21) 「三綱五常」は為政者の規範とされる。「三綱者何謂也。謂二君臣・父子・夫婦一也」（『白虎通』巻七「三綱六紀」）。「五常者何。謂二仁・義・礼・智・信一也」（『白虎通』巻八「情性」）。「殷因二於夏礼一所二損益一可レ知也、周因二於殷礼一所二損益一可レ知也〈馬融曰、所レ因謂二三綱五常一也〉」（『論語集解』為政篇）。「加以崇二三綱五常之教一、敷二六府三事之歌一、則鴻基与二五岳一争レ高、盛業共二磐石一永固」（『旧五代史』巻四十三唐書第十九明宗李嗣源紀）。

(22) 「易九厄曰、初入レ元、百六、陽九。（中略）凡四千六百一十七歳、与二一元一終。経二四千五百六十歳一、災二五十七歳一」（『漢書』巻二十一上律暦志）。「昔在二伊唐一、世値二陽九厄運之会一、洪水滔レ天（中略）災眚之甚、莫レ過二於彼一、力役之興、莫レ久二於此一。堯舜君レ臣、南面而已」（『三国志』巻二十五高堂隆伝）。『漢書』に引く『易伝』は不明である。『三国志』は、堯の治世に洪水が生じた年を「陽九」とする。

(23) 「揖譲之与二干戈一、文徳之与二武功一、莫レ不二宗匠陶鈞、而群才緝煕一（中略）百六道喪、干戈迭用〈漢書、陽九厄曰、初入、百六陽九。音義曰、易伝所レ謂陽九之厄、百六之会者也〉」（袁宏「三国名臣序賛」、『文選』巻四十七）。「堯舜既歿、揖譲不レ伝。黄鉞白旄、謂二之応レ天。徳乃下衰、干戈相連、陽九祆興、災纒凶年」（独孤及「弔道殣文並序」、『文苑英華』巻千・『全唐文』巻三百九十三）。「陽九百六」の年に干戈すなわち戦争が相次いで起こるという。後者は前者を参照していたと考えられる。

(24) 推古紀元年（五九三）四月十日条に、「且習二内教於高麗僧恵慈一、学二外典於博士覚哿一、並悉達矣」とあり、聖徳太子が内典・外典にかねてより通じているとする。

(25) 聖徳太子孝養像（十六歳像）がこの記事に基づいて作られたとされる。光川康雄氏注1前掲論文参照。

(26) 第三節のはじめに取り上げた「眉間放レ光」のほかにもう一例を示す。四十三歳条に、聖徳太子は、舎人の宮池鍜師が飼っている犬が一頭の鹿の足を食いちぎっているのを見て、その因縁を知るために夢殿に籠った。つづいて、聖徳太子のこの行動に対して、「古人云、聖人不レ夢。而儲君聖性通レ物、無二知不一レ達。如来妙義、何義不レ徹。而託二辞夢見一、令レ信二鄙俗一。独恣之説、邪狂致レ疑。故有二此言一」という説明がなされている。このくだりは、『伝暦』のみにみえる潤色された文章である。「聖人不レ夢」とは、聖人が夢を見ないという。現行する『伝暦』において、右記のすぐ後に割注があり、すなわち『法華文句』巻九上釈安楽行品「夢者、従二須陀洹一至二支仏一悉有レ夢、唯仏不レ夢。無レ疑無二習気一故不レ夢。従二五事一故有レ夢。如二偈説一、以二疑心分別一、学習因二現事一、非人来相語、因二此五事一夢」（『大正』三四―一二四中）の文章である（双行傍線部は『伝暦』との相違部分）。この注が施された年代は定かではないが、それに従えば、俗人を信じさせるために夢見に仮託した聖徳太子は、聖人（仏）に近い存在とされていたことがわかる。

(27) 藤井由紀子氏は、「『日本霊異記』と聖徳太子——日本古代における変革的意識の胎動」（小峯和明・篠川賢編『日本霊異記を読む』吉川弘文館、二〇〇四年）において、儒教的な王道観・仏教的な慈悲観・道教的な死生観と称した。

(28) 聖徳太子が崩御した後、哀悼する大臣の言葉として「日月失レ輝、天地既没」とあるのは、『仏所行讃』巻五（『大正』四―五〇上）や『仏本行経』巻七（『大正』四―一〇九上）などにみる釈迦が涅槃に入った後の記述を踏襲している。このくだりのベースとなった『日本書紀』推古天皇二十九年（六二一）二月癸巳条には、「日月失レ輝、天地既崩」とある。田村圓澄氏は、聖徳太子が聖人であったため、その死別は人々にとって格別に悲痛であったとする。田村圓澄「聖徳太子と仏教」（『東アジアの古代文化』第五四号、一九八八年二月）、同「聖徳太子伝の虚と実」（『国文学　解釈と鑑賞』第五四巻一〇号「特集＝聖徳太子伝の変奏」、一九八九年十月）参照。

(29) 堯は、禹の父鯀を登用し九年間をかけて治水したが、失敗に終わった。一方、舜は禹を起用し治水に成功したという。「当二帝堯之時一、鴻水滔レ天、浩浩懐レ山襄レ陵、下民其憂。堯求二能治水者一、群臣四岳皆曰二鯀可一。堯曰、鯀為レ人負レ命毀レ族、不可。四岳曰、等レ之未レ有下賢二於鯀一者上、願帝試レ之。於レ是堯聴二四岳一、用レ鯀治水。九年而水不レ息、功用不レ成。於レ是帝堯乃求レ人、更得レ舜。舜登用、摂二行天子之政一、巡狩。行視二鯀之治水無一レ状、

乃殛二鯀於羽山一以死。天下皆以二舜之誅一為レ是。於レ是舜挙二鯀子禹一、而使レ続二鯀之業一」（『史記』巻二）。

（30）湯は自身を傷つけて、髪などを犠牲に上帝に福を祈ったところ、雨が降り旱魃が治まったという。湯は鬼神の造化が分かるとされる。「昔者湯克レ夏而正二天下一。天大旱、五年不レ収。湯乃以レ身禱二於桑林一曰、余一人有レ罪、無レ及二万夫一。万夫有レ罪、在二余一人一。無下以二一人之不レ敏、使二上帝鬼神一傷中民之命下。於レ是翦二其髪一、鄜二其手一、以レ身為二犠牲一、用祈二福於上帝一、民乃甚説、雨乃大至。則湯達二乎鬼神之化一、人事之伝也」（『呂氏春秋』季秋紀・順民篇）。

（31）湯が身をもって祈禱したら雨が降ったのは、誠を致して天地を感動させたからである。古の聖王のあり方が述べられている。「湯之時、七年旱、以レ身禱二於桑林之際一、而四海之雲湊、千里之雨至。抱レ質效レ誠、感二動天地一。神諭二方外一、令行二禁止一、豈足レ為哉。古聖王至二精形於内一、而好二憎忘於外一、出レ言以副レ情、発レ号以明レ旨、陳レ之以二礼楽一、風レ之以二歌謡一、業貫二万世一而不レ壅、横二扃四方一而不レ窮、禽獣昆虫与二之陶化一、又況於二執レ法施レ令乎」（『淮南子』主術訓）。

（32）『賈誼新書』においては、堯ではなく、禹を洪水に悩まされた主体とするのは二箇所ある。「王者之法、民三年耕而余二一年之食一、九年而余二三年之食一、三十歳而民有二十年之蓄一。故禹水九年、湯旱七年、甚也、野無二青草一、而民無二飢色一、道無二乞人一、歳復之後、猶禁二陳耕一」（『賈誼新書』憂民）。「禹有二十年之蓄一、故免二九年之水一、湯有二十年之積一、故勝二七歳之旱一」（『賈誼新書』無蓄）。『漢書』食貨志には堯と禹と両方を列しているのに対して、『後漢書』巻三十下郎顗伝には、「昔堯二遭九年之水一、人有二十載之蓄一者、簡レ税防レ災、為二其方一也」と堯一人の事績としている。以後、堯が主体になるのが殆どである。

（33）蘇我馬子は死罪を主張しているのに対して、聖徳太子は流罪を勧める。「六月、大臣奉二炊屋姫尊詔一、遣二佐伯連・舟径綱手等一、率レ兵殺二穴太部皇子・宅部皇子等一。是二皇子者、天皇兄弟。阿党大連、呪二咀天皇一、厭二魅大臣一、故及二於死一。太子諫二大臣一曰、人之所二以為一レ人者、皆以二生命一也。彼二皇子者、天皇之天倫、児之伯叔矣。議二其罪源一、須レ処二軽典一。願君為レ児寛恕、応レ移二他国一。大臣不レ聴、答曰、大義滅レ親、此之謂也。太子語二左右一曰、大臣亦迷二因果一、復亦難レ免」（『伝暦』十六歳条）。

（34）松本真輔氏注2前掲著書第一部第一章「『聖徳太子伝暦』の新羅侵攻譚」参照。

（35）『文徳実録』嘉祥三年（八五〇）五月五日条に、高僧灼然の弟子上仙が出家して、予言通りに、死んだ後に天子と生まれ変わったという伝承が記されている。『日本霊異記』の成立年代と二十年しか隔たっていない。当時流行っていた信仰であろうか。

（36）光川康雄氏は、「『聖徳太子伝暦』本文をめぐる諸問題――『太子行事奇蹤之書』と太子の発言」（笠井昌昭編『文化史学の挑戦』思文閣、二〇〇五年）において、『日本霊異記』の説話表現が『伝暦』に結実する太子伝の展開を考えていくうえでの重要性に言及している。

（37）『山海経』南山経には、「又東五百里、曰丹穴之山、其上多金玉。丹水出焉、而南流注於渤海。有鳥焉、其状如鶏、五采而文、名曰鳳皇、首文曰徳、翼文曰義、背文曰礼、膺文曰仁、腹文曰信。是鳥也、飲食自然、自歌自舞、見則天下安寧」とあり、丹穴山に棲息する鳳凰の記録がみえる。注目すべきは、鳳凰に付いている「徳・義・礼・仁・信」という五彩の紋の命名が、冠位十二階のそれ（徳・仁・義・礼・智・信）と重なっていることである。

（38）光川康雄氏前掲注36論文参照。

附録　漢語表現一覧

『伝暦』にみられる主な漢語表現を、ここでは一覧表の形でその出典や用例を指摘したい。なお、本論文に取り上げた場合はゴシック体で示す。

	漢語表現	出典・用例
入胎	閑爽	北斉・邢子才「冀州刺史封隆之碑」（『芸文類聚』巻五十・職官部六・刺史）。『晋書』巻六十九・戴若思伝。
十歳	姝耳	楊修「答臨淄侯箋」（『文選』巻四十）。『三国志』巻十九・陳思王植伝・裴松之注。『続高僧伝』巻二十二釈慧璡［大正五〇―六一五中］。
十三歳	幼稚	『漢書』巻九十九上・王莽伝上。曹植「周公賛」（『芸文類聚』巻十二・帝王部・周成王）。「元明譲位詔」（『続日本紀』霊亀元年（七一五）九月庚辰条）。
十四歳	**唐旱殷水**	『漢書』巻二十四上・食貨志上。『魏書』巻六十三・王粛伝。『晋書』巻四十七・傅玄伝。『日本後紀』巻二十三／『類聚国史』巻百七十三弘仁四年（八一三）五月丙子条。

年齢	語	出典
十五歳	遐寿（不延）	『抱朴子』内篇「対俗」。徐寅「人生幾何賦」（『全唐文』巻八百三十）。「対宅判」（『文苑英華』巻五百四十三／『全唐文』巻九百八十）。
	諒陰	『論語』憲問篇。『礼記』喪服四制篇。潘岳「閑居賦」（『文選』巻十六李善注）。
	尸解登仙	『楚辞』「遠遊」。『抱朴子』内篇「弁問」。『抱朴子』内篇「論仙」。『後漢書』巻八十二下・王和平伝・李賢注。
十六歳	不解衣帯、一飯再飯	『礼記』文王世子篇。『漢書』巻九十九上・王莽伝上。『魏書』巻二十一下・彭城王伝。『三代実録』巻十五貞観十年（八六八）二月十八日壬午条。
	厭魅	『陳書』巻二十八・長沙王伝。『一切経音義』巻九十（『高僧伝』巻十一・竺曇猷）[大正五四―八八〇下]。
	人之所以為人者	『礼記』冠義篇。『荀子』非相篇。
	大義滅親	『春秋左氏伝』隠公四年。
十七歳	紹基践祚	潘岳「関中詩」（『文選』巻二十）。何元之「梁典高祖事論」（『文苑英華』巻七百五十四）。
	若木～扶桑	『楚辞』「離騒」。『淮南子』墬形訓。李嶠「日」（『文苑英華』巻百五十一）。『弘仁私記』序。
十九歳	海表之国	『尚書』立政篇。『三国志』巻十四・蒋済伝。『日本書紀』巻十七継体六年（五一二）十二月条。『日本書紀』巻十八宣化元年（五三六）五月条。
二十歳	外称～内実	『旧唐書』巻百九十九上・東夷伝・百済。
二十一歳	天尊地卑、貴賤位矣	『易経』繋辞上伝。『礼記』楽記篇。『隋書』巻二十六上・百官志上。
	三綱五常	『白虎通』巻七「三綱六紀」。『白虎通』巻八「情性」。『論語集解』為政篇。『旧五代史』巻四十三・唐書第十九・明宗李嗣源紀。
	陽九百六	『漢書』巻二十一上・律暦志上。袁宏「三国名臣序賛」（『文選』巻四十七李善注）。独孤及「弔道殣文並序」（『文苑英華』巻千／『全唐文』巻三百九十三）。
二十二歳	玄極	『抱朴子』外篇「君道」。晋・宗炳「明仏論」（『弘明集』巻二[大正五二―一四下]）。
二十九歳	虎狼之国	『史記』巻六十九・蘇秦伝。『魏書』巻三十五・崔浩伝。『日本書紀』巻十九欽明二十三年（五六一）是月条。

年齢	語句	典拠
三十六歳	**言語不通**	『礼記』王制篇。『漢書』巻九十四下・匈奴伝下。『三国志』巻三十・東夷伝・東沃沮。『隋書』巻八十一・東夷伝／『北史』巻九十四・四夷伝。
三十九歳	千秋万歳	『戦国策』巻十四「楚策」一。江淹「恨賦」（『文選』巻十六李善注）。
	九夷	『白虎通』巻二「礼楽」。
四十四歳	珍重珍重	『入唐求法巡礼行記』巻一承和五年（八三八）十月十四日条。
	酸鼻	宋玉「高唐賦」（『文選』巻十九李善注）。
四十六歳	**金声玉振**	『孟子』万章下。玄奘「請書大慈恩寺碑文表」（『大唐大慈恩寺三蔵法師伝』巻九［大正五〇―二六八中］）。
四十七歳	興軍大戦	『三国志』巻四十四・姜維伝。『経律異相』巻四十六［大正五三―二三八下］。
	将奪神器	『三国志』巻四十七・孫権伝・黄龍元年裴松之注。
	滅国	『漢書』巻九十六上・西域伝・鄯善国。
	挙動	『旧唐書』巻百九十四上・突厥毗伽可汗伝。
	未識所命	任昉「数吏部郎表」（『芸文類聚』巻四十八）。
	東鄙	『戦国策』巻五「秦策」三。謝荘「月賦」（『文選』巻十三李善注）。劉孝標「弁命論」（『文選』巻五十四李善注）。
	流血之乱	『論衡』語増篇。
	投刀	『三国志』巻五十一・孫桓伝。
四十七歳	**揖譲～干戈相尋**	袁宏「三国名臣序賛」（『文選』巻四十七李善注）。独孤及「弔道殣文並序」（『文苑英華』巻千／『全唐文』巻三百九十三）。「元明譲位詔」（『続日本紀』霊亀元年（七一五）九月庚辰条）。「渤海王嵩璘啓」（『日本後紀』巻五延暦十五年（七九六）冬十月己未条）。
	孔子欲居九夷	『論語』子罕篇。『論衡』問孔篇。『漢書』巻二十八下・地理志下。『後漢書』巻八十五・東夷列伝。『隋書』巻八十一・東夷伝／『北史』巻九十四・四夷伝。
	修礼	『春秋左氏伝』僖公七年秋。「渤海王嵩璘啓」（『日本後紀』巻五延暦十五年（七九六）冬十月己未条）。
四十八歳	**貽於後昆**	「元明譲位詔」（『続日本紀』霊亀元年（七一五）九月庚辰条）。

『扶桑略記』のなかの聖徳太子
――慧思転生説を中心として

三好俊徳

はじめに

古代より、聖徳太子は〝日本仏教の祖〟として信仰を集めていた。その信仰をもとに聖徳太子についての文献・絵画・彫刻・建築が作られ、それらを用いた儀礼が実践されてきた。このような聖徳太子信仰をもとに生み出された文化については膨大な研究がある。[1]これらは日本の宗教文化を明らかにするための重要な研究であるが、その多くは、『聖徳太子伝暦』や聖徳太子絵伝のような太子信仰の中核で生み出された史資料、いわば〝一次資料〟に基づく研究である。信仰の実態を明らかにするためには、それらを用いた研究が重要になるが、一方で、日本文化における太子信仰の広がりを知るためには、他のジャンルに与えた影響についても考えるべきであろう。そのためには、太子信仰の影響を受けつつも、そこから一定の距離をおいた史資料、〝二次資料〟についても研究を深めることが必要であろう。

そのような〝二次資料〟としては、たとえば説話集や歴史書がある。太子説話を収める説話集は『日本霊異記』『三宝絵』『今昔物語集』など多数あり、それらの聖徳太子像の特徴については前田雅之氏の研究がある。[2]そのなかで、特に『今昔物語集』における太子は仏法と王法という国家体制を支える原理の体現者として位置づけられていると指摘されている。

歴史書の太子関係記事については、早く『日本書紀』に、太子の生涯にわたる記事が記されている。その『日本書紀』から展開した太子伝を平安時代に集大成したものが『聖徳太子伝暦』（以下、『伝暦』）であり、それ以降の太子伝の基盤となった。一方で、日本では『日本書紀』を嚆矢として漢文編年体の公的な歴史書が編纂されている。それらは六国史と呼ばれるが、その最後にあたる『日本三代実録』以降、朝廷による歴史編纂は行われておらず、(3)代わって、貴族や僧侶によって個別の記録や日記をもとに歴史書が制作された。それらは勅撰ではないため私撰史書と呼ばれており、院政期の『日本紀略』や鎌倉後期の『百練抄』がなどがある。そのなかでも、院政期に制作された『扶桑略記』は全三十巻に及ぶ大部な日本通史であり、また、後世に広く利用された歴史書であることから、私撰史書の代表格として位置づけることができるだろう。その『扶桑略記』にも聖徳太子関係記事は多く収録されており、それらは『伝暦』を典拠としている。

このような『扶桑略記』の太子伝の特徴はなにか。出典である『伝暦』との対比、同時代の歴史書との比較、そして、後世への影響という三点から検討を行っていきたい。

一、『扶桑略記』の聖徳太子伝

『扶桑略記』は十二世紀の初期に成立した私撰の歴史書である。作者は古くから皇円と考えられてきたが、現在では否定されている。現状では作者不明と言わざるを得ないが、天台宗僧の関与を指摘する説が有力であろう。(4)

本来三十巻に及び神武天皇から堀河天皇までを天皇の代ごとに分節してその歴史を描いている。編纂の方針としては、多くの書物を典拠とし、複数の説がある場合にはそれらを併記している。特に仏教についての記述が多いことが特徴であり、そのことから、日本仏教史書と位置づけることもできよう。

そのような『扶桑略記』では、『聖徳太子伝暦』を典拠として、欽明天皇条から推古天皇条の間に、聖徳太子に関する記事を多く記している。文末の表に『聖徳太子伝暦』に記される太子の事蹟のどれを『扶桑略記』が取り込んでいるのかを示した。記事の数は六十七に及ぶ。もちろん、太子在世中の『扶桑略記』の記事は太子関係の記事のみで構成されるわけではない。この間の『伝暦』を出典としない記事は四十五ある。しかし、圧倒的に『伝暦』をもとにした太子関係記事が多いことが了解されよう。『扶桑略記』のなかで一人物の詳細な伝記が記される例は最澄や浄蔵など挙げることができるが、ここまで詳細なものは他にはない。この点から、『扶桑略記』編者の構想する日本仏教史のなかで聖徳太子は特別な存在であったことは明らかであろう。

『扶桑略記』太子伝の特徴は何か。このことを考えるために、『扶桑略記』の太子伝の全体像を示しておきたい。なお、（　）内の数字は表の『扶桑略記』の記事順と対応する。

まず生前のこととして欽明天皇条に、母穴穂間人皇女が金人が口から入る夢を見て受胎するとの記事（1）を挙げ、厩前での誕生記事（2）、二歳にして合掌して「南無仏」と唱えた記事（3）、幼くして桃花より青松を賞翫する記事（4）と続いていく。『扶桑略記』の特徴としては、この後に、中国衡山の慧思禅師の入滅についての記事（5）があることである。後ほど詳細に分析を行うが、慧思は太子の前生とされる高僧であり、関連する記事は複数見られる。

その後は、大別王が将来した経論を披見したいと天皇に願い出て、その理由として太子が天皇に対して前世が衡山僧であったことを告げるという記事（6）、経論を披見して六斎日を設けることを進言するという記事（7）、新羅より釈迦像が献じられ、太子が天皇にそれを崇拝することを勧めるという記事（8）というように、仏教関係の記事が続く。そのような仏教関係記事のなかで最も有名なものは、仏教受容をめぐっての物部守屋との合戦（17）であろう。いわゆる守屋合戦であるが、その前日譚である蘇我馬子の崇仏（11、12、14）や物部守屋の破仏（13、17）から、事の経緯を記している。

その後も、推古天皇の摂政への着任（22）、冠位十二階（44、45）および憲法十七条（46）の制定についての記事など、太子の事蹟として現在でもよく知られる話はもちろんのこと、四天王寺建立記事（22）や、霊木で観音像を作らせるという記事（24）、前世所持の法華経をめぐる一連の記事（30、50、51、53、54）、経典の講読や経疏執筆についての記事（43、49、55、56、57）などの仏教関係記事が多く採られている。一方で、地方巡見記事（35）、新羅討伐に関する記事（37、38、40）など為政者としての記述もあるが、仏教関連記事と比べると、その数は多いとは言えない。

『扶桑略記』太子伝の概要は以上のとおりであるが、その特徴を示していきたい。まず、確認をしておきたいことは、詳細な伝記となっているということである。その点は記事数が多いこと、そして誕生から薨去までを記していることから認められよう。そのうえで、注目すべきは、仏教関係記事が多いことである。仏教と太子との関係性は、太子関連記事の冒頭に位置する受胎記事で、母妃に入る「金色僧」が自ら「救世菩薩」と名乗っていることで象徴的に示されていよう。日本の仏教受容に貢献した太子は救世観音の化身であるということを示し、また『扶桑略記』が描く日本仏教史そのものを価値づける記事でもある。『扶桑略記』太子伝では、このような仏教関係記事の間に、太子の個人的なエピソードや政治についての出来事を組み込んでいるという構図になっている。

一方で、『扶桑略記』には採用されなかった『伝暦』の記事もある。太子四歳の悪事を行った際に、進んで父より笞を受けるという記事や、二十四歳での同時に八人の訴えを聞くという記事、二十七歳で妃に向かえた膳夫人とのエピソードなどである。これらは太子の人となりを表す記事であり、同時に太子が聖人であることを示す話でもある。その最たる例が太子四十二歳のこととして語られる片岡山飢人説話であろう。これは、片岡山で出会った飢人の正体が聖人であることを太子だけが見破ったとする話であり、聖人を見破った太子もまた聖人であるとされる。(5)すでに『日本書紀』に記されている、太子伝の有名なエピソードの一つであるが、『扶桑略記』はこの話を記さない。『扶桑略記』編者は、聖徳太子が聖人であることを示す話には関心を持っていなかったと推測される。

なお、奇異譚であるため、歴史書である『扶桑略記』は片岡山飢人説話を排除したとも考えることができる。しかし、『扶桑略記』全体では奇異譚を記さないわけではなく、むしろ、『日本霊異記』等を用いて積極的にそのような話を取り込んでいる。(6)また、太子伝だけを考えても、たとえば、先に述べた金人と母妃とのエピソードや太子を慧思の後身とする説を採録している。ただし、それらは仏教関係の記事でもあるということには注意しておきたい。金人は救世観音であり、また慧思も中国の高僧であり、そのような存在と聖徳太子を繋げる記事なのである。

すなわち、『扶桑略記』編者が聖徳太子に求めるのは、仏教者もしくは皇子としての姿であり、その範疇で聖人性を示す出来事は記すという基準があったと言えよう。それに対して、片岡山飢人説話のような仏教とは無関係な聖人としての側面は不要だったのである。(7)このような姿は、たとえば、同時期に作成された『今昔物語集』

の太子像、すなわち王法と仏法の国家の両側面を体現する存在と共通するということができよう。この共通は両書の直接的な影響関係を示すものではなく、院政期における太子像をもとに両書の太子伝が形作られたと考えておきたい。(8)

このように『扶桑略記』は、『聖徳太子伝暦』を抄出することで聖徳太子の一生を描いているが、比較的仏教関係の記事が多かったり、聖人としての記事は省略していたりと特徴のある太子伝になっているのである。それでは、このような『扶桑略記』の太子伝は、同時代の他の歴史書と比較した場合、どのような位相にあるのだろうか。次節で検討を行いたい。

二、院政期の仏教史書のなかの聖徳太子伝

院政期には、多くの書物で仏教史が記されている。それは歴史書もあれば、表白や史論の一部として記されたものもある。

『扶桑略記』より半世紀以上遅れて成立したと考えられる歴史書に『仏法伝来次第』がある。『仏法伝来次第』は十二世紀後半に成立した三国仏教史である。編者は木曽義仲の右筆であった覚明と同一人物とされる信救と奥書に記される。ここではその真偽は措くが、内容から興福寺周辺の僧の編と考えられる。(9)その日本部の記事の大部分は『扶桑略記』からの抄出であり、(10)その冒頭に、聖徳太子についての記事が列記されている。その内容も文末の表にまとめたが、『扶桑略記』と同じように聖徳太子伝と言うことができるほどの充実した内容になっている。その内容を示したい。（　）内の数字は表の『仏法伝来次第』記事順の番号と一致する。

太子の誕生記事（1）からはじめ、天皇に経論を披見したいと申し出る話（3）や渡来僧の日羅に遙拝されるという話（5）などが記され、幼少の頃から仏教と関わる優れた人物であったことが示される。物部守屋による破仏とそれを端緒とする仏教受容をめぐる合戦、いわゆる物部合戦（11）についても記される。特徴的なのはその後である。摂政着任（13）や四天王寺建立（14）、法華義疏の執筆（19）などの記事は記されるが、概して守屋合戦以降の記事は少ない。しかし、その誕生から死去までの記事を記す伝記になっており、更にこれほどの記事数を有する人物は聖徳太子の他にはいない。『仏法伝来次第』のなかでも、太子は特別な存在であったことがうかがえる。

それでは、その太子伝の特徴は何か。まず、『仏法伝来次第』は『扶桑略記』に増して仏教関連記事に絞って太子伝を記していることが挙げられる。たとえば、太子九歳の熒惑星の意味を釈する記事などの幼少期の超人的な話は採られていない。また、太子十七歳から二十一歳までの崇峻天皇に関する記事や二十九歳から三十一歳までの朝鮮半島への出兵の記事などのような政治的な話も省かれている。更に、仏教関係の記事であったとしても、いわゆる伝説的な記事は排除している。その代表が転生説である。冒頭の救世観音の母后への入胎記事や前世とされる慧思に関する記事は悉く削除されている。また、勝鬘経講讃を行った記事（18）では、前世で勝鬘夫人であったことを明かす文章は省略されている。このように、『仏法伝来次第』は、『扶桑略記』を用いながらも、記事数を減らして、より現実的もしくは人間的な存在として聖徳太子を描いていると言えよう。加えて、成人以降の記事が少なくなっていることから、『仏法伝来次第』太子伝の物語上の頂点は守屋合戦にあると考えられる。守屋合戦で勝利して、日本に仏教を定着させた日本仏教の祖として描こうという意識がうかがえるのである。[11]

『扶桑略記』や『仏法伝来次第』と異なり、聖徳太子に関しての記述が少ない歴史書もある。たとえば、『三国伝灯記』が挙げられる。『三国伝灯記』は興福寺僧覚憲の作で、長らく歴史書として注目されてきたが、講経論義の表白であり「興福寺本願大職冠鎌足報恩講師表白」と名ずべきことが指摘されている。その内容は、鎌足の聖霊のための講筵の表白であり、そのなかで、日本への仏法伝来の次第、日本における諸宗の伝来と広がり、鎌足の果たした遺業を述べ、そのうえで、院政期における諸寺争乱を踏まえて、諸宗の融和を説いていると考えられている。(12)

そのなかで、太子についての記述は驚くほど少ない。通史部の日本への仏法伝来記事の後には寺院創建記事が続いており、そのなかで次の傍線箇所のように太子による四天王寺・法隆寺の造立が記される程度である。

其後、敏達天皇御宇十二年癸卯始排道場。今豊浦尼寺是也。十三年甲辰嶋大臣奏曰天皇、復興佛法経営佛殿於宅東、乃石川宅也。崇峻天王御宇五年歳次壬子嶋大臣起大法興寺、今飛鳥寺是也。惟古(ママ)天皇御宇癸丑秋九月上宮太子赴四天王寺、今難波四天王寺是也。十五年丁卯上宮太子造法隆寺、今鵤寺是也。舒明天皇御宇十一年冬十一月建九重塔於百済川側、今大安寺是也。(13)

ここでは、太子の生涯は記されず、ましてやその伝説的な事蹟についての言及もない。飛鳥寺を建立した蘇我馬子と同等の、古代における寺院建立者すなわち仏教信仰者として記されるのみである。『扶桑略記』『仏法伝来次第』の聖徳太子への関心との違いが明確であろう。

しかし、聖徳太子を軽んじているわけではない。『三国伝灯記』には、まず三国にわたる仏教史が記され、その後で日本仏教史を踏まえた覚憲の歴史認識が述べられる。その箇所で、次のように聖徳太子を日本に仏教を弘めた人物として讃えている。

若尓、倩案我朝佛法流布、我朝初帰佛法、是上宮太子御力也、佛法久住我國、本願聖霊御力也。

ここでも聖徳太子と並び賞されているのが「本願聖霊」鎌足であり、聖徳太子に代わって、その伝記が詳しく記される。それは鎌足の聖霊のための講筵の表白という性格から考えて妥当であろう。しかし、視点を換えれば、鎌足を讃える法会においても、簡略ではあるが太子の事蹟は宣揚されているのである。院政期の日本仏教史認識における聖徳太子の存在の大きさがうかがえよう。

院政期に成立した『仏法伝来次第』『三国伝灯記』という仏教史書の聖徳太子についての記事をみてきた。歴史書によって太子伝の分量は大きく異なるが、いずれも聖徳太子に強い関心を抱き、また日本仏教史に欠くべからざる存在として描いていることが明らかとなった。それらと『扶桑略記』の太子伝を比較すると、まず記事の分量の面では、『扶桑略記』が圧倒的に多い。『仏法伝来次第』は『扶桑略記』を抄出したものであり、『三国伝灯記』は限られた事蹟しか記さず伝記の体裁を整えていない。また、『仏法伝来次第』は、仏教に関わる記事を中心に記しており、『三国伝灯記』は寺院建立について記す程度である。これらと比べると、『扶桑略記』は、仏教関係記事と世俗的な記事をバランスよく配した体系的な太子伝を記していると評すことができよう。

三、『扶桑略記』における慧思転生説

前節までに、『扶桑略記』における太子関係記事の総体としての特徴を分析した。それを踏まえて、『扶桑略記』太子伝の独自性を具体的な記事の分析をもとに考えてみたい。具体的には、聖徳太子が中国の高僧である慧思の生まれ変わりであるとする、いわゆる慧思転生説を中心に典拠である『聖徳太子伝暦』との違いを検討したい。

『扶桑略記』は、基本的には何らかの典拠に基づきながら編年体で歴史を記しており、複数の説がある場合は、記事を併記している。さらにそれについて疑いがある場合には編者の注記を記す。(14)しかし、そのような注記は全体として少なく、それゆえに全体として編者の立場をうかがい知ることは難しい。そのような『扶桑略記』のなかで、慧思転生説については、注記が加えられている。その箇所を挙げる。

(稿者注：敏達天皇)六年丁酉六月廿二日、相當陳大建九年南岳思大師入寂之日也。由靈應傳第四巻之文、引合和漢年代暦計之也。私云、今案、聖德太子、是南岳大師後身也。鑒真和尚云。聞、南岳思禪師遷化之後、託生倭國王子、興隆佛法、濟度衆生。倭國王子者、聖德太子也。又慈覺大師奏狀云。大唐南岳思禪師之後身聖德太子、以不世德、傳生此國。然、太子年六歳、時南岳大師入滅後身之義、年序同時也。其意如何。本傳云、先身念禪比丘。或本云、前身思禪師矣。(15)

敏達天皇六年のなかで、中国の南岳慧思が入滅したことについての記事である。それに続く割注で、「私云」として、慧思が聖徳太子に転生したとの説とその根拠、そしてそれに対する編者の私見を述べている。

『扶桑略記』は、日本の歴史を記す書物であるが、特に前半に天竺・震旦の高僧についての記事が挟まれている。この慧思入滅記事も、そのような記事の一つと考えることもできよう。しかし、このように膨大な注記を付

している高僧の記事は他になく、『扶桑略記』編者の慧思入滅記事、ひいてはその後身とされる聖徳太子への強い関心がうかがえる。

注記の内容は次のとおりである。聖徳太子は南岳大師の後身であるということについて考えるに、「鑑真和尚」の説や「慈覚大師奏状」には慧思禅師が日本の皇子すなわち聖徳太子として生まれ変わったと記されるが、太子が六歳の時に慧思が入滅したとなると年があわない。これはどうしたことだろうか。このように、慧思再誕説についての疑いが提示されているのである。合理的な史資料の検討を踏まえたうえでの疑問であり、現代からみても首肯できる批評である。しかし、なぜ『扶桑略記』編者はこのような疑問を記したのであろうか。

そもそも、慧思とは中国六朝時代に『法華経』信仰をもとに衡山で修業した高僧で、智者大師智顗の師であり、天台宗第二祖（あるいは第三祖）にも数えられる。天台宗の高僧として平安時代には知られた存在であった。そのような慧思が太子信仰と結びつくのは、鑑真の弟子であった思託の『上宮太子菩薩伝』が初例とされる。そこでは、仏陀が法華経を説いた時に慧思・智顗・定光がそれを聴聞し、その慧思が後に日本の聖徳太子に転生したと説く。すなわち、太子を仏陀から始まる法華経信仰の系譜上に位置付けるのが慧思転生説なのである。(16)

この慧思転生説は『聖徳太子伝暦』に取り入れられ、さらにいくつかの話と結びつく。まず、六歳条では大別王が将来した経論を披見したいと天皇に願い出ると、それを疑問に思う天皇に対して、前世が衡山僧であったことを告げる。十二歳条では、日羅が来朝するが、その日羅が太子を目にすると即座に遙拝する。その理由として、日羅が太子の前世の弟子であったことを明かす。二十五歳条では、太子が慧慈に法華経の落字を問う。落字を否定した慧慈に対して、前生所持の経ではもう一字あったことと、その前生所持の経は現在も衡山般若台にあることを述べる。この話が三十六歳からのいわゆる衡山取経説話とつながるのである。三十一歳条では、百済僧観勒、高麗僧僧隆・雲聡が来朝し、太子によって、観勒は前世に衡山での弟子であったこと、僧隆・雲聡は同徳であったことが明らかにされる。そして、三十六歳から三十八歳にかけて衡山取経説話が展開される。三十六歳条で太子が衡山にある前生の所持経を探求することを妹子に命じる。三十七歳条では、太子の命により妹子が衡山より法華経を持ち帰り、太子に届ける。その後、太子が夢殿にて三昧定に入り、新たな法華経を得る。夢殿から出た後、太子は日羅に、妹子の経は欠字のある前生における弟子の経であったため、衡山に自ら本物の法華経を取りに行っていたことを明かす。その太子の発言を証明するかのように、三十八歳条では、妹子が再び隋に渡り、帰朝して太子に、青龍車に乗った太子が法華経を取って去って行ったということを衡山僧から聞いたと伝える。この太子前生所持の法華経を日本へ将来する一連の話を衡山取経説話と呼ぶ。さらに、三十八歳条には、百済僧が十人流れ着いて太子に面会し、衡山以来での再会に感涙を流すという記事があり、三十九歳条では高麗僧雲徴らが来朝し、太子の前生について言及するという記事がある。そして、四十七歳条では、妃に衡山での前世を語るという話も記される。

このように『伝暦』では、慧思転生説を前提とする記事が多くみられる。そして、『扶桑略記』もその多くを取り込んでいる。『扶桑略記』が採らなかった記事のみ挙げるが、まず三十一歳条では百済僧観勒、高麗僧僧隆・雲聡の来朝を記すが、衡山での前生は記していない。また、三十八歳条の百済僧十人流れ着くという話も不採用になっている。最後に、四十七歳条の妃に衡山での前世を語るという話も記さない。この三話以外は、すべて『扶桑略記』にも抄出されている。

このような記事引用の状況から、『扶桑略記』は慧思転生説を否定したいがために敏達天皇六年で転生説に対する疑問を提出したのではないと考えることができよう。もし否定したければ、たとえば衡山取経説話のような転生説と直接結びつく話は採録しない可能性が高いと考えられる。しかし、そのようなことはせず、詳細にその経緯を記している。それを踏まえると、慧思入滅記事に付された注記は、自らの立場をもとになにかを否定しようとして付されたものではなく、歴史編纂者としての立場から、論理的な資料検討をもとになされた指摘であると考えることができるだろう。

なお、このような太子の生年と慧思の没年との齟齬についての指摘は、太子伝のみを読んだり、または天台祖師について学んだりするだけでは行うことができないのではないだろうか。その両方の作業が、仏教史を記すための編纂作業のなかで併せて行われたことで生じた疑問なのであろう。この慧思転生説への疑問こそが、まさしく歴史書『扶桑略記』の太子関係記事のなかで最も特徴的なものであると位置づけることができるのである。

このように、『扶桑略記』は単に『伝暦』の記事を仏教関係に限定して抄出しているだけではなく、論理的な視点から資料批判を加えながら太子像を構築しているのである。しかし、その批判を踏まえた疑問は披露されるだけであり、答えは提示されるわけではない。それゆえ、この疑問はそのまま後世の学僧に引き継がれることになるのである。

四、『扶桑略記』と『仏法伝来次第』の太子関係記事

『聖徳太子伝暦』をもとに作られた歴史書『扶桑略記』における聖徳太子伝の特徴を示してきた。このようにして作られた『扶桑略記』は書写伝授を経て、各所に伝えられるなかで、さらに影響を与えることになる。(17)さらには、成立直後から多くの書物に引用されている。(18)そこで、『扶桑略記』太子伝の特徴である慧思転生説への疑

問がどのように受容されているのかに注目して、その太子伝の特徴を考えたい。

第一節でも述べたように、院政期に成立した『仏法伝来次第』は『扶桑略記』を抄出することで日本部の多くを叙述している。その太子伝の全体像については、すでに示したように、『扶桑略記』を用いながらも、より現実的で人間的な仏教信者として太子を描いている。そのなかで、『扶桑略記』太子伝とは決定的に異なる点がある。それが、慧思転生説と関連する一連の記事の扱いである。

まず『仏法伝来次第』では、以下のように慧思入滅記事を挙げる。

（稿者注：敏達天皇）六年□〔丁〕□〔酉〕六年（ママ）廿二日、當于陳宣帝大建九年南岳□〔慧〕思大師入滅之日也。慈覚大師奏状云、聖徳太子者南岳大師後身。此事相違如何。(19)

内容は次のとおりである。敏達天皇六年六月二十二日は南岳慧思大師の入滅の日に当たる。慈覚大師奏状には聖徳太子は南岳大師の後身であるとされる。この事は間違いないだろうか。分量に差があるが、『扶桑略記』の記事を簡潔に抄出したものと認められよう。しかし、単に簡潔になっているだけではなく、『扶桑略記』ではあくまで疑問の提示であった文章が、ここでは「此事相違如何」で終わるために、転生説への疑問の色が濃くなっている。

また、本文と割注の区別がなくなっている。『扶桑略記』では慧思入滅を記す箇所の後、「私云」として注記の形で再誕説に対する疑問を述べている。その「私云」以降が割注となっている。諸本の全てを検討したわけではないので、「私云」以降が割注になっている本を『仏法伝来次第』が用いているかは不明であるが、確認することができた鎌倉書写の古本系の真福寺本では、割注で記している。割注が本来の姿である可能性が高く、院政期成立の『仏法伝来次第』編者もそのような本をみていたと考えておきたい。『仏法伝来次第』では、その割注の記述が本文に組み込まれることにより、『扶桑略記』編者の私見という位置づけから離れて、慧思転生説への疑問が歴史の一部として位置付けられることになっていると考えることができよう。

『扶桑略記』では慧思入滅記事に続いて、衡山取経説話をはじめとする慧思転生説に関する説話を列記していたが、『仏法伝来次第』では、それらの多くを記していない。その方針は徹底している。太子十二歳では、日羅来朝記事については記すものの、日羅が太子前生、すなわち慧思の弟子であったことは記さない。慧思転生説に関する部分だけを削ぎ落としているのである。『仏法伝来次第』のなかで記される慧思転生説に関する記事は、先掲の慧思入滅記事とその直後に記される、太子が百済からの経論を披見する理由として前世について述べる記事のみである。[20] すなわち、慧思転生説についての記事は大きく省かれているのである。

一方で、第二節で示した様に、『仏法伝来次第』は慧思転生説だけではなく、他の前世譚も記していない。救世観音が入胎するという誕生前の記事は全く記されず、また勝鬘経講讃を行った記事（18）では、前世で勝鬘夫人であったことを明かす太子の言葉は省略されている。『仏法伝来次第』で慧思転生説についての記事が記されないのは、太子の前世について記さないという方針があったからと考えることもできる。しかし、それらの前世譚と慧思転生説が異なる点は、慧思については二つの記事では言及されているということである。そのうちの一つが慧思入滅記事なのである。すなわち、『仏法伝来次第』は慧思入滅記事をあえて採録したと考えることができるのである。それはなぜだろうか。

『仏法伝来次第』は先述のように『扶桑略記』をもとに作られているが、その後半部分には、『扶桑略記』にも記される出来事であっても、全く別の資料を典拠とする記事が続く。それらの記事は、いずれも天台宗と法相宗との宗論の記事であり、『扶桑略記』ではそれらの宗論を天台宗の勝利と位置づけているのに対して、『仏法伝来次第』では法相宗の勝利と記述している。そのことから、『仏法伝来次第』は法相宗の歴史認識を基盤として成立していると考えられるのである。(21)そのことを踏まえると、法相宗の立場を基にする『仏法伝来次第』では、院政期に天台宗と結び付く言説として広く知られていた慧思転生説を否定的に記すことが必要であったと考えることができる。

『扶桑略記』と『仏法伝来次第』の慧思入滅記事は、ほぼ同じ内容の文章であるが、編者の注記を本文に組み込んでいるために、記事の持つ意味が変化しているということは既に述べたとおりである。『扶桑略記』では単なる疑問の提示だった文章を抄出することで、『仏法伝来次第』では慧思転生説に否定的な意味を含ませることに成功している。このような高度な抄出が『仏法伝来次第』では行われているのである。

以上の検討から、歴史書の成立基盤によって、慧思転生説の扱いが異なることが明らかとなった。そして、特に転生説を否定的に語る際に、太子の生年と慧思の没年との齟齬という問題が持ち出されたのである。

五、中世太子伝における慧思転生説への疑問

『扶桑略記』太子伝が後世に与えた影響という点で注目されるのは、鎌倉時代の太子伝注釈書に『扶桑略記』が用いられているということである。そのなかで、『扶桑略記』で提示された慧思転生説への疑問がどのように扱われるのかをみていきたい。

管見によると、『扶桑略記』は鎌倉時代の法空『聖徳太子平氏伝雑勘文』『上宮太子拾遺記』や『太子伝古今目録抄』で引用されている。法空はその注釈を先行文献の引証によって厳密に行おうとするため、多数の仏教書・漢籍・国書を用いる。そのなかに『扶桑略記』も含まれるのである。『扶桑略記』は『聖徳太子伝暦』をもとにしてはいるが、それを分節化して日本仏教史の一部として配置し、独自の太子伝を形成している。そのような歴史書が太子信仰のなかで参考資料としての位置づけを獲得していたということである。しかもそれは、歴史的出来事に対する参考書という位置付けではなく、慧思入滅記事という、聖徳太子という存在の根底に関わるところでも引用されているのである。

いずれの太子伝注釈書においても慧思や衡山は注釈の対象となり、多くの記述がみられる。そのなかで注目されるのが、次の『上宮太子拾遺記』第一の記述である。

南岳御後身事

南岳大師法門伝云、大建九年丁酉六月二十二日入滅云々。

扶桑略記第三云。敏達天皇即位六年丁酉六月相㆓当南岳思大師入寂之日㆒。陳大建九年也已上、山王院大師説文也。件記文者、霊応伝第四巻之文也云々。

私云。聖徳太子、南岳後身之由、見㆓慈覚大師之奏状等㆒。随㆑世皆所㆑知也。而准㆓此文㆒、頗有㆓相違㆒。聖徳太子生年六歳之時、南岳大師入滅年。後身之義何可㆑信。而伝云㆓先身念禅比丘㆒。或云㆓思禅師㆒矣云々。如何。答。仁明天皇十五年、為㆓慈覚大師㆒、以㆓嘉祥元年六月十五日㆒、被㆑下㆓官符㆒偁。[22]

聖徳太子を南岳慧思大師の後身とする説に対して検討する章であるが、まず慧思入滅の年月日を挙げる。次いで、『扶桑略記』を引用して、その年が敏達天皇六年であることを示す。それに対して、「私云」として注を加える。まず、太子が慧思の後身であることは、慈覚大師の奏状などに見え、皆が知っていることである。ところが、相違があり、それは聖徳太子が六歳の時に慧思が入滅したということである。後身であるとの説を信じるべきか。このように慧思転生説に対する疑問を提示して、さらにそれに応答しようとしている。ここでは、慈覚大師円仁の灌頂に対して下された勅許を挙げて、そのなかで太子が慧思の後身であること記されていることから、転生説は公に認められていると述べる。根本的な解決には至っていないが、朝廷の権威を担保として転生説の正当性を認めさせようとしている。

一方で、全く異なる応答の方法もあった。同じく『拾遺記』第一「天台大師得二南岳観音迎摂一事」のなかで、慧思の事蹟について問答体で記されるが、そのなかで次のような注記を加えている。

> 私云。彼大建九年丁酉年者、相二当日本敏達天皇六年丁酉年太子六歳時一。仍太子誕生者、南岳入滅之前六年也。不思議大士之所作。実以可レ尊。

実は『拾遺記』をとおして、このような編者である法空が自ら付した注記は多くは見られない。そのため、法空が慧思転生説およびそれに対する疑問に強い関心を持っていたこと、そして、それに応えなければいけないと認識していたことは明らかである。

この注記では、太子の誕生後六年を経たところで慧思が入滅していることを指摘した上で、このようなことをおこなえるとは「不思議大士之所作」であり、本当に太子は尊ぶべき存在であると答えている。矛盾があることを認めた上で、そのような一般には矛盾にしか見えない事を実現できる存在として太子を肯定しようとしている。論理的にはかなり苦しい答えであるが、そこまでしてこの疑問に応答しなくてはいけなかったという状況がうかがえる。

この「天台大師得二南岳観音迎摂一事」は「南岳御後身事」よりも前に記されているのだが、先述のように、法空は『扶桑略記』を参照している。そのため、慧思入滅の際に太子は六歳であったという指摘は『扶桑略記』を承けてのものと考えることができよう。すなわち、『扶桑略記』に記された慧思転生説への疑問は鎌倉時代になっても解決されておらず、なおかつ、無視できない問いと考えられていたのである。そのような問題を指摘して流通させた点で、太子信仰にとって『扶桑略記』の果たした役割は大きい。

聖徳太子の生年と慧思入滅の年との齟齬については、鎌倉時代の仏教史書のなかでも問題にされている。『元亨釈書』は元亨二年（一三二二）に虎関師錬が著した中世を代表する仏教史書であるが、巻十五の冒頭に聖徳太子の伝記が記される。まず、母后の夢に「金色比丘」が現れ受胎する話から始め、衡山取経説話や勝鬘経疏・法華経疏製作など、その生涯の出来事が記される。衡山取経説話についても詳細に記されているが、まずここで注目しておきたいのは、片岡山飢人説話(23)についての記事である。

（稿者注：推古天皇）二十一年冬十二月、遊二片岡一逢菩提達磨。(24)

簡略ではあるが、達磨と関わらせた説であることがわかる。実は、『元亨釈書』は、巻一の達磨伝において、詳細に片岡山飢人説話を記している。要約すれば、次のようになる。聖徳太子が片岡山を通りかかったところ、達磨が飢人の姿で道端に伏せていた。それを見た太子は名を尋ねるが答えない。そこで和歌で問うたところ返答があった。太子は食事と衣服を与えた。その後、飢人は死んだが、その死体はなく、太子は遺された衣服を身に纏った。このような詳細な記述があるため、巻十五の太子伝では簡単な文章になっていると考えられる。

『元亨釈書』の片岡山飢人説話については、松本真輔氏の研究がある。(25) それによると、まず片岡山飢人説話自体は、すでに『日本書紀』に記されるが、そこでは飢人は達磨とされることはない。両者を結び付ける説は奈良時代末から平安初期には登場しており、『太子伝補闕記』や『聖徳太子伝暦』にも記される。そして、その説は鎌倉中期以降、禅僧の間で注目されて『元亨釈書』にも記されるが、松本氏はその特徴を達磨から太子への衣の伝授を明記していることであると指摘する。それによって『元亨釈書』では、達磨から太子に「伝法の儀」を執り行ったと解釈され、「達磨伝は、他宗派に対する禅宗の優位を示すと同時に、その背後には、付法伝衣によって「正統」な仏法が日本に伝えられたという意図が見え隠れする」との見解を示している。すなわち、虎関師錬にとって片岡山飢人説話は、『元亨釈書』の作成意図を象徴的に示す重要な話だったのである。

このような片岡山飢人説話を『元亨釈書』のなかで支えるのが慧思転生説なのである。『元亨釈書』太子伝では、太子の生涯を記した後、「賛曰」「論曰」として師錬の文章が続く。注目したいのは、「論曰」である。このなかで、次のような説話が記される。

> 太子ノ古伝ニ曰。太子四十七歳ノ冬語㆑妃曰。昔我在㆓南嶽㆒修道。名曰㆓慧思㆒。有㆓婆羅門僧達磨ト云者㆒。後魏文帝大和八年丁未十月、入㆓支那㆒、遊㆓歴衡山㆒、於㆑是、達磨結㆓草菴㆒、六時行道。時、思問曰。公修道幾

年ソ。対曰。二十余歳。思曰。得二感応一乎。対曰。無。達磨良久曰。禅定易レ厭、濁世難レ離。今遭二素交一。我意足矣。子何更二数生一居二此山一、不レル移二余方一。惜哉化之不レ慱乎。海東ニ有レ国。願ハ子生レヨ彼。彼地三毒雖レ厚、聖化可レ宣ツ。子其思ヘレ之乎。思曰。公誰人乎。対曰。我是虚空也。言已東去。思大尋テ又六道行道。年方五十。後魏皇始元年庚申長逝。然則、聖言不レ虚。故我生二此国一、安二撫百姓一、興二隆三宝一。又捨二此身一生二賤種一。出家修道、誓度二セン有情一ヲ。是我本願也。

太子四十七歳のときに、妃に自らの前世を語るという内容である。前世は衡山の慧思であったが、後魏文帝大和八年に達磨も衡山に来たことで二人は出会った。達磨は慧思に対して来世は東の国に生まれるよう忠告し、それに従って慧思は日本に生まれた。それが聖徳太子である、ということである。

太子信仰の面からまとめれば、慧思と達磨の出会いがあったからこそ、日本に聖徳太子が生まれたのであり、片岡山での太子と達磨の邂逅も起こったということになる。一方で、『元亨釈書』においては達磨が最も重要な歴史的人物なのであるが、その面からまとめれば、達磨と日本とを繋ぐ存在が慧思＝聖徳太子ということになる。その図式を支えるために、達磨の忠告により慧思は日本に転生したとの説は必要なのである。

しかし、『扶桑略記』以降、慧思転生説について疑問があることは広く知られていたようで、師錬もこの問題について言及している。「論曰」の前掲箇所の直前に、次のような文が記される。

曰。思大ハ陳大建九年滅。太子敏達二年ニ誕ル。以レ暦考之。太子五歳時、思公化。豈有三未レ死而受二於陀方一哉。曰。阿含口解十二因縁経曰。人年老、少レ識多レ忘者、識転稍向二後生処一。夫、塵類人、尚存二此身一赴二佗界一。況救世之大士、分身百億。何容二疑於其間一乎。

太子が五歳のときに慧思が入滅したことになるとの指摘を挙げた上で、その疑問に対して、救世観音は分身するということを示し、転生説を疑べきではないと答えている。観音の変身説と太子が救世観音の化身であるとの説に基づくもので、観音信仰と太子信仰を掛け合わせたものであるが、歴史考証としては苦しい。しかし、少なくとも宗教的には一応答えていると言えよう。

このように、『元亨釈書』の太子伝においては、禅と太子の関係を示すために、慧思転生説を成立させる必要があったと考えられる。本来は、太子と法華経信仰を神話的に繋ぐ慧思転生説が、異なる文脈で利用されていることは興味深い。しかし、文脈は異なろうとも、鎌倉時代には転生説への疑問が広がっていたために、太子伝作成者もしくは研究者たちはその対応に追われていたのである。

以上より、『扶桑略記』の慧思転生説への疑問は、中世の太子信仰圏のなかでも知られたと考えられる。また、その疑問とともに『扶桑略記』も引用されていることから、それが『扶桑略記』に由来すると認識されていたと推察される。

結論

これまで『扶桑略記』の聖徳太子伝を検討してきた。まず出典である『聖徳太子伝暦』と比較することで、仏教関係の記事が多かったり、聖人としての記事は省略していたりと独自性のある太子伝になっていることを示した。次いで、同時代の歴史書と比較して、仏教関係記事と同じく太子の世俗の記事をも含む体系的な太子伝となっていることを示した。このような独自性のある体系的な太子伝であるが故に後世の多くの書物に引用されたのである。『扶桑略記』の体系的な太子伝は『仏法伝来次第』などの歴史書を新たに編纂する際にも求められたのであり、その独自性は一部引き継がれていた。その一方、太子信仰のなかでも受容されていた。その一例として、『扶桑略記』が提示した慧思転生説についての疑問の影響をみてきたが、太子伝注釈のなかで取り上げられているように、太子信仰の文脈において実際にこの問題は検討されており、さらには『元亨釈書』にまで影響を与えていることが明らかとなった。このような疑問は、歴史書編纂という作業のなかで太子伝と慧思伝を対照させたことで得られたものである。その点で、『扶桑略記』の太子伝は歴史書としての特徴を備えたものであると評することができよう。

『日本書紀』という歴史書をもとに、太子信仰の広がりのなかで生まれた『聖徳太子伝暦』という太子信仰の正典は、院政期において、太子信仰とは異なる位相にある歴史書『扶桑略記』に用いられ、独自の体系的な太子伝を形成する。そして、『扶桑略記』の流布とともに、そこに記される太子伝も影響をもつようになり、他の歴史書の典拠とされることはもちろんのこと、太子伝研究という太子信仰の本流のなかでも用いられ、後世に影響を与えることになった。このような歴史書と太子信仰の間での知の往還関係のなかに、『扶桑略記』を位置付けることができる。このような諸書の関係性のなかで、太子信仰はさらに展開して豊かな世界を築いていったと考えることができよう。

注

（1）太子信仰に関する諸資料を統合的に用いて中世における太子信仰を用いたものとして、阿部泰郎「第Ⅰ部　聖徳太子宗教テクストの世界」（『中世日本の宗教テクスト体系』名古屋大学出版会、二〇一三年）がある。

（2）前田雅之「平安期説話集の歴史叙述と今昔物語集」（『今昔物語集の世界構想』笠間書院、一九九九年）。

（3）勅撰で編纂された六国史とは異なるが、鳥羽院の命により信西が、六国史に続く宇多天皇から近衛天皇までの事跡を編年体に記す『本朝世紀』の編纂に取りかかっていたが、信西が保元の乱で没したため未完となっている。

（4）『扶桑略記』についての体系的な研究として、平田俊春「第二篇　扶桑略記を中心として」（『日本古典の成立の研究』日本書院、一九五九年。のちに「第二篇　扶桑略記の批判」として『私撰国史の批判的研究』国書刊行会、一九八二年に収録）がある。そのなかで、皇円説を批判している。その後、堀越光信「『扶桑略記』撰者考」（『皇學館論叢』一七―六、一九八四年）、「『扶桑略記』の成立年代と編纂目的」（『皇學館論叢』一八―二、一九八五年）、において大江匡房説も提出されたが、田中徳定「『扶桑略記』撰者の性格について」（『駒沢国文』二九、一九九二年）において否定されている。田中論文においては、引用書目などをもとに天台密教僧の関与が指摘されている。また、五味文彦「未完の歴史書」（『書物の中世史』みすず書房、二〇〇三年）において、園城寺僧観円撰者説が提出されている。近年、上野勝之「仏教説話とその素材」（国際日本文化研究センター共同研究「説話文学と歴史史料のあいだに」研究報告会〈口頭発表〉、二〇一五年）のなかで『宝秘記』「芳円闍梨事」に「実相房灌頂弟子、扶桑記ハ此人作也」という園城寺僧の関与を示す記事があることが報告されたことが、大橋直義「伝記への執心――『扶桑略記』の歴史叙述、一隅」（『研究成果報告　歴史叙述と文学』国文学研究資料館、二〇一七年）で指摘されており注目される。

（5）聖徳太子伝における片岡山飢人説話については、吉原浩人「文殊菩薩の化現――聖徳太子伝片岡山飢人譚変容の背景」（『シリーズ日本文学の展望を拓く　第二巻　絵画イメージの回廊』笠間書院、二〇一七年）において弥勒信仰との関わりが指摘されている。

（6）三好「『扶桑略記』の法会と僧――椋家亡母供養説話の位置づけについて」（『説話の中の僧たち』新典社、二〇一六年）。

（7）後述のように、鎌倉時代成立の『元亨釈書』では、片岡山飢人説話と達磨を結びつけ、達磨と聖徳太子との関係性を示す話になるが、『扶桑略記』ではそのような内容になっていない。

（8）国東文麿「今昔物語集と扶桑略記」（『国文学研究』十六、一九五七年）や平田俊春「第二篇　扶桑略記を中心として」（前掲注4平田著書所収）のように、『今昔物語集』作者と『扶桑略記』撰者を近い関係の人物とみる研究もあったが、田中徳定「『扶桑略記』と『今昔物語集』の関係について」（『国語と国文学』六八（四）、一九九一年）によって否定されている。

（9）三好「『仏法伝来次第』解題と翻刻」（『中世寺院の知的体系の研究――真福寺および勧修寺聖教の復原的研究』科学研究費成果報告書（研究代表者：阿部泰郎）、二〇〇七年）。

（10）平田俊春「第二篇　扶桑略記を中心として」（前掲注4平田著書所収）。

（11）なお、同じく十二世紀に『扶桑略記』を和文化して成立している歴歴史物語の『水鏡』でも、『扶桑略記』の太子伝記事の多くを用いている。仏教史書ではないが、『扶桑略記』の影響をみるために、それも文末の表に示した。太子の生涯を記す伝記と呼ぶことができる内容になっているが、仏教受容の是非を決する守屋合戦あたりまでの記事を多く採っていることが特徴であろう。

（12）横内裕人「東大寺図書館蔵覚憲撰『三国伝灯記』」（『中世日本の仏教と東アジア』塙書房、二〇〇八年）。

（13）本文は東大寺図書館本（前掲注12横内論文所収翻刻）による。

（14）平田俊春は、『扶桑略記』の史的意義を五点挙げるが、そのなかで「第四に注意すべきは、その史料批判である。略記の編者は、史料の引抄のみに止めることを原則とし、これに意見のある場合は「私云」と分註していることは所々にあげたごとくであるが、それが諸書間の異同について、また年月日の矛盾について、極めて精緻な批判であり、科学的な立論であるものが多い。これも愚管抄、あるいは神皇正統記、元亨釈書等に見える批判の先駆とすることができる」（前掲注4平田著書収録）と指摘している。

（15）『新訂増補国史大系』に依る。なお、推古天皇条については辻英子「『扶桑略記』精講（二三）（二七）（三三）（三五）（三九）」（『並木の里』第四〇・四一、四三～四五、一九九四～一九九六年）があり、参照した。

（16）川岸宏教「恵思後身説と南岳取経――『上宮太子菩薩伝』をめぐって」（『国文学　解釈と鑑賞』五四巻十号、一九八九年）。

（17）写本の系統については、堀越光信「扶桑略記」（『国史大系書目解題』下、吉川弘文館、二〇〇一年）に整理されている。

(18) 平田俊春「第二篇　扶桑略記を中心として」(前掲注4平田著書所収)。同論文のなかで、「略記はいわば当時唯一の通史として、またあらゆる記録の集大成として非常に便利なものであったが、またそれ故に権威あるものと考えられ、後世の史書、とくに仏教史書並びに年代記録に対する影響はきわめて大きかった」と指摘している。

(19) 大須文庫本(三好『『仏法伝来次第』解題と翻刻」(前掲注9所収)に拠る。〔　〕内は続群書類従本で補った。

(20) 本文を以下に挙げる。「同年十月遣大別王於百済国経論持来。厩戸皇子奏云。欲見持来経論。天皇問之何由。皇子奏曰。兒昔在漢住衡山、歴数十身修行仏道。仏之垂教、非有非無諸善奉行諸悪莫作。故、今欲見所献経論。天皇太奇問云。汝年六歳猶在朕前何曰在漢何以詐言。皇子奏曰兒之前身意之所慮。天皇拍手大異。所聞郡臣(ママ)亦大鳴舌拍手而奇之。」十月に大別王が将来した百済国の経論を披見したいと太子が天皇に願い出る。六歳の子どもが経典を読みたいと申し出たことに対して、天皇がその理由を問うと、中国に住んでいたときに仏道修行を行っていたことを理由として述べる。再び六歳の子が漢に住んでいたとはどういうことか、と問う天皇に対して、それは前身でという意であると告げる。それに対して、天皇と群臣は賞賛した、という内容である。

(21) 三好「『仏法伝来次第』解題と翻刻」(前掲注9参照)。

(22) 『大日本仏教全書』による。句読点は私に付した。

(23) 中世における片岡山飢人説話の展開については、前掲注5吉原論文参照のこと。また、追塩千尋「片岡山飢人説話と大和達磨寺――古代・中世達磨崇拝の一面」(『中世説話の宗教世界』和泉書院、二〇一三年)に達磨寺をめぐる達磨信仰と関わらせて考察されている。

(24) 『新訂増補国史大系』に依る。句読点は私に付した。

(25) 松本真輔「『元亨釈書』本朝仏法起源譚の位相――達磨と太子の邂逅をめぐって」(『中世文学』第四三号、一九九八年)。

聖徳太子伝　事蹟一覧

※「歳」の項目に○を付しているのは恵思転生説関係記事

※番号は、記される順番

※【　】は別の典拠に基づくと考えられる記事

歳	『聖徳太子伝暦』の太子事蹟	扶桑略記	仏法伝来次第	水鏡
前世	（衡山恵思禅師再誕説）	5	2	
両親	橘豊日尊（用明天皇）、間人穴太部皇女を妃とする。			
入胎	母妃、金色の僧を夢みて懐胎する。	1		1
1	厩前にて太子誕生する。	2	1	2
2	合掌して南無仏と唱える。	3		3
3	桃花より青松を賞翫する。	4		4
4	進んで父君皇子の笞を受ける。			
5	群臣に先んじて皇后を拝する。			
5	文書を学ぶ。			
⑥	大別王が将来した経論を披見したいと天皇に願い出て、その理由として前世が衡山僧であったことを告げる。	6	3	5
7	経論を披見し、六斎日を設けることを進言する。	7		6
8	新羅より釈迦像が献じられ、太子は天皇にそれを崇拝することを勧める。	8	4	7
9	熒惑星あらわれ、太子は天皇にその意味を釈て示す。	9		
10	蝦夷を教諭すべきことを天皇に進言する。			
11	諸童子と遊戯する。			
⑫	日羅が太子を遙拝する。日羅が太子の前世の弟子であったことを明かす。	10	5（×衡山）	8

13	百済より弥勒石像来りて、蘇我大臣によって祀られる。	11	6	8
14	蘇我大臣の塔供養において舎利を感得する。	12	7	
14	物部守屋・中臣勝臣ら堂塔、仏像を破壊する。	13	8	9
14	蘇我馬子、再び崇仏することを天皇に願い出て、許可される。	14	9	10
15	用明天皇の玉体を相する。	15		11
16	用明天皇不予。太子看病をする。天皇崩御。	16	10	12
16	物部守屋の破仏と守屋合戦。	17	11	13
16	用明天皇葬送。			
17	百済より仏舎利、各種工人来る。	18		
17	崇峻天皇の玉体を相す。	19		14
18	東山・東海・北陸の三道に使いを出す。	20		
19	百済より尼僧帰る。	21		
19	元服する。	22		15
20	崇峻天皇、新羅討伐軍を出す。	23		
21	崇峻天皇、殺害される。	24		16
22	法興寺の造立に太子来臨し礼す。		【12】	
22	推古天皇即位、太子皇太子・摂政着任。	25	13	17
22	四天王寺を建立する。	26	14	18
23	三宝興隆の詔が出され、諸臣寺を建てる。	27	14	
24	霊木が漂着する。太子、それを沈水香であると奏す。その木で観音像を造らせる。	28	15	19
24	恵慈・恵聡来朝し、太子の質疑に答える。	29		
24	同時に八人の訴えを聞く。			

㉕	太子、恵慈に法華経の落字を問う。また、前生所持経が衡山般若台にあると述べる。	30		
25	法興寺落慶。奇瑞あり。	31	16	
26	百済より阿佐太子来朝し、太子を礼拝する。	32	17	
27	膳大娘を妃に迎える。			
27	甲斐国より神馬が献じられる。	33		
27	献じられた馬に乗って諸方巡遊する。	35		
27	新羅より孔雀が献じられる。	34		
28	地震を予言する。天皇に奏して、この年調庸租が免じられる。			
28	百済より駱駝・羊・白雉が献じられる。	36		
29	新羅を討伐する。	37		
30	斑鳩宮を造営する。	39		
30	百済、高麗に使して任那救援の出兵をうながすよう奏す。	38		
30	新羅の間諜を捕らえる。			
31	新羅討伐に来目王子の軍を遣わすが、筑紫で病に倒れる。	40		
㉛	百済僧観勒、高麗僧僧隆・雲聡来る。太子、観勒は衡山での弟子で、僧隆・雲聡は同徳であると述べる。	41（×衡山）		
32	来目王子、筑紫に没す。	42		
32	天皇、小墾田宮に還る。太子安宅経を講じさせる。	43		
32	太子が議して大楯・靫を作り、旗に絵を描く。			
32	五行十二階位を定める。	44		
33	初めて冠位を賜う。	45		
33	十七条憲法を制定する。	46		

33	夢告により秦河勝と山城楓野に行啓し、後世に都となると相す。			20（広隆寺縁起）
34	鞍部鳥に丈六仏像を造らせる。			
34	斑鳩宮に移る。	47		
35	平群野に行啓する。			
35	丈六仏像を元興寺金堂に入れる。	48		
35	天皇の命により勝鬘経の講師を務める。奇瑞あり。その地は今は橘寺。前生が勝鬘夫人であったことを語る。義疏を作る。また、法華経も講説する。	49	18（×勝鬘夫人前生説）	21（×勝鬘夫人前生説）
35	天皇の勅により法華経を講じる。			
35	勝鬘経・法華経の疏を作る。			
㊱	衡山持経の探求を妹子に命じる。	50		
36	奏して、民のために諸国に池を造らせる。			
㊲	妹子、衡山より帰り、太子に法華経を届ける。	51		
37	隋使、太子に下馬敬礼する。	52		
㊲	夢殿にて三昧定に入り、法華経を得る。日羅に、妹子の経は欠字のある前生における弟子の経であったため、衡山に自ら取りに行っていたことを明かす。	53		22
38	勝鬘経疏執筆する。	55		
㊳	百済僧十人流れ着く。太子に面会し、衡山以来での再会に感涙を流す。			
㊳	妹子、隋より帰朝し、太子に、青龍車に乗った太子が法華経を取って去って行ったということを衡山僧から聞いたと伝える。	54		
㊴	高麗僧雲徴ら来る。太子の前生について言及する。	54		
39	黒駒、太子を驚かせ懊悩する。			

39	妃に偕老同穴を誓う。			
40	勝鬘経疏を造り始める。			
40	狩猟を行う天皇に殺生を戒める。			
41	維摩経疏を執筆し始める。	56		
41	白癩病の帰化人を救う。			
41	伎楽を伝える。			
42	片岡山の飢人に会う。			
42	維摩経疏を執筆し終える。			
43	法華経疏を執筆し始める。	57	19	
43	犬鹿の宿業を見る。			
43	病で伏せる蘇我大臣のために、太子、一千人に具戒を授ける。	58		
44	法華経疏を完成させる。			
44	恵慈帰国する。	59		
45	天皇不予、伽藍を建てて平復を祈る。	60		
45	新羅、金仏像を献ず。蜂岡寺に安置され、光を放つ。	61		
46	天皇の命により、再び勝鬘経を講じる。			
46	奈良の地を巡遊し地相を占う。		【20】	
47	隋の命運を予言する。			
47	高麗、俘囚・駱駝等を献じる。	62		
㊼	妃に衡山での前世を語る。			
48	畿内巡見し、志賀栗本の地相を占う。			
48	人魚を献ぜられる。	63		
48	天皇、太子についての夢を見る。			

48	心身すぐれず、遺書を書き留める。			
49	惜別の宴を催す。			
49	天に赤気あらわる。			
50	太子・妃薨去する。	64		23
50	葬送。			
没年	恵慈、太子の薨去を悲しむ。			
没後二年	新羅・任那、仏像等を献じる。	65		
没後三年	一僧、祖父を殺す。	66	21	
没後五年	蘇我馬子没す。	67		
没後七年	推古天皇崩御。			

聖徳太子転生言説の宗教史

――ふたつの聖なる遺物をめぐる道長・頼通とのかかわりへの視座

近本謙介

はじめに

用明天皇の皇子として生まれた聖徳太子（五七四〜六二二）は、日本における仏教興隆の礎として認識され尊崇を集めてきた。その信仰の表象は、伝記・彫刻・絵画等の多岐にわたっている。

太子の事蹟を伝として綴り語る太子伝の世界は、平安時代に成立した『聖徳太子伝暦』(1)の影響を強く受けながら展開していくが、そうしたなかで、太子の仏教興隆の淵源としての意味合いを強く意識しつつ編纂されたのが、院政期成立の仏教説話集『今昔物語集』である。三国意識(2)に基づいて編まれた本書の本朝部が聖徳太子の事蹟と生涯を語ることから始められる点に、日本における仏教興隆を太子の事蹟に帰する明確な意図を窺うことができる。

『今昔物語集』巻十一第一話「聖徳太子、於此朝始弘仏法語」は、

・聖徳太子が救世観音の化身であること。

・二歳にして「南無仏」と唱え、手のひらの間には仏舎利をはさんでいたこと。
・六歳にして、日本に生まれる前は、中国において慧思禅師（南岳大師）であったことを告げたこと。
・十六歳にして物部守屋と戦い、四天王への戦勝祈願により勝利して、四天王寺を建立したこと。
・四十九歳にして逝去の予言をして亡くなり、没後に芳香が漂ったこと。

等の要素を綴っており、『聖徳太子伝暦』と同じく、太子の年齢に基づく編年体の体裁を有しているとともに、後世の太子伝の主要な要素がすでに網羅されていることにも注意される。『今昔物語集』当該話の末尾は、

此の朝に仏法の伝はる事は、太子の御世より弘め給へる也。然からずは、誰かは仏法の名字をも聞かむ。心有らむ人は、必ず報じ奉るべしとなむ語り伝へたると也。

のように記されている。太子による仏教興隆とその恩に報ずべことを説く言説によって本朝の仏法部が開始されることは、同時に太子が慧思禅師(3)（五一五～五七七）の後身であることが説かれることで震旦との結びつきを、さらに救世観音の化身であることが説かれることで天竺との結びつきが保証される構図となっている。そのような点において、『今昔物語集』本朝部は、みごとに三国の構想を一話のうちに内包しているのである。

このように、『聖徳太子伝暦』や『今昔物語集』において太子伝がテクストのかたちで整えられていくなかで、太子の転生言説は重要な意義を担うこととなる。そうしたテクストにおける言説に先立ち、あるいは併行しながら、太子をめぐる聖なる遺物がその信仰を展開させることとなるが、本論においては、それらと転生言説との相

関について考察を加える。慧思から聖徳太子への転生説をめぐる文化史の翻案ともいうべき営みが、太子の後世への転生というかたちをとりつつ、重層的な転生言説の宗教史・文化史として展開していくなかで、聖徳太子をめぐる聖なる遺物がそれを媒介する様相を探ることを意図している。

一、慧思転生言説と聖徳太子転生言説との重層性

慧思の聖徳太子への転生言説に先だって、慧思にも転生伝承が残されていることがすでに指摘されており、『続高僧伝』(4)等によれば、自ら衡山における三生説を説いたとしている。(5)この説は、鑑真（六八八〜七六三）と共に渡来した思託（生没年未詳）の著した『延暦僧録』所収「上宮皇太子菩薩伝」に記されており、唐で成立した『大唐国衡州衡山道場釈思禅師七代記』に、慧思が「倭国の王家」に生まれることをすでに記しているため、唐において慧思の日本への転生言説が生起していたことが知られる。(6)『大唐国衡州衡山道場釈思禅師七代記』によれば、達磨がインドから南岳に来て、慧思に「海東」への転生をすすめたうえで、東に飛び去ったとしており、この要素が日本においては、片岡山の飢人と化した達磨と聖徳太子が和歌の贈答をする要素へと展開していくので、(7)これらふたつの伝承は、日本と中国とで密接に関わり合いながら、宗教史・文化史の相関関係を有していたことが了解される。

さらに重要な点は、聖徳太子の転生言説を、鑑真の弟子である思託が記している点である。つまり、鑑真は渡日前に聖徳太子の慧思転生説を知っていたと見なされるのである。この点と、『慈覚大師伝』(8)に天台宗の日本に伝わった功績を、慧思と聖徳太子の転生関係および経と教えをもたらした鑑真に求めようとする言説が見えるこ

とから、鑑真の渡日の大きな契機を、太子の転生説に基づく東方の国への伝教に求めようとする説が提示されている。(9)

鑑真が五度の渡海失敗と失明にも屈せず渡日した意思の根源を、この転生説のみに還元できるかの問題は措くとしても、日中双方に存在した転生説の交差は、宗教史・文化史を考える上で重要な問題を内包しているように思われる。

慧思が天台大師智顗（五三八～五九七）の師であり、天台宗の二祖と見なされている点、鑑真が天台宗も学んでいる点は、慧思の聖徳太子への転生を、天台宗とのかかわりから位置づけるのに寄与したものと思われる。(10)実際、後世の鎌倉時代成立『唐大和上東征伝絵』巻二に、中国における天台宗の総本山国清寺における鑑真の修行と伽藍が描かれることも、そうした記憶の投影と考えられる。

このように、中国から日本への天台宗伝播の系譜として認識される一方で、聖徳太子は『今昔物語集』がそうであるように、太子を日本仏教全体の祖として称揚してきた。これは、聖徳太子の日本における宗派仏教成立前の功績を顕在化させるものであるが、それは、慧思の東方への伝教の文脈と表裏の関係で継承・展開されるものでもあった。

中国における慧思の衡山における転生言説は、日本における聖徳太子の転生言説と結びつくことにより、独自の文化（信仰）の翻案として展開することとなるが、その翻案のありかたは、太子の救世観音化身説との連接によるインドとの直接的な回路の獲得、衡山における達磨の慧思への仏教東漸の告げと日本における片岡山での達磨と太子の遭遇による中国との輻輳する回路の獲得によって、太子信仰におけるインド・中国・日本の関係を重層的に語る構造を有することとなる。

さらに、鑑真の渡日が慧思から聖徳太子への転生言説の影響下にあること、次章で取り上げる『四天王寺御手印縁起』が太子の転生と絶えざる仏教興隆の営みとの相関を語ることを考えると、中国と日本を越境し架橋する転生言説の淵源の古さと、宗教史・文化史の対話・展開の奥深さに思いを致さないわけにはいかない。

二、聖徳太子信仰をめぐる聖なる遺物としての『四天王寺御手印縁起』

二・一

聖徳太子信仰をめぐる聖なる遺物は、日本における宗教史・文化史と深く結びついている。太子建立やゆかりの寺院において出現した重要なもののひとつが、十一世紀初めの寛弘四年（一〇〇七）に四天王寺金堂から、寺僧慈運によって発見された『四天王寺御手印縁起（してんのうじごしゅいんえんぎ）』[11]である（図1）。

聖徳太子の書写になり、料紙に太子の朱色の手形が押されたものと考えられた本書は、多分にヒトとモノとの濃厚なかかわりをとどめる聖なる太子の遺物であった。

聖徳太子の手になると見なされた「根本本」は、十四世紀前半に至ると、これに深い感銘を受け、太子への帰依と信仰を深くした後醍醐天皇による「宸翰本」が書写されている。

後醍醐天皇は、その奥書部分に、聖徳太子がかつてそうしたように、天

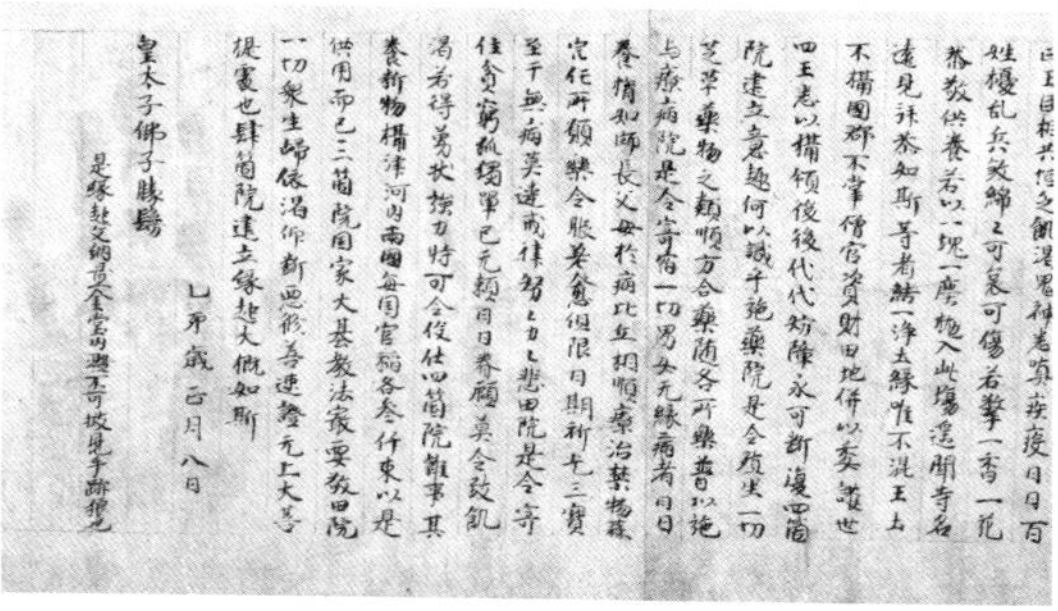

図1　『四天王寺御手印縁起』根本本

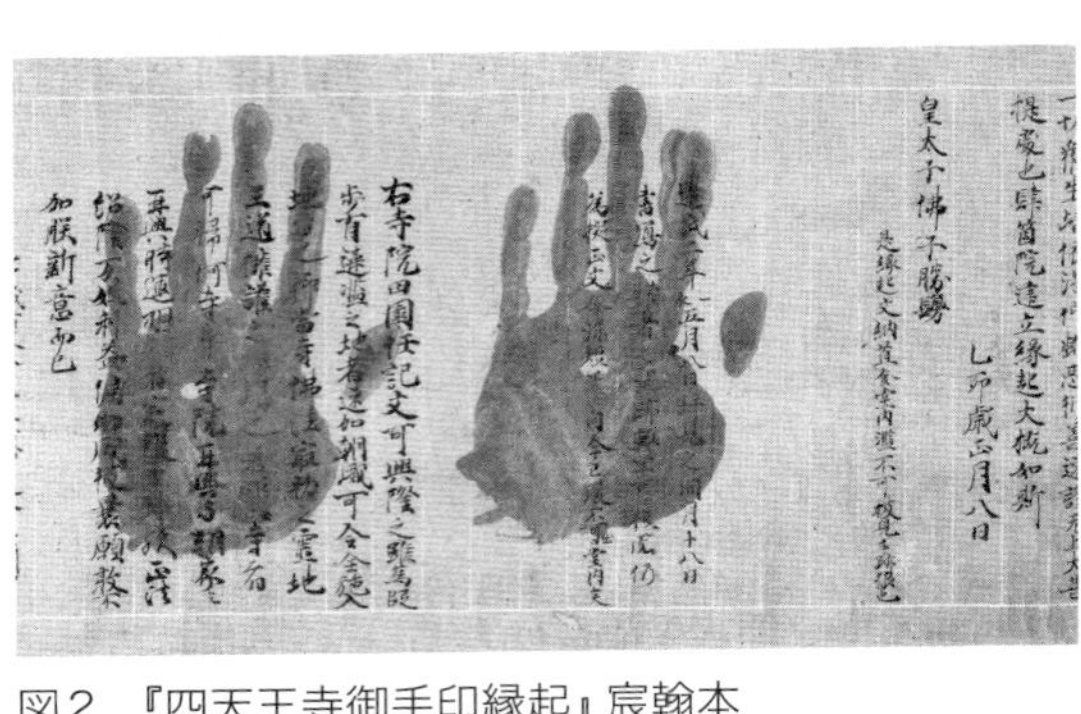

図2　『四天王寺御手印縁起』宸翰本

皇の手形を朱印として押しているから、太子の聖なる遺物としての『四天王寺御手印縁起』における手印が、その意義を象徴的に象るものであったことを示すとともに、後世への影響力の深さが知られる（図2）。

こうした手印としては、弘法大師のものも伝えられており、聖人・先師の遺物として類型をなすものである[12]。

もっとも、現在の研究では、「根本本」の書写時期が聖徳太子の時代までさかのぼると考えられてはいない。つまり、『四天王寺御手印縁起』は、捏造された聖徳太子の聖遺物（relic）であるわけだが、一方で、「根本本」の書写時期については、これが発見された当時の書写になることはおよそ認められているので[13]、なぜ十一世紀初頭のこの時期に、太子の聖なる遺物の作成と出現が意図されたのかが問題となる。

二・二

その点を考えるためには、まず『四天王寺御手印縁起』の内容を検証する必要があろう。『四天王寺御手印縁起』には、敬田院その他四箇院をはじめとする太子建立になる四天王寺の堂塔院家についての詳細な記述があるが、ここで注目したいのは、太子の預言に関する言説である。

若有後代不道主邪臣、若掠犯寺物、若破障吾願、令獲破辱三世諸仏・十方賢聖之罪、堕在無間獄、永莫出離、子孫苗裔、蒙无量災、寿命短促、官位失亡、雷電霹靂、悉以震裂、若有興隆輩、官位福栄、自以相続、子孫世世、常安常楽、悉殖勝因、

ここに語られる、「もしも、後世に、仏教の教えに背く君主や邪臣がいて、寺のものをかすめ取ったり、自分（聖徳太子）の願いを損なったりすれば、その者は、三世諸仏や十方賢聖からの罪を得て、無間地獄に堕ち、永遠に出離することはなく、子々孫々まで災厄を被り、寿命も短く官位を得ることもなく、雷電等の災害も降りかかるであろう」との預言は、ある種の呪いのことばといっても過言ではない。この預言後半に語られる、「もしも、仏教を興隆するものがいれば、官位も福徳も相続され、子々孫々まで常に安楽を得て勝因を植えるであろう」との言は、それを受けた本人のみならず、子々孫々にまで影響を及ぼし続けるものとして語られたものであり、太子への信仰を有するものにとって、この預言に背くことは、末裔にまで、その因果を担わせることになるしくみが意図されたものであった。

ここで、いまひとつ注目したい資料がある。東大寺を建立し、国家仏教への礎を築いた聖武天皇による御記文、「本願天皇天平勝宝元年金堂御記文」である。「本願天皇天平勝宝元年金堂御記文」には表裏の銘文があるが、ここでは裏面の銘文を引く。

復誓其後代、有不道之主邪賊之臣、若破障而不行者、是人必得破辱十方三世諸仏菩薩・一切賢聖之罪、終当堕大地獄、無数劫中無出離。十方一切諸天梵天、護塔大善神王、及普天率土有勢威力、天神地祇、七廟尊霊、幷佐命立功大臣将軍霊、共起太禍、永滅子孫。若不犯触、敬勤行者、世々累福、終子孫共出塵城、早登覚岸。

両者を比較するに、仏法破滅と興隆のそれぞれについての預言の形式を取る点、また傍線部の極めて近似した文言からも、影響関係を想定するべきであろう。(14)「本願天皇天平勝宝元年金堂御記文」裏面の銘文は『四天王寺御手印縁起』に先行することが想定されるので、『四天王寺御手印縁起』が、聖武天皇の御記文をひな型として、それを太子の預言へと展開させるかたちで成ったものと推定される。

しかしながら問題は、そうした影響関係にとどまらない。「聖武天皇御記文」裏銘文との交差はひとり『四天王寺御手印縁起』にのみ見られるものではなく、延慶本『平家物語』南都復興記事中所引の「聖武天皇御記文」としても現れる。

吾寺興複、天下興複。吾寺衰微、天下衰微。(15)

南都焼亡後の復興の基盤とされた「聖武天皇御記文」中の要文は、東大寺の荒廃が世の荒廃と連動することを説く箇所であった。唱導資料とのかかわりの深い延慶本に、「聖武天皇御記文」が引かれることは、延慶本の性格をものがたるものである。

上記の文言が、『東大寺要録』や真福寺蔵『東大寺記録』にも「本願天皇天平勝宝元年金堂御記文」として引かれることを勘案するならば、この聖武天皇の言説が平安時代からすでに東大寺において公的な言説として伝えられ、また活用された性格のものであったことが了解される。

東大寺における公的な言説という点においては、同じく『東大寺記録』「四聖同心草創事」に、本願聖武天皇者是救世観音之一化也。
本願天皇聖徳太子再誕、故観音也。

との言説が見えている。[16] 聖武天皇を「救世観音之一化」とし、さらに聖武天皇は聖徳太子の再誕であるから観音であるとの言説は、聖徳太子の転生としての聖武天皇を、聖徳太子・救世観音説に遡及させ、連動するかたちで論理づけようとするものである。この根拠とする聖武天皇の聖徳太子再誕説もまた、『東大寺要録』に、「聖徳太子・聖武天皇・聖宝」の再誕説として見えているものであり、東大寺においてそれぞれが緊密に連携しながら位置づけられるものであったことが知られる。文芸の世界で広く取り上げられてきた太子再誕言説であるが、それは東大寺内部における歴史認識とも連動するものであった。

宗教史・文化史の翻案の視点から重要なのは、慧思から聖徳太子への転生が、日本において独自に新たな転生言説として聖武天皇や聖宝へと展開していく点である。その前提として、聖徳太子の救世観音化身説をも持ち出すことによって、インド仏教に遡及させる構造が企図されており、ここに至って、仏の化身としての聖徳太子と、慧思の転生としての太子の像とが接合されながら、日本的に翻案されたすがたを取り始めるのである。

二・三

『四天王寺御手印縁起』には、いまひとつの太子の預言が記されていたが、それは、まさに太子の転生に関するものであった。

吾入滅之後、或生国王后妃、造建数大寺塔於国々所々、造置数大仏菩薩像、書写数多経論疏義、施入数多資財宝物田園等。或生比丘比丘尼長者卑賤身、弘興教法、救済有情、是非他身、吾身是耳。

この預言には、太子は亡くなった後に、国王や后妃から比丘比丘尼、長者卑賤の者にまで転生して、造寺・造仏や経典・論義の書写、資財荘園の施入等を行い、仏法興隆に努めるとのことが語られている。

この預言はどのような意味を持ったであろうか。おそらくその意義は、太子に対する信仰を持つものにとっては、だれひとりとしてその影響から逃れられない性格を有していたことだと思われる。太子は、国王や后妃から卑賤の者に至るまで、あらゆる階層の人間としてこの世に転生することが語られているのであるから、この預言から自由であり得るものはいなかったのである。

『四天王寺御手印縁起』に記される太子の預言の有する本質的な意義や怖しさを、そこに認めることができそうである。同時にそれは、仏教興隆に対する思いを有し、そこにたち働くものには、だれもがみずからを太子の転生と意識することができるしくみをあわせ備えていた点も、見落としてはならないであろう。そして、そのことが、『四天王寺御手印縁起』がこの時期に構想された問題と密接にかかわっていると思量されるのである。

こうした転生言説の有する意義は、『四天王寺御手印縁起』と密接にかかわる「本願天皇天勝宝元年金堂御記文」のうち、表銘文との近似性においても認めることができる。御記文の表銘文は、願文の形式を取るものであるが、ここには、以下のような文言が綴られている。

今以天平勝宝五年正月十五日、荘厳畢、仍置塔中、伏願、前日之志皆成就、若有後代聖主賢卿承成此願、乾

坤致福、愚君拙臣改替此願、神明効訓、

ここに、先述した『四天王寺御手印縁起』と「本願天皇天勝宝元年金堂御記文」との言説の類似と同様の近似性を指摘することができる。『聖武天皇御記文』と『四天王寺御手印縁起』とは重層的に機能する役割を担っており、それが仏教興隆に大きな意義を有した聖徳太子と聖武天皇との再誕関係によって下支えされる構造を有しているのである。

こうして、聖徳太子の転生言説の日本における展開は、太子の後世への転生の預言（未来記）のかたちをとって、影響を与え続けることとなる。

二・四

『四天王寺御手印縁起』が、十一世紀初頭に政治権力の実権をにぎった藤原道長の時代に発見された事実は重要であり、『四天王寺御手印縁起』成立の背景として検討されるべき課題である。実際、榊原史子の『四天王寺御手印縁起』と道長との関係を指摘する研究もある。(17)その要点を簡潔にまとめると、以下のようになる。

・四天王寺僧が伽藍を維持していく財源を確保するために『四天王寺縁起』を作成した。
・道長のためだけではなく、あらゆる階層の人々のために作成された。

また、上島享が、道長と仏教とのかかわりについて、彼による大規模な寺院の造営との関係を説いている。(18)本論とかかわる要点を簡潔にまとめると、以下のようになる。

・寛仁四年（一〇二〇）九体阿弥陀堂（無量寿院）建立、治安二年（一〇二二）法成寺と改称。

・治安三年（一〇二三）の道長による参詣儀礼。

・『栄花物語』における道長の太子・弘法大師後身説。

これらの先行研究を踏まえて、『四天王寺御手印縁起』と道長の人生とのかかわりを、時系列に沿って少しく検討したい。

政治権力を盤石とするために道長が欲したのは、一条天皇の后となった娘彰子に皇子が生まれることであった。自分の孫が天皇となることで、みずからは外戚として家臣の立場で政権を掌握し続けることができるからである。実際、それは現実となるわけだが、『四天王寺御手印縁起』の発見は、待望の皇子が生まれる前年にあたっている。道長が寺院の造営など仏教的作善を積極的に重ね始めるのは、皇子が生まれる前後以降のことである。現世での世俗的権力を手に入れた道長が、次に願ったのは、後世における往生であった。それらの仏教的作善の完成は、上島享の指摘する治安二年の法成寺の建立である。法成寺完成の翌年、治安三年、道長は四天王寺への参詣を行っている。道長にとって四天王寺の有する意義がいかなるものであったのかを示すことがらとして重視すべきであろう。

これら一連の流れを時系列に沿って簡単に記すと、以下のようになる。

長保元年（九九九）　藤原道長娘彰子、一条天皇に入内。
長保二年（一〇〇〇）　彰子、一条天皇の中宮となる。
寛弘四年（一〇〇七）『四天王寺御手印縁起』、四天王寺金堂にて発見。
寛弘五年（一〇〇八）　彰子、敦成親王出産。
寛弘八年（一〇一一）　敦成親王、立太子。
長和五年（一〇一六）　敦成親王、即位（後一条天皇）。道長、摂政となる。
寛仁三年（一〇一九）　道長、出家。四天王寺巡礼。
寛仁四年（一〇二〇）　九体阿弥陀堂（無量寿院）建立。
治安二年（一〇二二）　九体阿弥陀堂、法成寺と改称。
治安三年（一〇二三）　四天王寺巡礼。

これら一連の事蹟と、『四天王寺御手印縁起』の発見およびそこに記される聖徳太子転生の預言とは無関係ではあるまい。実際、道長の一生を語る文学『栄花物語』には、道長が聖徳太子の生まれ変わりであることが記されている。太子の預言は政治の中心にあった道長にも影響力を持ったのであり、換言すれば道長の行為を意味づける役割をも担ったものと見なされる。法成寺完成後の四天王寺参詣が聖徳太子信仰に基づくことは明らかであるが、そこに『四天王寺御手印縁起』の存在が介在していた蓋然性は極めて高いと考える。

さらに、『四天王寺御手印縁起』の発見と軌を一にするかのように、道長によって寛弘四年八月十一日（『四天王寺御手院縁起』発見の直後）に金峯山における埋経（『御堂関白気』）が為されている点も、『四天王寺御手院縁起』

発見と道長のうごきとの連動を強く示唆するものである。道長の時代における『四天王寺御手印縁起』の「発見」は、道長の仏教信仰と事蹟とに密接にかかわるものであり、聖徳太子の転生言説と、弥勒下生を期しての来世への志向とが、すなわち過去から未来への仏教継承の理念をかたる言説と信仰のありかたとが、その根底を支えたことが窺われる。

慧思の転生言説の翻案ともいうべき太子の転生言説は、後世にさまざまなかたちで展開していくが、転生言説を基盤とする太子の預言の書として、藤原道長の時代に現れたのが『四天王寺御手印縁起』であった。

二・五

『四天王寺御朱印縁起』奥書は、以下のように綴られている。

寛弘四年八月一日、此縁起文出現、郷都維那十禅師慈運、金堂金六重塔中求出之、

寛弘四年（一〇〇七）八月の縁起文出現は、慈運が金堂金六重塔中から求めだしたものとされるが、これは久安元年（一一四五）真福寺本断簡も同文にて同年の出現を綴っているから、平安期・院政期を通じてその理解が一般的なものとして普及していたことが窺われる。

嘉禄三年（一二二七）成立の『天王寺秘決』(19)には、『四天王寺御手印縁起』について、以下の記事が見えている。

一、縁起事、太子御入滅已後四百余歳比、十禅師慈運祈之、自金堂内求出、

『四天王寺御手印縁起』奥書と一致する慈運による発見の経緯を綴るが、ここではそれを「太子御入滅已後四百余歳比」とする。太子の入滅を推古三十年（六二二）とする説に基づけば、『四天王寺御手印縁起』発見が寛弘四年（一〇〇七）であるから、正確には四百年を越えていないが、『天王寺秘決』においては四百年後を期した太子の聖なる遺物の発見という奇跡がこの言説の背景として意図されていることが認められるであろう。こうした言説が、鎌倉時代に至って、御手印縁起を有する四天王寺で展開されることとなる。

太子の聖なる遺物をめぐる平安時代から鎌倉時代への展開の様相を窺うことができるが、その出発点として『四天王寺御手印縁起』は重要な意義を担ったのである。

『四天王寺御手印縁起』の出現時期（寛弘四年八月）と敦成親王誕生（寛弘五年六月）との時系列を考えると、『四天王寺御手印縁起』の「発見」は、皇子敦成親王誕生を予祝すると同時に、道長のその後の営為を象るべく企図されたこととなる。これが、四天王寺を中心とする太子信仰の場による案出と道長の主体性との、いかなるバランスによって企図されたものかの判断はむつかしい問題を内包しているが、金峯山における埋経の時期との連関からしても、道長の関与は深いものとみなすのが妥当であろう。そして、そうした構想の中核に聖徳太子信仰があり、預言と転生言説が必須の要素として介在したことは、これらの言説の後世への影響力の大きさに鑑みても、注視すべきテーマであると考える。

三、聖徳太子信仰をめぐる聖なる遺物としての「聖徳太子未来記」

三・一

続いて、聖徳太子信仰をめぐる二つめの聖なる遺物について考察を加える。

『四天王寺御手印縁起』が発見されてから、およそ半世紀が経過した天喜二年（一〇五四）、聖徳太子の墓である磯長廟で、あらたな聖なる遺物が発見される。それは、箱形の石に刻まれた銘文であった[20]（図3）。

これを発見したのは、太子の御寺である法隆寺の僧忠禅であるが、あらたな聖徳太子の聖なる遺物発見の情報は、すぐさま四天王寺に伝えられ、世に知られるところとなる。聖徳太子をめぐる二つの聖なる遺物『四天王寺御手印縁起』と「聖徳太子未来記」の情報は、共に太子建立の寺四天王寺で管理されることとなったのである。

「聖徳太子未来記」の現物は現存しないが、その銘文の記述は、十二世紀に記された説話集『古事談』に記されていて、知ることができる。

『古事談』巻五第二十五話に記される聖徳太子未来記の出現記事を引用する。

> 天喜二年九月廿日、聖徳太子御廟近辺坤方、為レ立二石塔一引レ地之間、地中有レ似二筥石一、堀出之筥也長一尺五寸許広七寸許、有二身蓋一、開見之処、御記文也、仍天王寺奏二聞事由一、件御記文状云、
> 吾為二利生一、出二彼衡山一、入二此日域一、降二伏守屋之邪見一、終顕二仏法之威徳一、於二処々一造二立四十六箇之伽藍一、化二度一千三百余之僧尼一、制二紀法華勝鬘維摩等大乗義疏一、断悪修善之道、漸以満足矣下石、文也、今年歳次辛巳河内国石川郡磯長里有二一勝地一、尤足レ称二美一、故点二墓所一云云、吾入滅以後四百三十余歳、此記文出現哉、

尓時国王大臣発㆓起寺㆒給、願㆓求仏法㆒耳〔上石、文也〕(21)

箱形の上下の石に刻まれた銘文のうち、下石の銘文には、聖徳太子の慧思禅師後身説が記され、守屋を退け、多くの伽藍を建立して仏教興隆を成し遂げたことが説かれていたと言う。一方、上石の銘文の内容は、みずからの死期を悟った聖徳太子が墓所を儀長に定め、銘文を記すと同時に、自分が亡くなって四百三十年余り経った頃にその銘文が出現するという未来への預言である。(22) その預言には、銘文が出現したときの国王や大臣たちが寺を建て、仏法を求めることを願うことになるとの言も併せ語られていた。

図３　叡福寺蔵「伝聖徳太子箱形石碑」

「聖徳太子未来記」が儀長廟から発見されたのが天喜二年（一〇五四）、聖徳太子の入滅が推古三十年（六二二）であるから、この聖なる遺物は、まさに太子の預言通り、入滅から四三〇年余り経過した時点で発見されたわけである。

もちろん、この「発見」は、預言が的中すべく企図されたものであろう。預言を的中させるべくものごとが引き起こされる、換言すれば、預言に合わせた史実が構築される図式を、「聖徳太子未来記」の出現に認めることができる。

これと相似形の構図を、先に検討した『四天王寺御手印縁起』の発見と、それを四百年後の奇跡として称揚しようとする『天王寺秘決』との関係にも認めることができるであろう。太子の聖なる遺物は、こうした発見・出現の奇瑞に裏打ちされながら、一層太子ゆかりのもの（マテリアル）

図4　宇治平等院阿弥陀堂（鳳凰堂）

として、また、未来を語る聖なる預言のことばとして、深い意義を付与されつつ定着していくのである。

三・二

同時に、ではなぜそのようにこの聖なる遺物の出現が構想されなければならなかったのかという点は、これが後世まで影響を与え続けたことからも、分析する必要があるものと思われる。

「聖徳太子未来記」の発見の年、天喜二年（一〇五四）とは、どのような年であったろうか。京都宇治に現存する平等院鳳凰堂は、阿弥陀如来の西方極楽浄土をこの世に現出させる目的で建立されたもので、本尊は阿弥陀如来、堂の周りの池も極楽浄土をイメージして作られている。この場所は、元々藤原道長の邸宅である宇治殿であったが、道長の死後にこの邸宅を相続した息子の藤原頼通が、永承七年（一〇五二）に寺院に改めたものであり、阿弥陀堂（鳳凰堂）の建立は翌天喜元年（一〇五三）である（図4）。

頼通がこの年に邸宅を寺とした理由は、永承七年（一〇五二）が、日本においては末法到来の年と考えられたこととの結びつきによって説明されている。[23] そのような末法到来の年に合わせて、頼通は、宇治の邸宅を寺院に改め、続いてその中心に阿弥陀の浄土を中心とする阿弥陀堂（鳳凰堂）を建立したのである。頼通の父道長が臨終に当たって執拗なまでの西方浄土への往生の希求を見せたことはよく知られている。[24] 摂関家を継ぎ、自らの在世に末法を迎えることとなった頼通の心中に、父の信仰のあり方が去来しなかったとは思われない。宇治の阿弥陀堂が道長の邸宅の寺への改変によって成ったことも、そうした意識が根底にあったことを窺わせるであろう。

頼通による阿弥陀堂建立に、自らの西方浄土への往生の希求、父道長の追善、氏長者としての作善事業継承等の意識がどれほどの割合で働いていたかを見通すのはむつかしい作業ではあるが、それらが一体となった背景を想定しておくことは重要であろうと思われる。

三・三

「聖徳太子未来記」が出現したのは、まさに阿弥陀堂建立の翌年、天喜二年（一〇五四）であった。「聖徳太子未来記」は、末法到来と頼通による阿弥陀堂造営を待っていたかのように「出現」するのである。「聖徳太子未来記」という聖なる遺物は、聖徳太子入滅から四三〇年後に出現するとの預言に符合するように発見されるわけであるが、このことと、末法到来や頼通による阿弥陀堂造立とが時を同じくしていることとが偶然とは考えがたい。「聖徳太子未来記」は、この時期に合わせて「発見」されるように構想されたものと見なされるのである。そして、そのことは、道長の時代における『四天王寺御手印縁起』の発見とも呼応するもの、あるいは先例としてそれが意識されたものと推察することができるであろう。ここに、「聖徳太子未来記」を頼通との関係から定位する必要性を提起したいと思う。

「聖徳太子未来記」出現の意義を、頼通との関係から考えるため、いま少し周辺の事実に着目することにしよう。これらの出来事を数年さかのぼる永承元年（一〇四六）に、藤原氏の氏寺である興福寺が焼失している。この折の火災は永承の焼亡として記憶される大規模なもので、興福寺は多くの堂塔を失うこととなった。その後、焼亡からの再建を積極的に進めたのが、氏長者であった藤原頼通である。この再建事業については、父道長から継承した、寺院の「大規模造営」の動きとのかかわりから、上島享が論じている。(25)

上記のことがらを時系列に沿って示すと、以下のようになる。

永承元年（一〇四六）十二月二十四日　藤原氏の氏寺興福寺、火災により焼失。その後、氏長者藤原頼通の先導による再建。

永承七年（一〇五二）　末法到来。

天喜元年（一〇五三）　頼通、宇治の邸宅を寺院に改める。阿弥陀堂（鳳凰堂）造立。

天喜二年（一〇五四）　「聖徳太子未来記」出現。

上島享の説く大規模造営の問題と、「聖徳太子未来記」が発見されるまでの頼通の寺院造立事業との時系列の展開からは、この聖なる遺物が、末法を乗り越えるための論理を支える「もの」として構想されたことが推定される。「聖徳太子未来記」の銘文には、「これが出現したときの国王や大臣たちは、寺を建て、仏法を求めることを願うことになる」との預言も語られていたから、この聖なる遺物は、末法の世の初めに現れた仏法興隆に篤い志を持つ頼通の事業を、仏教興隆の礎である聖徳太子の預言に符合するものとして位置づけるはたらきをも担うこととなるのである。

正法・像法を経て末法に至る時代認識は、天竺（インド）における釈迦の附法が仏教東漸によって本朝に広まる空間的推移と時間的推移とを併せ語るパースペクティヴであり、まさに天竺・震旦・本朝を連続するものとして捉える認識のあり方とも不可分に結びついていた。

そうした点においても、『四天王寺御手印縁起』と「聖徳太子未来記」とは、一対の太子の聖なる遺物と見なすことができるであろう。それを下支えしたのが、太子転生の預言である点にも注意される。その預言こそが、太子の仏教興隆を後世に継続的・永続的に継承する論理（しくみ）としてたち働いたのである。

聖徳太子に仮託された「預言の書」や「未来記」は、後世の宗教と政治の関係をうごかす力を有していたことが窺われる。

おわりに

ここに取り上げた一つめの太子の聖なる遺物『四天王寺御手印縁起』が道長の時代に現れ、二つめのそれ「聖徳太子未来記」が道長の子の頼通の時代に現れたことは、偶然とは見なされないであろう。

道長・頼通父子の時代の君臣による仏教興隆の「大規模造営」の時代は、聖徳太子の聖なる遺物出現の演出の観点からは、「王法仏法相依」との相関によって成り立つものであり、道長・頼通という摂関政治の基軸をなす宗教施策の一翼を担うものであったと定位することができるであろう。

ことの経緯にも考察を及ぼすならば、道長の時代における『四天王寺御手印縁起』の出現と道長による仏教的作善としての造営事業が、半世紀後の頼通における「聖徳太子未来記」の出現と呼応する、氏寺の再建を含めた不可逆的な頼通の仏教的作善事業へと、太子の預言と結びついて継承されるべく、「聖徳太子未来記」の発見は、明確な計画性に基づいて構想されたことがらであったもののように思われる。ふたつの太子の聖なる遺物の発見が、四天王寺を中心とする太子信仰の場による案出と摂関家の側の発案との、いかなるバランスによって企図されたものかの判断についてはさらなる分析を要するが、そうした構想の中核に太子信仰があり、そこに太子の預言と転生言説が必須の要素として介在したことは、聖徳太子信仰の宗教史の根幹に据えるべき重要な問題を内包していると考えるのである。

注

（1）十世紀には原型が成立し、その後増補を経て、平安時代末までには現在の内容が整ったとされる。

（2）三国は、仏教の伝来した経路であるインド（天竺）・中国（震旦）・日本（本朝）を指し、三国意識は、仏教が次第に伝来した仏教東漸に基づく仏教の広まった国としての認識と結びついている。

（3）現在の中国湖南省にある衡山に籠もり修行したことから、南岳大師と称される。聖徳太子の慧思禅師からの転生説は、慧思の没年よりも太子の生年の方が早いことから、史実としては成り立たず、古来日本においてもこの転生説に疑問をいただく向きもあるが、太子の生没年に異説があること等もあり、テクストの世界のみならず、聖徳太子絵伝にも描かれ、広範な広がりを見せる伝承となった。

（4）唐道宣撰、六四五年成立。

（5）王勇「中国における聖徳太子」に詳しい。（http://www.nichibun.ac.jp/graphicversion/dbase/forum/text/fn045.html）

（6）藏中しのぶ「聖徳太子慧思託生説と『延暦僧録』「上宮太子菩薩伝」」（吉田一彦編『変貌する聖徳太子』所収、平凡社、二〇一一年）に詳しい。

（7）聖徳太子と飢人が片岡山（大和国葛城）で遭遇する伝承。『日本書紀』推古天皇条に収載され、「上宮太子菩薩伝」による達磨説を経て、後世諸書に喧伝され、聖徳太子絵伝にも描かれる。

（8）日本天台宗の開祖最澄（七六六～八二二）の弟子で、天台宗山門派の祖、慈覚大師円仁（七九四～八六四）の伝記。

（9）金治勇『上宮王撰三経義疏の諸問題』（法藏館、一九八五年）を踏まえつつ、前掲王勇論文もこれを積極的に支持する。

（10）聖徳太子の撰述とされる三経義疏に、『法華経義疏』が含まれることも、天台宗との関係を称揚するのに合理性を有したものと推測される。

（11）四天王寺蔵。聖徳太子自筆および自らの手印として伝承されてきたため、「根本本」と称される。

（12）これら朱の手印の問題については、上島享「本願手印起請の成立――真っ赤な手印が捺された文書をめぐって」（『鎌倉遺文研究』第三五号、二〇一五年四月）に詳しい。『四天王寺御手院縁起』を一連の資料の画期として捉え、経済的に困窮した四天王寺による天皇・朝廷に対する寺領等の保護を求める目的による作成を想定し、これを王法仏法相依の構図から説いている。また、先行諸研究を踏まえつつ、『四天王寺御手院縁起』が、藤原道長のみならず歴代摂関・上皇に深い影響を与えたことを指摘する。

（13）榊原史子『『四天王寺縁起』の研究――聖徳太子の縁起とその周辺』（勉誠出版、二〇一三年）参照。

（14）『四天王寺御手印縁起』と「本願天皇天平勝宝元年金堂御記文」との関係については、前掲（注13）にすでに触れるところであるが、ここではさらに、『四天王寺御手印縁起』の預言の本質的な意義や歴史的な背景について論じることを意図している。

（15）延慶本『平家物語』の引用は、勉誠出版刊による。南都焼亡に関する叙述とそこからの復興の動きとして記されるものである。

（16）『東大寺記録』の引用は、真福寺善本叢刊（臨川書店刊）による。また、同言説は、夙に『日本霊異記』上・

五にも見えている。

（17）前掲（注13）第一部第四章参照。

（18）上島享「藤原道長と院政」（『日本中世社会の形成と王権』名古屋大学出版会、二〇一〇年）。

（19）『天王寺秘訣』については、前掲（注13）にも言及される。また、同種の奇跡・奇瑞の演出は太子をめぐる伝承としてさまざまに展開していく。それらの内の一端は、近本「清水寺縁起の展開――鎌倉時代初期の五祖影像供養唱導をめぐって」（日本仏教綜合研究学会 第十六回大会発表　二〇一七年十二月十日　於名古屋市立大学）参照。

（20）この箱形の石とそこに刻まれた銘文は現存しないが、叡福寺に伝わる箱型の石にその面影を窺うことができる。

（21）『古事談』の引用は、新日本古典文学大系（岩波書店刊）による。

（22）この未来記の構造と文化史的意義については、小峯和明『中世日本の予言書――〈未来記を読む〉』（岩波書店、二〇〇七年）に詳しい。「Ⅱ　発見される未来記――捏造と発見のドラマ」において、『聖徳太子伝暦』にすでに太子が未来を予言する記事が多く見えていることを指摘し、それ以降の未来記のひろまりを説いている。さらに、忠禅による磯長廟からの碑文発見の演出にまつわる情報の錯綜を確認したうえで、法隆寺・四天王寺の力関係の投影等を推測する。聖徳太子未来記」のごく早い例として『四天王寺御手印縁起』に言及し、未来記発見のしかけの重要性についても記されるが、本論においてはそれを道長・頼通とのかかわりから、位置づける方向性を志向している。

（23）釈迦がインドで仏教を広めて涅槃に入った後、釈迦の教えが正しく伝わっている正法、教えは伝わるものの正しく行われなくなる像法を経て、正しい教えがまったく行われなくなる末法の世がやって来ると信じられていた時代認識の渦中にあって、平等院阿弥陀堂（鳳凰堂）の建立を、頼通が意識しかつ意図した宗教事業全体の中の枠組みとして、聖徳太子の遺物とのかかわりから捉え直すことを本論は意図している。

（24）『栄花物語』等に記される、五色の糸を自らの指と阿弥陀像とに結わえての臨終のさまなどは、道長の晩年の信仰のあり方の縮図とみることもできるであろう。

（25）前掲（注18）参照。興福寺の永承の火災は、治承の兵火に先立つ大規模な焼亡を伴ったものとして、後世の縁起等にも記され記憶された。

第三部　中世の聖徳太子信仰

聖徳太子を祀る儀礼空間
——中世法隆寺を中心として

郭　佳寧

はじめに

聖徳太子と呼ばれる人物は、日本の現存史料において、遣隋使を派遣し、「冠位十二階」と「憲法十七条」を定め、また仏教を取り入れるなど、様々な偉業を残した人物として描かれている。かつて石井公成氏が指摘したように、日本仏教史は聖徳太子信仰の変遷史という面を持ち、太子信仰はそれぞれの時代の社会状況をよく反映している。(1) 仏法を興隆した〝聖人〟としての聖徳太子像がどのように形成されたのかを検討することによって、その時代の宗教界の実像もうきあがる。日本における聖徳太子信仰の生成・展開にともなって、厖大な宗教テクストの世界が生みだされた。即ち、太子関係聖典やその生涯に関する伝記・縁起などの文字テクスト、尊格として造形された図像テクスト（尊像・絵画）、また太子を祀るための儀礼テクストなどである。(2) それらをめぐって、歴史・文学・美術史・宗教史など各々の学術分野で厖大な研究が蓄積されている。しかし、それらを統合した太子信仰とその発生する場——儀礼空間との関連、即ち儀礼空間にみられる宗教実践と連動した太子信仰の役割については、まだ充分に解明されているとはいえない。太子信仰の空間に関する従来の研究は、関口欣也氏(3)・福山敏男氏(4)・久野修義氏(5)・藤井恵介氏(6)などの業績が挙げられるが、それらは主に寺院組織の構成と変遷、伽藍の創建と復元、いわゆる社会政治史と建築史の分野からの研究である。本稿では、伽藍建築の形態、寺院発展の歴史という側面ではなく、儀礼という要素に注目し、儀礼空間における中世太子信仰の実態、及び太子信仰とかかわる中世仏教の実践の在り方を考えたい。

太子信仰の空間に言及しようとすれば、ただちに太子関係寺院のことが想起されるだろう。即ち、聖徳太子がその存命中に建立したとされる寺院のことである。しかし、その没後、太子に対する信仰に基づいて、太子像や太子ゆかりの聖遺物を本尊として安置する建築も後世に数多く建てられた。それらの建築空間は単なる太子を偲ぶ場所ではなく、太子信仰を担った各集団の宗教理念が込められていた。そのため、太子を祀る空間に対するアプローチは、太子信仰の展開と変遷を考える重要な視座であると同時に、太子信仰を積極的に取り上げる集団の宗教実践の在り方を問うことにもなる。

『上宮聖徳法王帝説』の記述によると、聖徳太子は、法隆寺・四天王寺・広隆寺・法起寺・中宮寺・橘寺・葛木寺という七つの寺の建立に関与したとされる。これらは太子建立の七大寺と総称され、即ち聖徳太子建立の伝承がある寺として古くから崇められていた。聖徳太子ゆかりの七大寺において、古代から中世にかけて太子信仰が高まるなかで、太子信仰に基づいて建立された堂宇は数多くある。特になかの法隆寺は、太子建立七大寺の一つとして、古代より太子信仰が篤く、平安時代に太子を祀るために斑鳩宮の故址に新たな伽藍が建立された。また中世に至ると、法隆寺の復興とともに、南都における太子信仰の中心となり、中世の太子信仰に大きな影響を与えた。そのため、本稿では、法隆寺に注目して、その歴史を概観した上、なかに所在する中世における太子信仰とその拠り所としての仏堂の在り方について検討する。

一、古代の法隆寺と太子信仰

法隆寺は、古くは斑鳩寺とも呼ばれる。[7] その創建の由来は、同寺に伝来する金堂の金銅薬師仏像の光背銘に記述されている。[8] 聖徳太子の父親である用明天皇は病に伏した際に、太子及び後の女帝である推古天皇は、用明天皇の病気平癒を誓願し、寺院造立を図ったが、その本願は叶わず翌年に用明天皇が崩御した。しかし、聖徳太子と推古天皇はその誓願を守って、後に斑鳩の里に法隆寺という寺を建立した。現在の法隆寺は、西院と東院に分けられる伽藍構造を有しているが、創建当初の法隆寺伽藍は、西院伽藍の南東部に位置し、若草伽藍とも呼ばれる。『日本書紀』の記述によると、創建当初の法隆寺（若草伽藍）は、天智九年（六七〇）四月三十日に火災で全く焼失してしまった。この『日本書紀』に記されている天智九年の焼失問題をめぐり「法隆寺再建／非再建」[9] という、日本の歴史学界を揺るがす大論争が明治二十年代に起きた。後の発掘調査や史料分析により、天智九年の焼失以降、天武年間（六七二～六八六）頃に法隆寺の金堂が再建されたと推測され、また現在の伽藍が和銅年間（七〇八～七一五）に完成したことが最も有力な説となっている。[10]『法隆寺伽藍縁起幷流記資材牒』[11] の記録によれば、天智以降に再建された法隆寺には、門五棟（仏門二棟、僧門三棟）・廻廊一廻・塔一基・楼二棟（経楼、鐘楼）・堂二棟（金堂、食堂）・僧房四棟・燈二楼・温室一棟が造立されたことがわかる。西院伽藍は南大門の北に位置し、主な建物に中門・回廊・金堂・五重塔・講堂・経蔵・鐘楼がある。そして、金堂の内陣中央に亡き聖徳太子の菩提を弔うために造られた金銅釈迦三尊像が安置された。釈迦三尊は、推古天皇十一年（六二三）の作で、中国の北魏様式を用いる飛鳥時代の代表的仏像である。[12]

一方、東院伽藍は東大門の東方、聖徳太子とその子山背大兄王の斑鳩宮の故址に位置し、天平年間（七二九～七四九）に元興寺僧行信によって復興されたものである。『法隆寺東院資材帳』によると、建立当時の東院伽藍は、礼堂・経蔵・八角円堂（夢殿）・伝法堂などにより構成され、現存する東院伽藍とほぼ同じ規模である。東院伽藍は、その創建当初から太子の建立とされた法隆寺（若草伽藍）とは異なり、はじめから太子信仰のもとに建てられた太子を供養する独立した寺院である。東院伽藍が創建された頃は、律令国家仏教のもとで日本における聖者として聖徳太子を信仰する傾向が強くなり、太子が超人的存在として尊崇される傾向を生じた。(13)例えば、太子は衆生救済のために、救世観世音菩薩の化身としてこの世にあらわれたという信仰が生まれた。そのような太子信仰の形成とともに、東院伽藍に建立された八角円堂の正殿に聖徳太子等身の秘仏である救世観音菩薩が供養されるようになった。法隆寺東院伽藍は太子信仰の中心であり、その創建当時から太子ゆかりの寺々や太子を信仰する僧俗より、太子に由来する聖なるものを集め、改めて東院において奉納供養された。(14)『法隆寺東院資材帳』の記録によると、東院伽藍が造立された後、太子の命日に、もとより貴族から法隆寺（西院伽藍）宛の奉納品の東院への移行がみられる。また、法隆寺金堂の本尊である丈六釈迦三尊像の前に行われた太子を供養する法会も、東院の本尊観世音菩薩像の前で修されるようになった。(15)そのように、東院においては古代からすでに太子信仰の基盤が整えられていた。平安から鎌倉時代にかけて日本において太子信仰が高揚するなか、創建当時の夢殿・伝法堂・僧坊に加えて、絵殿・舎利殿・鐘楼・礼堂などが整備された。なかでも、太子信仰を最も集約的に表象するのが絵殿と舎利殿である。法隆寺の絵殿、及び舎利殿は承久元年（一二一九）に建立された一棟続きの建物で、東側が舎利殿、西側は絵殿である。(16)舎利殿には、名前の通りに釈迦の遺骨である舎利が安置された。また、舎利殿と繋がる西側の絵殿には聖徳太子の一生涯の事蹟を描く障子絵が配置された。舎利殿と絵殿は単なる太子と関わる聖なるものを安置する空間というだけではなく、舎利講や舎利の御開帳、及び太子絵伝を絵解することによって、多面的に太子信仰が唱導される場となった。

二、顕真と法隆寺

日本における聖徳太子に対する信仰は、上述のように古代から太子ゆかりの寺を中心に展開していった。そして中世に至ると、正典としての『聖徳太子伝暦』に対する新たな解釈やその再テクスト化などが数多く生みだされ、所謂中世太子伝が誕生した。聖徳太子は仏教を興隆させた人物として、また超人的な存在として更なる信仰が高まった。そしてそのような太子信仰は抽象的な〝信仰〟ではない。中世前期において太子信仰の中心を占めていたのは、難波四天王寺である。この四天王寺における太子信仰を創り上げたのが九条家出身の天台座主慈円であった。建保七年（一二一九）に慈円が四天王寺に参詣し、前年の九条家による皇子誕生という慶事によって長年抱えていた宿願が成就されたため、四天王寺と太子に対する祈りの歌（『難波百集』）を詠じた。慈円は九条家より皇子が誕生したことは太子からの冥助と観じ、それらの歌において、仏法と王法の融合、また真諦と俗諦の調和、いわば慈円の国家観を「真俗二諦」の太子に焦点化して投映した。[17]また、慈円は自ら追求した〝太子像〟に基づき、四天王寺絵殿再建に際し、太子絵伝裏の西側に九品往生人の図を描かせ、和歌と漢文の讃を銘文として添えた。慈円の太子への讃仰、及び九条家に対する祈りはこの再建された四天王寺絵殿という空間に集約されていた。

一方、四天王寺をめぐって慈円によって創り上げられた「真俗二諦」、或いは摂関家の祖先型としての太子信仰とは異なり、南都法隆寺においては、律僧たちを中心に追善・逆修をめぐる太子信仰が展開していった。法隆寺は聖徳太子ゆかりの寺院として古代より太子信仰が篤く、南都諸大寺の中でも特別な存在であった。そして鎌倉時代になると、法隆寺は興福寺のもとに吸収され、法相教学や興福寺の儀礼などに大いに影響されつつ、南都仏教全体の復興とともに法隆寺は飛躍的な発展を遂げた。そのような背景のもとに、法隆寺における堂塔の修復も意欲的に行われた。(18)そして、法隆寺における積極的な伽藍修造にともない、顕真という法隆寺僧によって太子信仰が大いに振興された。顕真は、円永房得業とも称し、法隆寺晴喜の二男として生まれ、法隆寺五師の一人であった。『法隆寺別当記』の記述によると、嘉録三年（一二二七）七月十四日に行われた夏安居の結願の夜に、顕真は六人の論匠の一人として勤めた。弘長元年（一二六一）九月四日、後嵯峨院が法隆寺に行幸され、東院に到着した際は顕真が東院の先達を勤め、法隆寺の歴史と太子の伝記などを後嵯峨院に説明する役目を担った。

寺僧であった顕真が残した太子信仰と関わる実績のなかで、特筆すべきは『聖徳太子伝私記』（以下『私記』と略す）と聖皇曼荼羅の作成である。『私記』は、聖徳太子及び法隆寺に関係する秘事・口伝などを集成した上下二帖にわたるテクストで、中世に誕生した太子伝の一つの代表的テクストである。聖皇曼荼羅は、聖徳太子と太子に関係深い人々、及び太子の遺品などを曼荼羅風に描いたものである。『私記』と聖皇曼荼羅は、単なる聖徳太子の生涯を語る伝記、また太子に関係するものを図絵したものではなく、それらは顕真自らの太子信仰に基づいて創られたものである。顕真は『私記』において、次のように自らの法流の相承を記している。

次。秘注秘文口伝血脈次第

康仁　慶好　頼円　増覚　覚印　智勝　隆詮　顕真

或自二慶好、朝円・覚印一以下如レ元。或頼円之書。伝二之隆詮一・顕真云々。(19)

ここで、その法流は康仁より継承されたものであると示した。その康仁については、『私記』において、「法隆寺康仁寺主者、当寺奴僕也。自レ調子丸、至レ于二康仁大徳一廿一代也。」とあるように、康仁は調子丸の血脈を受けたものとされた。周知のように、調子丸は、太子の愛馬黒駒を飼養した百済より渡来した太子の舎人である。その調子丸について、『私記』において次のように説かれる。

生年十五丙午四月八日ニ、従二百済国一始テ調子丸来。用明天皇・皇后共ニ対レ丸ニ曰、汝ハ太子奴婢也。自二今日一後ハ不レ可レ離レ辺ヲ。即チ皇与レト后共ニ命給ハク。入胎住胎出胎之後ノ事、悉授給畢。後々ニ調子丸語二ト膳臣ニ云々。(20)

調子丸自ら膳の大臣に語るというかたちで、調子丸の来歴を示している。即ち、調子丸は太子の奴婢として太子の傍に供することは生涯の勤めである。それは用明天皇と穴穂部間人皇后によって定められたことである。天皇と皇后は太子が入胎してからすべてのことを調子丸に教えた。そのように、調子丸は太子の随身であると同時に、天皇と皇后より特別に期待された舎人であったと顕真によって説かれた。また、顕真は『私記』において、以下に示すように、聖武天皇の宣旨状まで偽作した。

聖武天皇宣旨状

大政官下法隆学問寺。

右、正三位藤原朝臣宣。奉勅、伝ヘ聞ク。調子丸者、百済国ノ聖明ノ輔臣宰相ノ一男也。而為レ奉二功厩戸ノ皇子一ニ、被レ進二渡馬台一者也。然則聖王常随之侍者、動止見聞之僕従也。仍以二彼子々孫々之伴類一ヲ、為二シテ当寺代々世々之奴婢一。更不レ可二違失一者レハ、寺宜二ク承知一ス、依レ宣行レ之。

天平十自下為二雨露一朽損、破壊不レ見、故不レ写。(21)

調子丸は百済国の聖明王の宰相の息子であると説かれている。『日本書紀』などの記述によると、聖明王は仏教を百済より日本に伝えた王である。ここに取り上げた調子丸が聖明王に仕える宰相の息子である説は、仏法を日本に伝えた王の権威を借りて、調子丸及びその一族の正統性が付与された。また、調子丸が聖明王の宰相の息子であることは、『私記』において何か所の記述がみられる。(22) このような貴種である調子丸、及びその子々孫々は上宮一家の僕従であると同時に、法隆寺に世々代々に供奉すべきつとめを負う資格の根拠とする。顕真は法隆寺において「秘注秘文口伝血脈次第」を創り、自らの法流は康仁より受け継いだものであると説き、またその康仁は調子丸の子孫であると唱えた。更に顕真は聖武天皇の宣旨をもって、調子丸一族、及びその血脈を継承した康仁一流こそが法隆寺の正統であると主張した。では、そのような行為をなした顕真は、法隆寺に関して、どのような認識を持っていたのかを次にみていきたい。

> 惣此ノ塔ヲ者(ハ)、現身往生ノ御塔ト云也。太子御入滅ノ後、廿二年十一月十□□(六日)ノ(朝)廿五人ノ諸王子等、一時ニ飛二行(下ヘリ)西方一ヘ故ニ、云二現身往生御塔一ト。此ノ塔ノ心柱ノ本ニハ仏舎利六粒・(髻髪)六毛ヲ納籠タリ。表下スル利二六道ノ衆生一ノ之相上ヲ。即塔ノ内ニ作(ツクタ)二地獄ノ衆生等ノ之形一ノ給ヘリ。(23)

右のように、顕真は『私記』上巻において法隆寺の五重塔について語った。太子が入滅した二十二年後、上宮王家の二十五人の王子が法隆寺五重塔より西方極楽浄土に飛び去った。そのため、法隆寺五重塔は現身往生の地であると説かれる。また、五重塔の心柱には仏舎利と髻髪が収められ、それは六道の衆生を利益する義をあらわすものである。また、上巻の裏書には、次のように記される。

太子建立七ヶ寺院者、法隆学問・四天王・法起・法興・妙安・菩提・定林也。已上四節文。此ノ中ニ示二シ極楽ノ東門一ヲ、教ハ二往生勝道一ヲ、只二ヶ寺也。所謂当極楽東門中心ノ四天王寺ノ西門、二十五人ノ諸皇子西方飛行ノ往生所寺ノ塔婆ナリ云。(24)

太子建立七ヶ寺(25)の中では、四天王寺と並び、法隆寺が往生極楽の場として位置付けられていた。平安後期に〝出現〟した、太子自らの制作とされた四天王寺建立縁起――「御手印縁起」には、「釈迦如来転法輪所、当極楽土東門中心」という話が記されている。四天王寺は極楽浄土への入り口であると主張した。そして、「御手印縁起」の〝出現〟により、四天王寺が霊地化され、浄土と繋がる霊地として中世の人々に深く信仰された。また中世の太子信仰にも大きな影響を及ぼした。「御手印縁起」においては、「以二髻髪六毛一相加二仏舎利六粒一、籠納二塔心柱中一、表レ利二六道之相一、宝塔第一露盤、誓レ手鏤レ金、表二遺法興滅之相一(26)」というように四天王寺五重塔を記している。先の『私記』における法隆寺五重塔の記述をみると、法隆寺の塔は四天王寺五重塔の換骨奪胎であるとわかる。このように、顕真が考案した法隆寺の浄土霊地説は、四天王寺の「御手印縁起」の記述の亜流で、四天王寺に伍してゆくものであるというような指摘がある。(27)法隆寺浄土霊地説は、確かに「御手印縁起」に影響されたものであるといえるが、顕真がその浄土説を取り上げたことの意義、及びそれは法隆寺自らの霊地化とどのように関わっているのかを考える必要がある。

三、中世法隆寺における太子信仰と仏事儀礼

顕真の『私記』によると、鎌倉時代に法隆寺において行われた年中行事の実態がある程度知られる。『私記』にある「法隆寺年中行事」の項目では、「如意輪ノ行法一座在過去帳・現在帳・供僧十人・承仕三人」[28]という上宮王院（東院伽藍）正堂、即ち夢殿において修された如意輪法の記述がある。そこで注目したいのは、「在過去帳・現在帳」のところである。それについて、「如意輪行法一座」の裏書には、次のように記している。

> 此如意輪ノ供養法ハ者、当寺ノ一臈ノ五師隆詮・含テ顕真大法師ニ、勧於人衆ヲ、自令始行セ之。始者供僧十人、也者一人也。今者ハ、供僧十人、承仕三人也。隆詮五師・勧テ人令シム売カセ寄供田等ヲ、作結縁ノ現在帳・過去帳ヲ。毎座読ミ之ケテ之令シム祈請セ云。[29]

この裏書によると、法隆寺に行われた如意輪法は、隆詮・顕真によって始められたものである。顕真とともに如意輪供養法を主催する隆詮という法隆寺僧は、『私記』の「秘注・秘文口伝血脈次第」の中にあらわれている。隆詮は顕真の師であり、顕真が『私記』を著したのも師である隆詮よりの相承である。[30] そして「勧於人衆ヲ」とあるように、この如意輪供養において勧進活動も行われた。また「隆詮五師・勧テ人令シム売カセ寄供田等ヲ」というように、隆詮は人々に供田を寄進することを勧め、そのかわりに寄進者は太子に結縁し、現在帳・過去帳に名前を記入する。そして、供養の法会においてその結縁者の名前が記入されていた現在帳と過去帳が読み上げられる。そのように、隆詮と顕真に始まった法隆寺上宮王院の如意輪供養法は、如意輪観音に祈請す

る修法であると同時に、寄進と結縁の機能も働いていたことがわかる。太子を祀る儀礼空間において、密教修法と勧進活動が太子信仰のもとに結び付かれるようになったのだ。また、『私記』「法隆寺年中行事」の最後には、舎利殿で行われた舎利講のことが次のように記されている。

次舎利殿。毎日舎利講一座。式師五師成業所作。毎座法花廿八品・普賢無量毎一品、配二講尺之次一(初)。四日重勝□(鬘)経、一日維摩経、二二三四日副レ□(之)伽□(陁)。学衆供料在レ之。或者五段也。即舎利与二太子一諸共讃歎式也。供養法長日在二過去現在二帳一。栄真得業始行也。(31)

舎利殿においては、毎日に一座の舎利講が行われ、また座ごとに法華経・観普賢経・無量寿経などが講じられる。そして、その講式は舎利と太子を同時に讃嘆するものである。供養法は長日供養、つまり毎日不退であり、これも過去・現在二帳を用いて結縁者の交名が記されていた。この舎利講は、栄真得業に始まったものであり、恐らく先に述べた上宮王院夢殿の如意輪供養法と同じく、結縁したものが現在・過去二帳にその名前を記入すると考えられる。中世に至って法隆寺では、太子信仰と関わる堂宇で種々な法要が修されると同時に、勧進活動がその場で行われた。『私記』では勧進の対象が明記されていないが、「勧二於人衆ヲ一」や「勧レテ人令レシム売カセ一寄二供田等ヲ一」などから、法隆寺に所属する郷民の法要への参加も考えられるだろう。そのような如意輪供養や舎利講にみられる現在・過去二帳の結縁とはどのようなものであろうか。中世法隆寺に関する記録である「寺要日記」においては次のような記録がみられる。

八日　東院逆修事

依二円学房上人御勧進一、文永八年辛未三月日始レ行レ之。三時勤行次第。（中略）

然則、勧二現在之結縁一、為二一仏土之芳契一。烈（ママ）二過去之名字一、賁二三菩提之良果一。於レ戯慕二本願聖霊之遺徳一、時々懐旧之涙難レ禁。憑二遺身駄都之冥助一、日々瞻仰之眼無レ倦。朱楼紫殿之霊閣雖レ重、七百餘歳之霜、仏法僧法之繁栄、猶耀二三轉法輪之月一。（中略）

一結衆。現前百年之間、誇二寿域一遊二福庭一、当生二九品之台一。烈（ママ）二聖衆一証二不退一、乃至飛沆伏走、悉得二七覚一。分二胎卵湿化一、皆帰二八正路一、敬白。

貞和三年十月　日　　一結衆各敬白（招提寺禅瑜房作也）

一現在帳結衆奉加米。毎年人別一斗宛、七合升定。

一過去者出来之時ハ、其歳之結衆分一斗進テ、其外御経供養分一斗進テ、書写経一部ヲ給也。

一以二奉加米一（預カ）集来之内、修中雑事等。卒塔婆木之代・筆供等仕（三文程）レ之也。古者逆修畢後、点レ一日。惣寺当年勧進衆并当年会ヲ北室ニ有レ請用、中食令レ饗応、遂二奉加米之散用一。以レ残分者、西寺大垣修理之料足ニ被レ出レ之。近乗円房長老之時代、双門ヨリ南ヲ瓦葺ニ被レ成之時、逆修之残米ヲ被レ出テ、彼料足之内ニ被レ仕也。近年依二奉加米減少一、不レ及レ此沙汰歟。[32]

法隆寺東院においては、円学房上人によって文永八年（一二七一）三月より逆修が始まった。そして逆修の際に、結縁も同時に行われた。「寺要日記」の記述では、「勧二現在之結縁一、為二一仏土之芳契一。烈（ママ）二過去之名字一、賁二三菩提之良果一」とあるように、その結縁は現在と過去に及ぶものである。即ち、現前の結縁衆を勧めることにより、死後に極楽浄土に往生することを約束とし、逝去した者たちの名を列ねることにより、それらの人々は正しい悟りを得ることができる。つまり、東院の逆修においては、生者（現在帳）における救済と死者に対する追善（過去帳）が行われていた。そしてその結縁は、東院に供養される本願聖霊、即ち聖徳太子の遺徳と遺身舎利を拝むことによって実現し、仏法と僧法もますます盛んとなっていく。次、「一結衆各敬白招提寺禅瑜房。作也」というところを見ていきたい。この「東院逆修事」の対象となる結衆は、勧進僧とともに法要の主催者と思しく、先に述べた如意輪供養法と舎利講においては五師や得業という身分をもつ僧の名前しか示されなかったが、恐らく東院逆修と同じように集団的な運営者が存在する。そして、この逆修の敬白を作ったのは禅瑜房という唐招提寺の律僧である。そのように、法隆寺に行われた逆修、及び勧進には法隆寺僧以外の律僧も積極的に参加したことが推測できる。また、現在帳の結衆が毎年奉加米一斗を納め、もしその中に死者が出たら、その年の分に加えて写経料としてもう一斗の米が納められる。更に逆修を修し終わった後に勧進僧たちを北室に招いて、集まった寄進料の決算が行われ、逆修の経費以外、西院の築地塀の修理や瓦の修理などにも使われたという。この北室とは、法隆寺律家の拠点である。[33]『古今一陽集』では、「弘長元年辛酉亀山御宇十一月、依円照上人東大寺戒壇院実相上人聖皇曼荼羅開眼僧也勧進。東院北室為持戒僧、被寄進五部大乗経、令転読者也。按、如先記、自此弘長以前、不得載北号古記。況於律宗伝来哉。[34]」とあるように、北室は、円照上人をはじめ、律僧たちより伝来したと認識された。円照上人は、東大寺戒壇院中興の祖で、後に東大寺大勧進職に補任された。円照上人は法隆寺北室の創建のほか、顕真が創案した聖皇曼荼羅の開眼供養も勤めた。[35]なお、この「寺要日記」東院逆修の資料には「近乗円房長老之時代」との記述がある。この乗円房に関しては、『古今一陽集』の「僧所北室院歴住之大綱」において、「乗円長老号乗海、俊厳已講弟子也。観調子麿系図、則禅観師範。凝然菴羅記、依此上人雅請述作玉之旨、見抄奥書矣[36]」と記されている。それによると、法隆寺における東院の逆修は、恐らく北室の歴代長老が主催したものである。また、北室の長老である乗円は調子丸系図にも出てきた人物である。さらに東院北室の仏殿には阿弥陀三尊と太子十六歳像が安置されたことから、北室は法隆寺における律僧たちの勧進活動の拠点であり、顕真が考案した太子信仰とも深く関わっていたことが推測できるだろう。

また、この東院逆修を始めた円学房上人に留意したい。細川涼一氏は東院逆修が文永八年から始まったことに注目し、嵯峨清凉寺で融通大念仏会を催すことで有名な律僧――円覚十万上人修広房導御が法隆寺における活動時期と重なることから、この「円学上人」は「円覚上人」導御のことだと指摘した。(37) そして管見の限り、法隆寺における「円学房上人」、及びその活動に関しては、「寺要日記」以外には見られない。そのため細川氏に従い、東院逆修を始めたのは円覚上人導御だと考える。このように、導御は自らの宗教活動（念仏勧進）を京都に移す以前に、法隆寺東院、特に律僧の拠点である北室においてすでに太子信仰に立脚して勧進・逆修・追善の法要を取り組んでいた。一方、「寺要日記」には、太子講式と勧進活動に関して、次のような記録がみられる。

> 廿二日、日中御影堂。太子講式ハ預一臈伽陁衆。（中略）
> 同日夜聖霊院正月始ハ、毎月式師伽陁衆、持二卅講衆之中一、有二其沙汰一。（中略）
> 奉レ寄進　水田一処事
> 　合百八十歩者字青龍寺所当貳斗五升十合小損之不レ可レ有毛見
> 右寄進志者、奉レ為二止悪進善報恩謝徳一、生々世々値-遇二太子一。毎月廿二日太子讃嘆之講式並伽陁等、布施所レ寄進也。仍致（ママ）二毎月不闕之勤行一必可レ被レ祈。聖徳法王威光倍増、自身滅罪悉地成就、法界衆生普皆利益之由。支配者、式師一斗二升、伽陁二人一斗二升。已上二斗四升入手。所残一升ハ太子講承仕可レ給也。

意願大概者、寄進之状如レ件。

正和四年乙卯八月　日　　尼如心判

五師大法師弁与判(38)

正和四年（一三一五）の頃、毎月二十二日の太子月忌に法隆寺御影堂・聖霊院において太子講が修されていた。右の資料に示されているように、その時の寄進は「奉レ為二止悪進善報恩謝徳一、生々世々値-遇二太子一」のために行われたものである。そのような太子講の法要において、太子信仰に帰依して自らの悉地成就が願われた。「寺要日記」に記されている東院逆修と類して、『私記』の「法隆寺年中行事」に示されている如意輪供養と舎利講は同様な構造を持つ可能性があると考えられる。如意輪供養・舎利講・逆修などの法要、及びそれに伴う勧進・結縁は、太子や太子ゆかりの聖なるものを祀る堂宇において行われたのである。そのように、これらの仏事への結縁はただの勧進結縁ではなく、太子との結縁ともいえるだろう。

一方、顕真が『私記』「法隆寺年中行事」に太子信仰の中心となっていた上宮王院（東院伽藍）において行われた法要を主に記しているが、それ以外にも太子信仰と関わった堂宇、所謂太子堂において種々の法要が盛んに修されていた。法隆寺内の太子堂に関しては、すでに林幹彌氏(39)によって考察されたが、氏の研究は太子堂に行われる法会の運営と法隆寺僧の階層と役割に注目したものであり、儀礼に関する検討はまだ充分とはいえない。南北朝時代に成立した「法隆寺雑記」において、法隆寺内の子院に関して、次のような記述がある。

金光院　別当覚遍法印御代、天福二年甲午、八月癸酉廿三日己丑、法隆寺金光院供僧四口始置レ之。三昧三口。承仕一口。供田料ニ寄進二水田四段一了。大願主大中臣四子幷勧進覚増云〃。嘉禎三年丁酉三月日、金光院四至幷築地始建造畢。但件用途五師三口公詮良祐実増任料幷任補ノ広ク、皆以レ令二寄進一了。文永九年壬申、金光院ニ太子堂幷僧坊作畢。四月十六日棟上也。(40)

天福二年（一二三四）八月二十三日、三昧僧三口・承仕一口、合計四口の供僧を法隆寺金光院に始めて置き、供田料に水田四段が大中臣氏によって寄進された。また、文永九年（一二七二）に金光院において太子堂が建てられた。その金光院の位置に関しては、顕真の『私記』において、次のように記している。

次、東西二寺之間ニ、有二金光院一。三間四面也。南向ニ戸三本、東西ニ妻ツマ各ノ戸一本、後戸一本也。丈六三躰金色也。中ハ弥勒、東ト西トハ阿弥陀也。有二四天王・地蔵二躰一。一躰ハ採色（彩）、一躰ハ白檀也。南ニ有レ門、四足也。此ノ院者、昔者有ケリ西郷桜ニ中ナカムカシ昔移造二当時タウシ所一。(41)

三間四面の金光院は法隆寺の西院伽藍と東院伽藍の間にある。中尊は弥勒菩薩であり、両脇に阿弥陀仏一体ずつが安置され、また四天王と地蔵菩薩二体も配されていた。では、東西両伽藍の間に位置していた金光院においてどのような儀礼が行われていたのか。『法隆寺文書』には、「金光院三昧僧解」(42)という解状がある。

金光院三昧僧等解　申請法隆寺　政所裁事

請レ殊蒙　政所裁許、永被レ免除二田一町地子幷雑役等一之状

在二字蟇田中池尻八段　穂津井尻二段一

右、謹検案内。去延久四年孟冬之比、被レ申二請此三昧堂等敷地一。於二御寺政所之状一云、徒為二山野藪棘之原一、無レ人二領知一。既於二寺家西嶺之麓一有レ便二念仏一。然則且憑二聖霊之助成一、而企レ栖居思。兼仰二大悲之加被一、将待レ引接二誓者一。随則彼時長吏并所司学衆感歎二此事一、早被レ判許、営作二堂宇一、始修二三昧一。其後宝螺之声不レ絶、礼仏之勤無レ倦。是為二本寺伽藍一、令二法久住一、鎮護国家、利益衆生而已。爰纔雖レ有二供仏之置手一、全更無二住僧之依拠一。望請、政所裁許、永被レ令三免除二彼田一町者一、聊以レ此為レ便。将弥転読二法華妙典一、偏奉祈二本寺伽藍一矣。仍注事状、以解。

承暦二年十月三日　　僧能円

承暦二年（一〇七八）に、能円という金光院の住僧が金光院の供田・雑役を免除することを要請し、法隆寺政所に解状を出した。その解状によると、金光院三昧堂が建立された西嶺は、念仏に便りある（「有便念仏」）地であり、また聖霊――聖徳太子の加護を有するところである。そして金光院において、「鎮護国家、利益衆生」のために法莚を開き続けている。そのように、金光院は太子を信仰するための場であるというより、むしろ一般的な念仏三昧を修するために建てられたものである。「法隆寺雑記」が示した金光院太子堂は、中世法隆寺に再興された太子信仰のもとに、新たに加えられたものだと考えられる。ところが、「寺要日記」には、太子堂において行われた逆修の記録がある。

一太子堂逆修事、毎年秋彼岸行レ之。

正嘉二季戊午八月十九日、於二辻堂一始行是初也。而辻坊主定憲得業、依レ被二逆修一衆不レ受。

嘉暦元年丙寅八月廿一日、太子堂引遷勤行レ之。

一勤行次第。

朝九条錫杖、懺悔幷讃尊勝陀羅尼三反、地蔵宝号百反。

日中懺悔、尺迦讃、如意輪呪七反、慈救呪廿一反、尺迦宝号百反。

夕阿弥陀経幷讃尊勝陀羅尼三反、光明真言廿一反、念仏百反、懺悔、伽陀、
毎日、人別法花経一巻配レ転読、
毎度、法花経一部書写シテ、結日毎戸朝無縁ニ一本宛散進、逆修衆一巻漸写シテ、結日供養畢。(43)


正嘉二年（一二五八）に法隆寺辻堂(44)に始まった逆修は、嘉暦元年（一三二六）に太子堂に移されたことを記した。ここでは、逆修の次第が朝・日中・夕方（三時勤行）、及び法華転読・書写にわたって詳細に書かれているが、この記録では太子堂逆修の時に勧進と結縁が行われたかどうかは示されなかった。また、ここに記録されている太子堂は、金光院太子堂であるかどうかはわからないが、上記の例から見れば、中世法隆寺において太子信仰の空間を会場にして、勧進・結縁とともに逆修・追善などの法要を行うことが通例化したことがわかるだろう。そのように、中世法隆寺においては、太子信仰のもとに勧進・結縁が仏事法要とともに盛んに行われ、また儀礼を通して新たな太子信仰の空間が形成されていた。金光院太子堂は、まさにそのような信仰を背景にして建立されたものであろう。そして、そのような太子信仰と勧進活動の連結は法隆寺のみではなく、当時の南都全体の宗教運動の動向と深い関連を有していたと考えられる。

太子を崇敬する寺院において逆修を行う先例は、安元二年（一一七六）に後白河院の逆修仏事を四天王寺で営んだことである。その際の逆修の趣旨は安居院の澄憲が草した表白に記されていた。その表白においては、「聖霊兼テ発願ヲ二於レ此地一ニ。善哉ヤ。法皇修シ御事ヲレ善ヲ二於レ此処一ニ。一花一香ヲ捧タルレ此ノ處ニ者、指サシテレ九品台ヲ同クシレ契リヲ。一塊一塵ヲ抛アツルレ此ノ砌之輩ハ、期シテレ一仏土ヲ結フ縁ヲ。是則、太子ノ遺誡也。(45)」とあるように、『御手印縁起』の内容を巧妙に織り込みつつ、本願聖徳太子の遺誡と願主後白河院の九品往生の祈りが説かれた。また中世南都においては、興福寺や東大寺など権門寺院の子院、及びそれに支配された寺門郷において、律僧が主導した民（庶民）を対象にして、地蔵菩薩や智光曼荼羅などを本尊とする逆修や追善供養などが盛んに行われた。これは主に願主自身の生前作善と故人の菩提を弔うためである。(46)これらの逆修法会では、やはり法隆寺の逆修と同じように、勧進と結縁も同時に行われた。しかし、法隆寺に用いられた現在帳・過去帳とは異なり、逆修の対象者（自分・故人）の名前・願の趣旨・費用（寄付料）などを印仏の小紙片に書き込み、本尊の胎内に奉納するのであった。(47)中世法隆寺において行われた逆修・追善供養は、このような中世全体、特に南都における逆修法会の連鎖の一環だといえる。そうした基盤の上に、太子ゆかりの寺として、また上宮王家と深く結ばれた調子丸一族が供奉する寺として、顕真をはじめとする太子信仰の担い手のもとに、法隆寺における新たな逆修・結縁の空間が創られた。即ち、法隆寺で行われた逆修と追善供養は、太子に対する祈りのもとに行われたものであり、その結縁も太子との結縁である。一方、法隆寺の逆修・勧進・結縁などは、中世南都各地に行われた逆修法会と同様に、勧進僧、或いは律僧たちの活動が重要な役割を果たしてきた。

先にも述べたように、法隆寺東院北室において活動を行った律僧導御は、後に南都から離れて京都に拠点を移した。その導御が京都に移すきっかけは、法隆寺夢殿に参籠して太子に祈願した際に、「汝欲レ遂二所願一、可レ捨二名利一、入二聚落一、集二道俗男女一、行二無遮大会一、勧二融通念仏一云々。(48)」という太子よりの託宣を受けたためである。

その託宣を得た導御は、法隆寺を出て、京都に赴いて活動を展開した。周知のように、その後の導御の活動は、法金剛寺をはじめ、清凉寺・壬生寺などにおいて融通大念仏会を催すこととなった。ここに注目したいのは、導御が京都で融通念仏勧進を行う理由である。即ち、法隆寺夢殿において太子からの託宣を得たことで、多くの衆生を済度するために、都にいって庶民を対象として念仏・勧進・結縁を行うことになったという。そして自らの行動に関して、導御作の「釈迦堂大念仏縁起」(49)においては、次のように述べられている。

依二此念仏一成二彼往生一。抑誤赴二冥途一暫留二中有一之刻、閻王責レ我、捧二此名帳一、為二今生善根之張本一。冥官怒レ我、憑二今地蔵一、為二来世引接之導師一。依レ之面面交名之帳有二二部一。一者納二聖徳太子霊場一（法隆寺、御夢殿）、一者納二地蔵菩薩壇場一（金剛山寺）訖。

資料にみられるように、京都で融通大念仏勧進を取り組んだ導御の活動の背後には、法隆寺に行われる東院逆修と同様に、中世法隆寺を中心に展開した太子との結縁信仰が根ざしている。太子信仰を基づいた勧進結縁、その信仰自体とともに南都から京都へ、更に中世日本各地にも展開していった。そしてその担い手となったのは、導御のような中世律僧たちなのである。

四、律僧による太子信仰の継承

前に述べたように、中世法隆寺において行われた如意輪供養・舎利講・太子講・逆修は、寄進することによって過去帳と現在帳に入ることができる。また、そのような信仰は顕真という法隆寺僧によって広がっていた。その顕真は自らを太子の舎人として知られる調子丸の末裔と称し、法隆寺における調子丸一族の正統性を主張した。このような鎌倉時代に興隆していた太子信仰のなかで、顕真と深い交流をもっていた西大寺叡尊をはじめとする律僧たちによる活発な活動がみられる。

戒律復興で知られる鎌倉中期の西大寺僧叡尊と顕真の親交について、正嘉二年（一二五八）に、叡尊が顕真の依頼によって調子丸子孫相伝の念持仏である観音像を修理したことがよく知られる。叡尊はその自伝である『金剛仏子叡尊感身学正記』（以下『感身学正記』と略す）において、法隆寺如意輪観音像の修理について、次のように述べた。

正嘉元年丁巳五十七歳（中略）
同二年戊午五十八歳
秋始。大仏師善慶法橋卒去。九月、白月布薩以降、参レ法隆寺、為レ奉レ修二補調子丸氏父相具如意輪観音像一。
（後略）

正元一年己未五十九歳
三月十一日。奉レ修二補調子丸本尊一、奉レ安二置法隆寺之聖霊院一。而遂二開眼供養一、即三日三夜不断満如意輪大咒。十四日・十五日、於レ講堂行レ布薩。此間有レ霊夢、仏法繁昌之由也。(50)

正嘉二年（一二五八）九月、叡尊が法隆寺に参詣した際に、調子丸一族代々相伝の如意輪観音像の修理が依頼された。そして正元一年（一二五九）の十一月に観音像の修理が終わり、法隆寺聖霊院に安置された。三日三夜の不断如意輪大咒を念じることをもって開眼供養が行われた。供養の後に、講堂において布薩[51]が行われた。また、叡尊はその供養の間に仏法興隆の霊夢を見たと自ら述べる。その修理のことについては、叡尊の自伝のほかに、修理された如意輪観音像の台座の修理銘も証言している。

此像者調子丸子孫相伝之本尊也。去正嘉二年戊午九月十六日、参二聖霊院御身細金一之次、依二顕真大法師調子丸廿八代孫之勧一、不日奉レ迎。同十一月下旬、始修補之箇中。宝珠念珠蓮花輪御光花葉花盤柘榴花蓋圓座方座始造加焉。同三年三月十五日安置二當院一尓。

願主　西大寺衆首比丘叡尊

奉行比丘盛遍[52]

如意輪観音像の修理銘には、『感身学正記』と同じように、法隆寺に伝えられた調子丸一族代々相伝の如意輪観音像を修理する経緯が記される。叡尊はその修理が、顕真よりの依頼であることを明記し、更に銘文において顕真は調子丸の第二十八代の子孫であることが強調されていた。『感身学正記』と修理銘にみられるように、叡尊は顕真が調子丸の血脈を継承した者であることを認識していた。また、叡尊はその修理した如意輪観音像を供養する間に、仏法興隆の霊夢を感得したことに留意したい。即ち、調子丸一族代々相伝の本尊である如意輪観音像は、仏法守護の本尊であったと叡尊が認識していた。叡尊は願主として如意輪観音像の修理と供養を主体的に関与したが、仏法興隆の霊夢を見たのは法隆寺における調子丸一流の正統性を意識したからではなかろうか。

西大寺叡尊は篤く太子を信仰し、またその太子信仰をもとにして自らの宗教実践を果たしてきた。例えば、京都における太子建立七大寺の一つである広隆寺で叡尊教団と深い関わりをもった中観上人澄禅の主導による勧進活動が行われた。それは桂宮院という、法隆寺夢殿に倣って建長三年（一二五一）に再建された太子を礼拝する八角円堂で行われた。同じく京都では叡尊教団が白毫寺太子堂（東山太子堂）を拠点として太子を供養しながら、非人救済や勧進活動などを取り組んでいた。そして、東山太子堂は西大寺流の拠点寺院となる以前に、すでに橘寺復興のための勧進活動がそこに行われていた(53)。橘寺の勧進の際には東山太子堂に「太子ノ十六歳ノ御影」が祀られた。その太子の御影は、橘寺長老法空が夢想に基づいて造ったもので、勧進をともなった法会の際に用いられたのである(54)。

そのように、律僧を中心とした勧進活動は常に太子信仰が先行する。また律僧たちは各地に赴き、自らの宗教実践を通して太子信仰の更なる展開が遂げられた。そのような律僧たちの活動によって、勧進結縁が積極的に行われ、多くの人たちが太子に帰依した。太子を祀る空間において仏事儀礼とともに勧進・結縁を行うことは、南都と京都をはじめとして中世日本の各地にその例が多くみられる。中世において新たに展開した太子信仰は、まさにそのような儀礼を通して展開していったのである。

おわりに

聖徳太子が生きていた時代は、日本において仏教が伝来流布した時期である。積極的に仏教を導入し、深く仏法に帰依した聖徳太子は、釈迦になぞらえられて〝法王〟と称され、日本仏教に大きな影響を与えた。平安中期から、日本において聖徳太子への信仰が高揚となり、太子信仰に基づいて種々の太子伝が作られ、堂宇が建立され、絵伝や太子像が造立されるようになった。そのように古代からすでに興隆した太子信仰は、中世に至り、太子ゆかりの寺々において新たな展開を示した。中でも古代より太子信仰の中心であった法隆寺では、顕真という法隆寺僧によって調子丸一族の「血脈」が作られ、法隆寺における調子丸一流の正統性が唱えられた。顕真が撰した『聖徳太子伝私記』、及び法隆寺に伝わった「寺要日記」、「法隆寺雑記」などの資料を分析することで、顕真が活躍した中世法隆寺において、太子信仰のもとに行われた仏教実践の在り方を確認した。中世の法隆寺に太子を祀る堂宇においては、如意輪供養法・舎利講・太子講・逆修などが修されるとともに、南都の律僧集団が主催した寄進活動により、太子と結縁する作善も盛んに行われた。特に、そのような勧進結縁をともなった逆修は、中世の南都全体の宗教運動と連鎖したものである。中世南都において盛んに行われた逆修法要のなかで、法隆寺という太子ゆかりの寺、また調子丸一族が供奉する寺において、顕真は太子に対する信仰に基づき、太子と結縁することを用いて新たな勧進・逆修・追善の儀礼空間を創成した。法隆寺における太子と結縁する逆修・追善などの仏教実践は、太子図像と太子関係の文字テクストとともに、太子信仰の中世的展開の担い手となっていた。そこで、法隆寺は四天王寺と並び、往生極楽の地であると顕真によって説かれた。これは法隆寺を四天王寺になぞらえたようにみえるが、実際には顕真が調子丸一流の寺として法隆寺の聖地化を進めようとしていたと考えられる。法隆寺では調子丸一族が主導し、太子と結縁する聖地を創り出そうとしていたといえるだろう。一方、顕真と親交を有する西大寺叡尊、及びその教団は各地で太子信仰のもとに太子を祀る堂宇を拠点として活動を展開していた。そして叡尊教団以外にも、多くの勧進僧・律僧たちが太子信仰の空間（太子堂など）において、逆修・死者の追善供養・勧進・非人救済などの活動を行った。そのように、太子信仰を積極的に取り上げる集団は、太子を祀る空間に拠って自らの宗教実践を果たした。太子信仰は、各々の集団の宗教思想の「中心」となり、その信仰の「中心」のもとに儀礼が生成され、太子を祀る場において集団の実践と信仰が統一される。それは既存の太子信仰に基づいたものでありながら、太子を讃嘆し、また人々に寄進を勧めることを通して新たな太子信仰（太子結縁・法隆寺霊地信仰）とテクスト（太子講式・現在帳・過去帳）の創成にも及ぶのである。さらにそれは、太子を祀る儀礼空間によってこそ実現できたと考えられるだろう。

注

（1）石井公成『聖徳太子――実像と伝説の間』（春秋社、二〇一六年）。

（2）阿部泰郎「聖徳太子の世界像」（『中世日本の宗教テクスト体系』名古屋大学出版会、二〇一三年）。

（3）関口欣也「朝鮮三国時代建築と法隆寺金堂の様式的系統」（『日本建築の特質』中央公論美術出版、一九七六年）。

（4）福山敏男「初期の四天王寺史」、「四天王寺伽藍の歴史と金堂の復原」（『寺院建築の研究　上』（福山著作集）中央公論美術出版、一九八二年）。

（5）久野修義「中世法隆寺の成立と別所」（『日本政治社会史研究』（中）塙書房、一九八四年）。

（6）藤井恵介「聖徳太子の建築」（『聖徳太子事典』柏書房、一九九七年）。

（7）法隆寺は奈良盆地の西北部、奈良県生駒郡斑鳩町にある。地名としての斑鳩の初見は『日本書紀』用明天皇元年（五八六）正月の項。

（8）法隆寺金堂東仏薬師光銘文（原文）
池邊大宮治天下天皇大御身勞賜時歳
次丙午年召於大王天皇與太子而誓願賜我大
御病太平欲坐故將造寺薬師像作仕奉詔然
當時崩賜造不堪者小治田大宮治天下大王天
皇及東宮聖王大命受賜而歳次丁卯年仕奉

高田良信『法隆寺Ⅰ［歴史と古文献］』（保育社、一九八七年）六―七頁。また、顕真の『聖徳太子伝私記』「法隆寺金堂仏光後銘文」においても同じ銘文が記録されている。

（9）再建論とは、『日本書紀』の記事に従い、今の法隆寺伽藍（西院伽藍）は天智九年の焼失以降に再建されたものであるとする。それに対し、非再建論は、焼失被災を否定し、法隆寺は建立当初のままであると主張する。

再建論

黒川真頼「法隆寺建築観」（『国華』九―十一号、一八九〇年）。

小杉榲邨「法隆寺建築及び壁画の説」（『大八洲雑誌』九九・一〇六号、一八九四・一八九五年）。

非再建論

関野貞「法隆寺金堂塔婆及中門非再建論」（『建築雑誌』二一八号、一九〇五年）。

平子鐸嶺「法隆寺草創考」（『国華』一七七号、一九〇五年）。

（10）石田茂作「法隆寺若草伽藍の発掘」（『日本上代文化の研究』十六―四、一九四一年）。

（11）『法隆寺伽藍縁起幷流記資材牒』は、天平十八年（七四六）十月十四日付をもって朝廷より法隆寺の縁起や資材などを牒上するよう僧綱所に命じたのに対し、天平十九年（七四七）に法隆寺の三綱が作成し、僧綱所に提出したものである。高田良信「法隆寺の古文書」（『法隆寺Ⅰ　歴史と古文献』保育社、一九八七年）一〇六頁。

（12）高田良信「法隆寺の創建」（『法隆寺Ⅰ［歴史と古文献］』保育社、一九八七年）。

（13）小倉豊文『聖徳太子と聖徳太子信仰』（綜芸舎、一九六三年）。氏は奈良・天平時代に書写された経巻や義疏の見返しに聖徳太子像が描かれていたことから、太子の超人視がこの頃に行われてきたと指摘した。

（14）『法隆寺東院資材帳』の記録による。

（15）高田良信「法隆寺の歴史」（『日本の古寺美術①法隆寺Ⅰ』保育社、一九八七年）五九頁。

（16）『法隆寺別当次第』、『古今一陽集』。

（17）阿部泰郎「霊地における太子像」（『中世日本の宗教テクスト体系』名古屋大学出版会、二〇一三年）。

（18）前掲注8高田氏著書、六七―六八頁。

（19）本稿に提示する『私記』は、荻野三七彦氏によって翻刻されたものである（荻野三七彦『聖徳太子傳古今目録抄』（縮刷覆刻版）名著出版、一九八〇年）、荻野氏の翻刻資料にある補入記号・傍書が、（　）など翻刻のままに記入した。ここに引用した「次秘注秘文口伝」は、『聖徳太子伝私記（古今目録抄）』下巻裏書にあり、荻野本七七頁。また、ほぼ同文の内容は『顕真得業口決抄』にもみられる（『大日本仏教全書』第七一巻、三〇四頁）。

（20）『私記』下巻による（荻野本八九頁）。ほぼ同文の内容は、『顕真得業口決抄』（『大日本仏教全書』第七一巻、三〇五頁）にみられる。

（21）『私記』下巻裏書による（荻野本七六―七七頁）。ほぼ同文の内容は、『顕真得業口決抄』（『大日本仏教全書』第七一巻、三〇四頁）にみられる。

（22）『私記』下巻（荻野本五九頁）、『私記』下巻裏書（荻野本八一・八六頁）。

（23）『私記』上巻（荻野本一九頁）。

（24）『私記』上巻裏書（荻野本四一頁）。

（25）ここに挙げられた太子建立七ヶ寺は、『上宮聖徳法王帝説』に記したものとは異なり、即ち通説ではない法起寺・妙安寺・菩提寺・定林寺が挙げられるのは、恐らく太子建立四十六ヶ寺と混在した。

（26）「四天王寺御手印縁起」（「本願縁起」根本本）。『四天王寺古文書　第一巻』（清文堂史料叢書、一九九六年）。

（27）林幹彌『太子信仰の研究』（吉川弘文館、一九八〇年）。

（28）『私記』下巻（荻野本八九頁）。

（29）『私記』下巻裏書（荻野本八九―九〇頁）。

（30）荻野三七彦『聖徳太子伝古今目録抄の基礎的研究』（名著出版、一九八〇年、初版一九三七年）。

（31）『私記』下巻（荻野本九六頁）。

（32）法隆寺昭和資財帳編纂所編『法隆寺史料集成』（ワコー美術出版、一九八三～一九八五年）（巻七の一三五―一三八頁の原本影印により翻刻）。

（33）細川涼一「中世の法隆寺と寺辺民衆」（『部落問題研究』七六、一九八三年）。

（34）石黒豊次（校訂）『古今一陽集』（文功社、一九九四年）一〇五頁。

（35）聖皇曼荼羅の開眼について、『法隆寺別当次第』、『法隆寺縁起白拍子』に記録されている。

（36）前掲注34（一〇五頁）。

（37）細川涼一「法金剛院導御の宗教活動」（『中世の律宗寺院と民衆』吉川弘文館、一九八七年）。

(38) 法隆寺昭和資財帳編纂所編『法隆寺史料集成』(ワコー美術出版、一九八三～一九八五年)(巻七の七九—八〇頁の原本影印により翻刻)。
(39) 林幹彌「太子堂について」(『太子信仰の研究』吉川弘文館、一九八〇年)。
(40) 本稿に提示した「法隆寺雑記」は、東京国立博物館デジタルライブラリーにある明治三十五年(一九〇二)の写本を翻刻したものである。また「法隆寺雑記」の古い写本として、現在東京大学史料編纂所に所蔵する南北時代に書写された吉田家文書本が知られる。
(41) 『私記』上巻(荻野本二六頁)。
(42) 竹内理三『平安遺文』巻三(東京堂出版、一九六三年)一一四六頁。
(43) 法隆寺昭和資財帳編纂所編『法隆寺史料集成』(ワコー美術出版、一九八三～一九八五年)(巻七の六七—六八頁により翻刻)。
(44) 法隆寺南大門前にあり、享禄四年(一五三一)には既に廃絶していた。(林幹彌『太子信仰の研究』吉川弘文館、一九八〇年(巻七の四二二頁の原本影印により翻刻した))。
(45) 永井義憲・清水宥聖編『安居院唱導集上巻』(角川書店、一九七九年)。
(46) 西口順口『中世の女性と仏教』(法藏館、二〇〇六年)。
(47) 藤原重雄「都市の信仰——像内納入品にみる奈良の年中行事」(『中世の都市——史料の魅力、日本とヨーロッパ』東京大学出版会、二〇〇九年)。
(48) 『法金剛院古今伝記』による(前掲注35著書一八七頁)。
(49) 大覚寺史資料編纂室編『大覚寺文書』上巻、一九八〇年(前掲注35著書一八九頁)。
(50) 奈良国立文化財研究所(監修)『西大寺叡尊伝記集成』(法藏館、一九七七年)二七頁。
(51) 月二回(十五日・三十日)に同一地域の僧尼が集まって、戒本を誦して互いに反省しあう行事である。また在家修行者の場合、六斎日に八斎戒を受持する場合にもいう。
(52) 荻野三七彦『聖徳太子傳古今目録抄の基礎的研究』(縮印復刻版)(名著出版、一九八〇年)巻末写真による。
(53) 高橋悠介「「二橋の内裏」考」(『銕仙』五六六、二〇〇八年)。
(54) 高橋悠介「律院称名寺と聖徳太子伝——釋了敏の写本を中心に」(『説話文学研究』五二、二〇一七年)。

慶政と聖徳太子信仰

――嘉禎四年前後以降

牧野和夫

説話文学研究の対象である『閑居友』をひとまず離れ、渡宋・勧進上人としての慶政について些かの追及をここ七、八年継続してきた狙いは、直接には京洛東山に拓けた金山院〈建礼門院の記事生成の問題に直結する〉における東大寺円照上人の目覚しい活躍をその基層から解きほぐす為であるが、同時に宋版大蔵経（特に福州版、東禅寺版・開元寺版）の刻工名調査の整理・分析過程に浮上してきた慶政門下による福州版大蔵経の補刻と船載という事業に関する成果・新知見の確定に係る周辺の解明の為でもあった。勿論、その先に延慶本『平家物語』、さらには［平家物語］の生成に係る問題が厳として存在することは言うまでもない。

本稿は、したがって次の順序で進めるが、とびとびに発表してきた旧稿類に基づく面が多く、旧稿類に同文（長めになるが、引用）、あるいは重複する箇所も少なくない点をお断りしておきたい。

一、これまでの研究の経緯

二、嘉禎四年前後以降の慶政

一、これまでの研究の経緯

法華山寺における渡宋・勧進上人としての慶政・了行の事績追求については、牧野和夫「宋版一切経補刻葉に見える「下州千葉寺了行」の周辺」[1]にその一端を記述したことから始まったが、この解明の糸口が見えたのは野口実氏との出会い（先立って開催された平成十年の中世戦記物研究会例会で両人の発表に同名の僧侶「了行」が登場したこと）に遡るもので、既に十九年もの歳月が経過している。[2]

近時公刊したものにこの間の旧稿類をまとめたものがあり、以下に引用することをお許し頂きたい。牧野和夫「「自写」経典の宋の地における開版小考――宋人の一例と九条道家の例」掲載の一節である。

「九条道家と南宋との係りについては、宋版大蔵経の船載について考えるのが捷径であろう。慶政と「了行」を介した道家と南宋との緊密な係わりについては、既に「宋版一切経補刻葉に見える「下州千葉寺了行」の周辺」を始め、「中世前期学僧と近世書写一寺院縁起をめぐる二、三の問題」（『実践国文学』76号　2009・10）等に至る拙論類で指摘推測した。了行なる千葉寺僧と九条家・慶政（九条道家の兄、とするのが通説）との繋がりの背景には千葉秀胤と将軍頼経との関係が存在し、了行が文暦元年（一二三四）から仁治元年（一二四〇）の七～八年間の一時期に渡宋したこと、東寺蔵宋版一切経『大涅槃経』（福州開元寺版）巻八・三一・三二・三五・二一七の刊記に「日本国下州千葉寺比丘了行捨」とみえることからも明らかなように、宋版大蔵経の補刻事業に慶政のもと（この点は未だ十分な考察はなされていない）で関与した僧侶であること、などが明らかになった。千葉秀胤は評定衆で三浦泰村の妹婿にあたるが、寛元の政変で一時失脚し、宝治合戦で三浦氏とともに滅亡した人物である。了行が千葉氏一族で千葉氏の被官となった原氏の出身であることを指摘したのは、野口実氏「了行の周辺」（『東方学報　京都』第73冊、2001）である。

ここで「了行」という耳新しい僧名が留意されるが、石井進氏「「日蓮遺文紙背文書」の世界――双紙要文紙背文書を中心に――」（『石井進著作集第七巻　中世資料論の現在』〈2005　岩波書店〉初出1991）に展開した日蓮遺文紙背文書中に、九条家と千葉氏との間に介在し、しかも道家の意を体して千葉氏に用途などの沙汰を命じる立場にあった「れうきやう」なる僧と同一人物か、と推定されている。また、建長の政変で幕府に捕縛・処刑された「了行」であろう、と推測できる僧侶でもある（野口・牧野共同発表：1998）。

了行の渡宋は事実であったこと、しかも「文暦元年（一二三四）から仁治元年（一二四〇）の七～八年間の一時期」に渡宋して帰朝していたことが判明したのは、平成十九年度に文化庁の補助事業として滋賀県教育委員会が実施した「滋賀県所在古経典緊急調査」で発見された知礼述『観音玄義科』一巻（滋賀県愛荘町金剛輪寺所蔵の聖教）の奥書によってである。

「嘉禎三年（丁／酉）七月二日、於東洛楊梅大宮一乗弘通之法家十一面観世音菩薩宿房書寫了、此科前代未度也。而了行上人渡唐之時求得此科本帰朝次将来。于時嘉禎二年（丙／申）夏」

嘉禎二年（一二三六）夏、『観音玄義科』を携えて了行の帰国したことが明らかとなった（大谷由香氏「新出資料　金剛輪寺蔵　知礼述『観音玄義科』」〈『南都佛教』第九二号、二〇〇八年〉）。前引した牧野「十二世紀後末期の日本船載大蔵経から奝然将来大蔵経をのぞむ」（吉原浩人・王勇編『海を渡る天台文化』2008・12　勉誠出版）でも、「了行の渡宋時期の一二三五年は、正に道家が「かた木を異朝にひらかせられて摺写の弘通を」期した「文暦第二歳乙未仲春第二日」、即ち一二三五年に当るのである。俄かに『法然上人絵伝』第三五巻所載記事が信憑性を帯びてくる。慶政上人の介在を考慮するならば、道家の仏説阿弥陀経の異朝開版（伝承問の多少の「誤り」の幅は認める、として）の一件と了行の渡宋とが無縁ではない、と考えるべきであろう。

道家の「宗教的な構想」（光明峯寺をめぐる宗教構想については松本郁代氏『中世王権と即位灌頂』〈二〇〇五年、森話社刊〉参照）の一環として慶政・了行・頼賢（渡宋・帰朝時期が各々ずれるか。各々の「位置どり」は異なる、と考えられる）などの渡宋が行われた、と見ることもできる（牧野「慶政と聖徳太子信仰――宋版一切経補刻事業を軸に――」〈『仏教史学研究』五〇巻一号、二〇〇七年十一月〉）。」

経典などの施財開版（補刻を含む）が宋代の唐土で功徳としていかに重いものであったか、道家は十分了解し、阿弥陀経開版・十万部流通を積極的に南宋の唐土に求めた結果であろう、と考えるべきか、と結んだ。その点に関しては現在も同じ見解である。(3)」

一方で慶政・成阿弥陀仏両人の勧進に係る新しい展開の解明を近時試みたので、紹介しておくが、道家の「宗教的な構想」に緊密に絡むものである。

慶政の南都における勧進活動の記録は凡そは法隆寺に限られるものと考えられるが、そのことは、慶政の勧進の対象が法隆寺に限定されることにはならない。資料の偏在に由り生じる研究の空白領域が、近代に至る研究業績の多寡・疎密に顕在化するという免れがたい問題に直面する。そのことを痛感させられたのは、橘寺をめぐる二点の資料である。中世聖徳太子伝記及びその注釈書の有力な一本、叡山文庫蔵享徳二・三年写『太子伝』収録の〈橘寺の勧進所〉に関する一節と書陵部蔵［鎌倉期］写『橘寺本願推古天皇御託宣』一巻の橘寺修治に関する記述である。『橘寺本願推古天皇御託宣』は、「菩提寺塔修理之ヲハリシ日、卯月二十六日之巳時」と始まり、推古天皇の霊曰く「汝ヲハナレサルコト七年」、「タチハナ寺之勧進所之下僧」随心法師に憑いて七年とは、『上宮太子拾遺記』第四所引『天皇霊託記』に「嘉禎四年四月廿六日巳時。」とある「嘉禎四年」から七年遡った貞永元年頃、まさに四条天皇の誕生の年の前後に当たるのである。この問題に関して触れることをしないが、牧野和夫「中世太子伝記と成阿弥陀仏――橘寺と速成就院を起点として」[4]に詳述したので、御参照願いたい。

二、嘉禎四年前後以降の慶政

二―一　道家・慶政・実賢・頼賢――慶政の法隆寺修造事業の休止と法華山寺での頼賢の活動

従来、九条道家と慶政との係りが緊密な点は認められてきたが（縁戚関係の如何を問わず）、道家と実賢との親昵な関係は、菩提院行遍という「東寺一長者」を競望した僧侶を介在させた先鋭な対立関係が嘉禎・仁治頃まで遡って強調されるあまり、ほとんど留意されてこなかった。この点に関する重要な指摘が平雅行氏「鎌倉中期における鎌倉真言派の僧侶――良瑜・光宝・実賢」[5]によってなされている。仁治三年以前の政治・宗教的な状況に実賢・行遍の対立をもちこむことは慎むべきで「鵜呑みにはできない」のである。そのことを含めて若干記述するが、既に以下の拙稿があるので、記しておく。牧野和夫「宋版一切経の船載に係る一、二の問題[6]」、同「延慶書写時の延慶本『平家物語』へ至る一過程――実賢・実融[7]」である。

その前に、参考として必要事項を列記し年表形式で示す。

天福二年（一二三四）この頃以後、頼賢、慶政の許（法華山寺）に赴く。
　この間に、了行・頼賢など、渡海・入宋する。

嘉禎二年（一二三六）夏、了行、宋より帰国、『観音玄義科』を将来。意教上人頼賢などもこの頃、帰国か。
　（この頃以降、さほど時を隔てず、下醍醐に経堂建立か、自ら船載した宋版大蔵経を奉納〈おそらく、一二四二年頃までに〉、導師実賢）

同年（一二三七）八・九月頃には、道家、光明峰寺造営着手か（福山敏男氏説）。

同年（一二三七）行遍、東寺四長者。

延應元年（一二三九）後鳥羽院、薨去。『比良山古人霊託』なる。

仁治元年（一二四〇）慶政が法隆寺の復興に盡力したのは、この頃までか（寛喜二年からの十年間に集中）

仁治二年（一二四一）四月、行遍、東寺灌頂院において道家に傳法灌頂を授ける。

同年（一二四一）道家、実賢を召して『瑜祇経』の講義を受ける（道範『瑜祇経口決』第三・真言宗全書五）。

仁治三年（一二四二）四条天皇、薨去。一月、後嵯峨天皇、即位。

同年（一二四二）行遍、東寺へ宋版大般若経を奉納（二月二十三日付施入状〈『東寶記』第六〉）

寛元元年（一二四三）この頃より意教上人頼賢、西山法華寺（法華山寺）にて『覚禅鈔』書寫を始め、寶治二年（一二四八）頃まで書寫

寛元二年（一二四四）おそらく、寛元二年以降、宝治二年十二月二十九日までに行遍、東寺へ宋版一切経（宣陽門院御所持之御経）を奉納か。

寛元四年（一二四六）一月、後嵯峨天皇、後深草天皇に譲位、院政を始める。一月、一条実経、良実に替わり摂政就任。

行遍、實賢（安達景盛が背後にいたか）との封立、この頃から表面化か。

寶治元年（一二四七）近衛兼経、再度、摂政となる。

實賢、二長者補任。行遍、三長者へ。

寶治合戦、三浦一族、秀胤ら（上総千葉氏）滅亡。

寶治二年（一二四八）三月、行遍、大僧正、寺努、法務。四月、護持僧。十二月、實賢、一長者補任。十二月二十九日、高野山の本末騒動により東寺寺務、高野山大博法院座主職を止められる。

一言注記しておくならば、行遍の伝法院座主職補任が仁治二年（一二四一）であることである。おそらく四条天皇即位前後の九条道家を軸に摂関主導の体制が頂点に達した時期に当たっていることと緊密に関連するものであろう。牧野和夫「延慶書写時の延慶本『平家物語』へ至る一過程」(7)に詳述したので参照願いたい。仁治三年を挟んで寛元元年（一二四三）に俄かに十八代伝法院座主に定親が還任している。(8)

二―一―①　法華山寺における宋版大蔵経の船載・醍醐寺施入の背景

筆者を含めた研究会による福州版大蔵経の書誌的な調査の進展・深化にともない、法華山寺における慶政の重要な活動のひとつ、福州版大蔵経の補刻事業とその周辺に関する多くの新知見が得られるに至った。

法華山寺における頼賢の営為である宋版大蔵経の船載・醍醐寺施入ということの背景についても既に旧稿類に指摘し注意を喚起したので譲るが、最近の新出資料（宇都宮啓吾氏紹介の智積院新文庫蔵『醍醐祖師聞書』）を加えて、牧野和夫「宋版一切経の船載に係る一、二の問題」に次のように記述したので、引いておく。

「慶政は、頼賢にとって「ヲヂ御前」に当たる縁戚関係にあったことが明らかになり、初めて頼賢が慶政の法華山寺を舞台にして入宋・帰朝することになった経緯が見えてきたのであり、資金的な問題も含めておよそ推測できることになったのである。その入宋の理由の主要な点が師成賢の遺志の成就にあり、成賢の切望した「下醍醐」への宋版大蔵経の奉納という一大事業を、並み居る嫡流の院家を前に頼賢は師になり替わり「實賢」を導師にして見事に果たしたのである。約五、六年間に及ぶ法華山寺で遂行された松橋本『覚禅鈔』の書写活動をも含めた一連の動きが、実は当時の醍醐寺内の一部（鎌倉方の実賢に代表される）とも連携する裾野を持っていた。法華山寺を介して慶政の許で展開していた広範囲に及ぶ九条道家の布石ともいうべき目配りが既に存在していたようである（建長三年の了行の一件に伴う「勅勘」に際して頼賢などその災いを逃れえたことが留意される）。しかも慶政は自ら創建した西山法華山寺の後継に、頼賢を据えようとの意向があったことも知られたのである。頼賢が峯堂の継承を辞退し（その経緯については、不詳とする他ないが、前述の了行の一件の顚末と併せて、若干の推測は可能であろう〈牧野和夫「中世前期学僧と近世書写―寺院縁起をめぐる二、三の問題」『実践国文学』七六号、二〇〇九年十月参照〉。「律僧ニ成」った後（甲田宥吽氏「意教上人傳攷」に、この時期の宝治元年（一二四七）七月一日『自誓受戒記』に「比丘頼賢」の名があること指摘あり）、高野山上（安達氏とのゆかりか）に拠りどころを見出したことで、「証道房実融」をめぐる人々に「意教上人が入宋し大蔵経を将来し醍醐寺に収めた、しかも実賢を導師にして供養が行われた」という随心院蔵『証道上人集作』所収口伝が辛うじて残されたことは確かである。[6]」

九条道家→慶政→頼賢というルートを想定するならば、頼賢の遁世・渡宋・大蔵経将来・醍醐寺施入は、一貫した企画・構想に基づくもので、道家と実賢との緊密な連携による事業とも考えうるものである。実賢については、前引の平雅行氏「鎌倉中期における鎌倉真言派の僧侶――良瑜・光宝・実賢[5]」の次の指摘は重要である。「実賢大僧正（一一七六～一二四九）は修理権大夫藤原頼輔の孫、右馬権頭基輔の子である。母は源盛経女で、公名は大夫、金剛王院僧正と号した。建久七年（一一九六）に醍醐寺勝賢から伝法灌頂をうけたが、翌月、勝賢が亡くなったため、金剛王院賢海の弟子となり正治二年（一二〇〇）に重受した」「実賢の伯母が九条兼実と結婚しているので、実賢と良恵は義理の従兄弟の関係にある」という指摘であり、『密宗血脈鈔』の記述や『東宝記』の「実賢・行遍相論、及二都鄙沙汰一」とする記述が齎した「東寺一長者をめぐる二人の争い」の扱いには、「鵜呑みにはできない」、慎重を要する「さらに深い政治的葛藤が潜んで」いた、という指摘である。仁治二年の以下の事実などが後代に逸して理解された可能性が高いのである。

平氏が「実賢は道家の要請で、『瑜祇経口訣』を講じたり」と留意する『瑜祇経口訣』の講義であるが、正に仁治二年（一二四一）の十一月一日に始まり「同三十日」に至るもの（しかも「道範」同席）で、先立つ仁治二年四月には、行遍が東寺灌頂院において道家に傳法灌頂を授けてもいる。この道家の実賢・行遍の両人に対する処遇に留意するならば、『密宗血脈鈔』や『東宝記』の記述は、平氏の御指摘の通り「鵜呑みにはできない」であろう。道範撰『瑜祇経口訣』第五（『真言宗全書』第五所収）の末、底本奥書（高野山寶壽院蔵慶安三年寫本に拠る、と）は以下の通りである。

「瑜祇経口訣聞書第四終

書本云。自二仁治二年壬午十一月一日一至二同三十日一禅定殿下於法性寺御所一有此経御伝受一。醍醐座主僧正實賢讀二文點一幷被レ申承口決一道範接共座席一可レ注二進聞書一之由依レ有二厳命一。毎日注二其梗概一進二覧之一不レ遑レ借二草案一文義停滞。文纔聞二一遍一之上。少少加二名目等一料二簡之一間。定其　謬相參歟。若有レ及後哲披覧一乞也再治添削可レ納二秘函一矣

高野阿闍梨道範記之

〔興國三年壬午五月二日書寫畢

於二常陸國北郡寶薗寺北坊一書レ之。抑此書度々談義之時披覧之時不審多々也。依レ之一度談義之時以二七本一校合。即此五巻抄讀レ之交合之時。七本共散々事也。仍文點等随分沙二汰之一畢以後書者也。随其涯分秘蔵本也。若猶有二批謬一者構可レ被レ直レ之。

末代寫々口多之者也〕」

また、道範撰『瑜祇経口訣』第四の底本奥書も拾うならば、

「本云
興國三年三月一日於二常陸國北郡寶薗寺車返之陣屋一如レ形書寫畢。筆師法印権大僧都壽仁。生才六十七歳。
此経所談之時。此書多本談合交多分皆本共散々依也。諸本校合畢書申所也。門徒之重玄也。」

とある。

即ち、「筆師法印権大僧都壽仁。生才六十七歳。」が「興國三年三月一日」から五月にかけて「於二常陸國北郡寶薗寺車返之陣屋一」乃至「於二常陸國北郡寶薗寺北坊一」「如レ形書寫畢」とする写本が存在することは興味深い。この「壽仁」（既に留意すべき僧のひとりとして照海などを挙げた）は、既に牧野「中世文学史の一隅――遁世僧の営為の痕跡を辿る」(9)に指摘したことであるが、『密宗血脈鈔』に拠って「嘉暦三年」に「筆師生年」「五十三歳」で、「徳治二年」「於東山白毫院」書写された血脈関係の一本を底本として書写している僧侶である。「良胤―良智房―壽仁」と相承次第することも、続真言宗全書所収『野澤大血脈』に拠って判明する。こうした「壽仁」のような僧侶（照海なども、そのような一人か）の手を経て持ち伝えられた聖教に辛うじて〝残ることを得た〟〈事実〉が「仁治二年」の道範の奥書には認められ、仁治二年時点での道家と実賢の親昵な係りが知られるのである。九条道家→慶政→頼賢・実賢というルートは、道家と実賢の係りを背景にした絶大な「権威」に支えられていたようである。

一方で千葉寺了行の渡宋・新渡の典籍類の将来なども道家の計画の一端であった、と考えられる。更に道家が「長財を投じて」自写の阿弥陀経を唐土で開版施印・流通せんという発願を着実に実施することも慶政門下の渡宋事業の主要な任務であった、と考えられもするのである。福州版大蔵経の継続的な補刻事業を併せるならば、これらの計画が事前交渉なしに進行されたとは考え難く、法華山寺を拠点として頻繁な継続的な渡宋によって可能となる一連の宗教的な一大事業が現実味を帯びてくるのである。もし、仮に後述する宋の商客金源三次郎の一党と慶政の緊密な関係を承久二年以前に遡らせて考えることが出来るならば、慶政の渡宋と宋の地の受け入れ先（寧波・杭州・福州の貿易ルート）とに金一党の関与が想定されることになる。

行遍の沙汰で東寺へ宋版一切経（宣陽門院御所持之御経）が奉納されたことも頼賢・了行などの事業に継続して行われた法華山寺慶政門下の渡宋・大蔵経補刻・将来との関連で考えるべきものであろう（今後の調査研究に委ねられる多くの課題を残している）。牧野和夫「宋版一切経補刻葉に見える「下州千葉寺了行」の周辺」[1]に次のように記した。現在、東寺蔵宋版一切経（牧野注：宣陽門院御所持之御経）は、東禅寺版と開元寺版の混合蔵で、

「一二四一以前刷印の東禅寺版五五〇六帖と、一二四四年以降刷印の開元寺版五五六帖とで構成され混合帖であり、刷印時期に最低四年という歳月の径隔があることになる。」

次のような補刻時期のズレがあることに拠る推定である。

東禅寺版：端平元年（一二三四年）補刻があり、一二四一年の補刻はなし。
　一二三四年以降一二四一年以前の刷印。
開元寺版：淳祐甲辰（一二四四年、寛元二年）の補刻後、間もなく刷印。直ちに将来された。

東寺蔵宋版一切経は混合蔵で開元寺版に淳祐甲辰（一二四四年、寛元二年）の補刻葉が認められ、しかもその補刻葉の印面が初印の墨乗りの悪い状態か、と思われるものである。寛元二年（一二四四）九月作成慶政自筆か、とされる『漂到琉球国記』は、法華山寺で行われた「船頭幷一両同法説」からの聞書という。その「船頭」と慶政・法華山寺との関連に、松尾社を介した慶政上人と宋の商客金源三次郎との緊密な関係を重ね合わせることも可能である（後述）が、この問題には新出資料に俟つ面が多く憶測の域をでないので今後の課題としておく。

二―一―② 頼賢の法華山寺における『覚禅鈔』の書写活動の背景――実賢

ここで仁治二年頃の道家の宗教的な関連事項を列記するならば、次のようになる。

仁治二年（一二四一）四月、行遍、東寺灌頂院において道家に傳法灌頂を授ける。
仁治二年（一二四一）十一月、道家、実賢を召して『瑜祇経』の講義を受ける（道範『瑜祇経口決』第三・真言宗全書五）。道範、同席し、聞書作成・献上。
寛元元年（一二四三）この頃より意教上人頼賢、西山法華寺（法華山寺）にて『覚禅鈔』書寫を始め、寶治二年（一二四八）頃まで書寫。

この仁治二年の両記事にうかがえる状況は複雑である。道家が行遍との距離を一挙に縮める一方で、道家の側近くには変わらずに実賢がいたのではないか、と推測可能なことがらである。寛元元年頃以降俄かに法華山寺で行われるようになった頼賢の『覚禅鈔』の精力的な書写事業は、以下のように考えてみることもできる。頼賢の一連の大事業である遁世・渡宋・大蔵経将来・醍醐寺施入の背後に実賢の存在を想定できるように、松橋流の『覚禅鈔』を底本にした頼賢の書写活動、[9]特に欠本を高野山金剛三昧院や醍醐理性院から頼賢が取り寄せて書写することなどは、道家の側近くに関与し続ける［実賢とその周辺］との接点を想定せずには不可能であろう。既に道家と実賢の緊密な交流については、前引の如く平雅行氏「鎌倉中期における鎌倉真言派の僧侶――良瑜・光宝・実賢」[5]に指摘がある。嘉禎二年に、賢海から座主職を譲られるが、「賢海」こそが道家の「権威」を以て座主に就いた僧である。

頼賢の法華山寺における『覚禅鈔』の書写活動[10]には、法華山寺への移住とその後の宋版大蔵経の船載・醍醐寺施入という頼賢の事業の完了を俟って展開した新たなる計画が看取される。おそらく、延應元年（一二三九）の後鳥羽院の薨去などを境にして（『比良山古人霊託』に象徴的な形で顕在化）行われた道家の宗教構想の転換〈軸足が慶政→行遍へ移る〉であり、仁治・寛元期が正にその時期に当たっていたのである。慶政の法隆寺復興・補修造営が一見完了したか、との印象を与えるのも後述のように南都復興の視点に立てば事実ではなく、慶政の活動が認められなくなることで輪郭が曖昧になるに過ぎない一時的な現象なのである。法華山寺においても慶政に代わって頼賢主導の『覚禅鈔』の書写事業が始まり継続されることになる。そのことは東寺を軸に真言密教へ展開しようとする道家の宗教的な構想方針の明確な意向が反映しているのではないか。仁治二年（一二四一）四月に、行遍が東寺灌頂院において道家に傳法灌頂を授けているのも、道家の一連の「動き」ととらえられる。頼賢の『万徳寺本』書写の奥書のなかに、次のような事例があげられる。

a「五大虚空蔵法」奥書
寛元三年三月廿七日、於西山法花山寺写之畢、此写本故理趣院律師自筆等也、明玄律師之時為東南院法印定範被借取之間、今松橋書中所無、仍以理性院彼本写之、頼賢

b「釈迦法」
宝治二年四月廿六日、於法花山寺興慈院、以高野山金剛三昧院丹後阿闍梨之本、雨中禁老眼、馳筆了、頼賢

c「施諸餓鬼法」
宝治二年五月二日、以高野丹後阿闍梨之本、書写畢、頼賢

d「愛染法上」
宝治二年五月四日、於法花山寺興慈院、以高野丹闍梨本、書之了、頼賢

法華山寺が高野金剛三昧院・醍醐理性院との典籍貸借をめぐる顕著な交流の場であったことが知られる。仁治二年頃以降、頼賢と実賢、実賢と道家・慶政などの相互の係りが、表面的には道家と行遍（後ろ盾に宣陽門院）の顕著な係りと同時平衡して進められており、いわば摂関家主導の許、四条天皇の四周に諸勢力が蝟集してなんらかの方向に向けて進行していた事態が見て取れるのではないか（「摂関家の宗教構想」と云えるかどうか）。宝治合戦に至る因のひとつと目される行遍・実賢の対立の執拗且つ深刻な競合とその結末は、仁治年間当初の道家には見通せなかった展開であった可能性を考えてみるべきかもしれない。宝治合戦直後の正に高野山本末の苛烈な騒乱・対立時期に「頼賢」が「法華山寺」へ「高野山金剛三昧院丹後阿闍梨」から貴重な聖教を借り出しえたことは、留意しておくべき事柄である。

二―二　円照上人・後嵯峨院と聖徳太子信仰

延應元年（一二三九）前後が九条道家の宗教構想の転換の時期に当たっていることは、東寺灌頂院における「行遍」の登場や頼賢の『覚禅鈔』書写という一大事業の着手を以て明らかであるが、一見事業完了の印象を与える慶政の法隆寺復興・補修造営の事業は、南都復興の視点に立てば計画途上にあったのではないか、とも考えられる点は前節でふれた。九条道家は、延応元年に東大寺戒壇院にて受戒、正倉院の勅封宝物を閲覧（『延応元年記』）している。更に四条天皇の俄かなる薨去の翌年、道家は、北政所准后宮と共に法隆寺参詣も果たしている。その際、顕真が金堂の諷誦導師を勤めているのである（別当記など）。正倉院の勅封宝物の閲覧が、東大寺の戒壇院を巻き込み、宝物補修などの勧進活動への展開を想定してのものであったかどうかは、不詳であるが、少なくとも、九条道家が南都復興に対する宗教的な構想を放棄したとは考え難い。寛元四年（一二四六）の後嵯峨天皇の譲位と院政の開始、翌年の宝治合戦という激変を経過し、建長四年（一二五二）二月二十一日、道家の逝去を以て道家の壮大な宗教的構想は終った、と考えるべきである。引き続き、建長六年の近衛兼経の法隆寺参詣、翌年には「東大寺戒壇院実相上人円照院聖霊院々主五師顕真両人」が「施主」となり、「太子曼陀羅」に係って動いている。法隆寺に限ってみても、復興活動は継続して行われていたのである。文応元年頃以降、後嵯峨院の宗教政策の方針が明瞭に打ち出され、遁世上人円照が「□□（住カ）持シテ法隆寺上宮王院一ヲ、興二行シ戒律一ヲ」（『円照上人行状』中）という状況が生じたことで、弘長以降の法隆寺への勧進活動は円照の手に移ることになる。一方、慶政が法華山寺で起こした宋版一切経船載事業も継続していたことを示す事例は周知のことで、弘長頃の宋版一切経の法華山寺への将来（「法華山寺」發注印捺す。日本僧による補刻が、ほぼ同時期にも継続していた）がそれである。

以上の諸事項を配した年表を示す。

延応元年（一二三九）	十一月二五日、道家、東大寺戒壇院にて受戒、正倉院の勅封宝物を閲覧（『延応元年記』）
仁治三年（一二四二）	四条天皇、薨去。一月、後嵯峨天皇、即位。
同年（一二四二）	十一月、道家、北政所准后宮と共に法隆寺参詣、顕真、金堂の諷誦導師勤む（別当記など）。
寛元四年（一二四六）	一月、後嵯峨天皇、後深草天皇に譲位、院政を始める。
寶治元年（一二四七）	近衛兼経、再度、摂政となる。實賢、二長者補任。行遍、三長者へ。寶治合戦、三浦一族、秀胤ら（上総千葉氏）滅亡。
建長四年（一二五二）	二月二十一日、道家、逝去。六月八日、宣陽門院歿（七十一歳）。十月、兼経、弟兼平に摂政を譲る。
建長六年（一二五四）	三月、近衛兼経、法隆寺参詣。
建長七年（一二五五）	三月十三日「又（兼経）御参寶物（寶蔵）御覧被渡聖霊院即御宿所也」「太子曼陀羅始絵之東大寺戒壇院実相上人円照院聖霊院々主五師顕真両人其施主」
文応元年（一二六〇）	「□□（住カ）持シテ法隆寺上宮王院一ヲ、興二行シ戒律二ヲ」（『円照上人行状』中）
弘長元年（一二六一）	宋版一切経（金澤文庫本に一部（この頃以前、「行一」入宋・補刻）将来。「法華山寺」発注印有。
弘長元年（一二六一）	九月、後嵯峨院、法隆寺参詣
同年	十一月依円照上人勧進東院北室為持戒僧被寄進五部大乗経令転読給者也円照上人結構（法隆寺別当次第） 十一月依円照上人勧進和泉国珍南北庄被寄進畢（法隆寺別当次第）
弘長二年（一二六二）	二月依円照上人勧進播磨国鵤庄平方条為恵学供料等被寄進畢（法隆寺別当次第）

法隆寺の上宮王院が東大寺戒壇院の円照上人の管領するところとなった背景には、側近を含めた後嵯峨院の明瞭な宗教的な指針があったのであり、弘長頃前後からの戒壇院の動向に遁世僧の十方勧進的な「動き」が顕著になることと軌を一にすることがらである。内実や方向性は道家の宗教的な構想に大きく逸れるものではなく、む

しろ泉涌寺や法華山寺にゆかりを持つ学系に連なる遁世僧が少なくない。これらの点については、牧野和夫「延慶本『平家物語』における「東山鷲尾」の注釈的研究――寺院のネットワークということ」(11)から『沙石集』論――円照入寂後の戒壇院系の学僧たち」(12)や「中世文学史の一隅」(13)に至る拙文類に詳述したので参照願いたい。

まとめにかえて――慶政・聖徳太子・三井寺―金源三次郎の一党

慶政の渡宋に係る活動を考える時、ひとつの重要な事実に留意せざるを得ない。慶政とその師の延朗をめぐる伝記的な問題である。(14)

延朗と慶政をめぐる伝記的な研究は近年とくに進展著しいものである。大塚紀弘氏(15)も指摘する史料であるが、「松尾南谷」について次の点を新たに強調したい。

「(承久)二年庚辰正月十二日癸卯商客字源三次郎松尾南谷邊建立一切経蔵幷三重塔婆遂供養導師玄信法印也(願主今年九月十一日卒導/師今年四月九日入滅)(16)」

延朗の墓どころである松尾社の南谷には最福寺が開かれていた。『太平記』巻八「谷堂炎上事」に「浄住寺最福寺葉室衣笠二尊院」(兵藤裕己氏校注岩波文庫本に拠る)と列記された中の「最福寺」がいわゆる「谷堂」で、「かの谷堂と申すは、伊与守義信の嫡子延朗上人造立の霊地なり」と紹介される。僧行誉撰『壒嚢抄』に拠るならば、「峯堂ヲハ延朗弟子照日(月カ)上人建立ト云云。……法華山寺ト云是也。」とあり、「松尾南谷邊」とは正に「南谷」に在った最福寺のあたりで、承久二年（一二二〇）正月、この辺りに宋人の商客・金源三次郎が一切経蔵と三重の塔を建立・寄進したのである。おそらく、承久二年（一二二〇）正月以前に、既に商客の金源三次郎が松尾社・最福寺（谷寺・延朗堂）と緊密な関係を築いていたと考えるべきで、慶政上人の峯堂建立や入宋（慶政自身の入宋、継続して法華山寺僧が入宋・大蔵経補刻事業に係る）に商客の金源三次郎がどのような係りをもっていたのか、興味深いところである。

「（文永二年九月十九）十九日甲寅法成寺造営事大殿御摂籙之時一向以寺領等卅余ケ所為西山／勝月上人下知仰七條金堂等欲造営之処当殿執柄之間彼上人辞退被仰／泉涌寺人々猶有子細被仰付東福寺正一上人云々」

（『新抄（外記日記）』『続史籍集覧』所収）

など、松尾社を介した七條金堂と慶政（勝月上人）との関係には今後に残された課題は多い。

寛元二年（一二四四）九月作成慶政自筆か、とされる『漂到琉球国記』が仁治元年（一二四〇）の「松尾前神主秦相久陳状」の紙背を用いて松尾社ゆかりの峯堂法華山寺で書写されたことについては、いずれも偶然に寄り集まってきた〈松尾〉関連の人やものであると看過してよいものであろうか。「船頭弁一両同法説」からの聞書という、その「船頭」（宋人）も、松尾社・法華山寺を介して結ばれた金源三次郎との緊密な交渉関係を想定せざるをえないところである。弘長三年（一二六三）「慶政言上状」（鎌倉遺文所収文書）や「阿公自筆」の「舎利／具支口伝」に認められる系譜注記[17]などの記述をも併せて総合的に検討すべきではないか、と考える。

慶政自筆本という書陵部蔵『金堂本仏修治記』は、大唐国より齎された唐物の「瑪瑙」のこと、「仏匠・玉造・銀細工等」に「修治」させたこと、聖徳太子ゆかりの品に纏わる夢想など、興味深い内容を収載した、文永四年の弥勒像の金堂安置を以て擱筆する慶政最晩年の記録であるが、時代を覆う聖徳太子信仰の許に結ばれた慶政上人と七條の金(源三)党の松尾社を介した緊密な連携を十分に考慮する必要があろう。そして金党一味(一切経経蔵・三重塔建立の技術者集団)とその周辺に唐細工の修理に携わる職人が居た、と仮定してみることは許されないことであろうか。

この書陵部蔵『金堂本仏修治記』所収「大師御作霊像日記」とその紙背文書について『伏見宮家／九条家旧蔵諸寺縁起集』(昭和四五年三月)の解題は次のように記す。

「四　大師御作霊像日記。成立年次不明。慶政記。自筆。裏文書あり。本文楮紙二枚。一紙縦三十・八糎。横二十四・七糎(三十七糎)。全行二十行。一行二十字前後。」

「裏文書は、年次不明四月廿四日付法眼康円書状で、首部を欠き、宛先も切断されて不明である。ただ内容から谷御堂の五智如来の修理についての訴えで、谷御堂は延朗堂ともよばれ、慶政の法華山寺と谷一つ距てた場所に在り、慶政の師延朗の建堂とされている。表が慶政自筆と綜合して仏師康円から慶政に宛てたものと考えられる。」

ここにも、松尾社と縁深い最福寺(谷寺・延朗堂)に係る慶政宛書状が認められるのである。慶派仏師康円、商客金源三次郎、この渦中に松尾社・慶政などを投じたもろもろの問題は、すべて今後に残された課題である。

注

（1）『東方学報　京都』第七三冊（二〇〇一年）。

（2）以下に主要参考文献を掲出する。
石井進氏「「日蓮遺文紙背文書」の世界――双紙要文紙背文書を中心に」（『石井進著作集第七巻　中世資料論の現在』岩波書店、二〇〇五年、初出一九九一年）
佐々木紀一氏「法橋長専のこと」（『国語国文』六八二、一九九一年）
牧野和夫「宋版一切経補刻葉に見える「下州千葉寺了行」の周辺」（『東方学報　京都』第七三冊、二〇〇一年）
野口実氏「了行の周辺」（『東方学報　京都』第七三冊、二〇〇一年）
湯浅治久氏「鎌倉中期における千葉氏の経済構造に関する一考察」（『千葉県史研究』一一号別冊、二〇〇三年）他
牧野「慶政と聖徳太子信仰――宋版一切経補刻事業を軸に」（『仏教史学研究』五〇巻一号、二〇〇七年十一月）
牧野「十二世紀後末期の日本船載大蔵経から奝然将来大蔵経をのぞむ」（吉原浩人・王勇編『海を渡る天台文化』勉誠出版、二〇〇八年）
牧野「中世前期学僧と近世書写一寺院縁起をめぐる二、三の問題」（『実践国文学』七六号、二〇〇九年十月）他
野口実氏「鎌倉時代における下総千葉寺由縁の学僧たちの活動――了行・道源に関する訂正と補遺」（『京都女子大学宗教文化研究所』研究紀要』二四号、二〇一一年三月）
本郷恵子氏「御家人千葉氏を支える人々」（『蕩尽する中世』新潮社、二〇一二年）

（3）『実践国文学』九二号（二〇一七年十月）。

（4）『説話文学研究』五二号（二〇一七年）。

（5）『待兼山論叢』四三号（二〇〇九年十二月）。

（6）『実践国文学』九一号（二〇一七年三月）。

（7）『根来寺と延慶本『平家物語』』（アジア遊学二一一、勉誠出版、二〇一七年六月）。

（8）坂本正仁氏「醍醐寺所蔵大伝法院関係諸職の補任次第について」（『豊山教学大会紀要』一六号、一九八八年五月）。

（9）『実践国文学』八九号（二〇一六年三月）。

（10）『覚禅鈔』については、中野玄三氏「『覚禅鈔』の伝播と『勧修寺本』の成立」（『『覚禅鈔』の研究』）、甲田宥吽氏「意教上人傳攷」上・下（『密教文化研究所紀要』一二・一三号）などがある。
（11）『説話論集』第一一集（清文堂出版、二〇〇二年八月）所収。
（12）『実践国文学』八一号（二〇一二年三月）。
（13）『実践国文学』八九号（二〇一六年三月）。
（14）延朗については、名畑崇氏「延朗上人のこと」（『文藝論叢』四一号、一九九三年三月）など。延朗と松尾社については、下郡剛氏「「漂到琉球国記」成立の背景――作者慶政と松尾社」（『立正史学』八六号、一九九九年九月）、柴佳世乃・戸波智子氏「慶政『金堂本仏修治記』を読む――慶政と園城寺、九条家」（千葉大学『人文研究』三八号、二〇〇九年三月）他。
（15）大塚紀弘氏「高山寺の明恵集団と宋人」（『東京大学史料編纂所研究紀要』二〇号、二〇〇九年三月）。
（16）『仁和寺日次記』：『歴代残闕日記』七巻（臨川書店、一九七〇年三月）。
（17）櫛田良洪氏『真言密教成立過程の研究』（山喜房佛書林、一九六四年）三三八頁、紹介。

瑞渓周鳳と『聖徳太子伝暦』
――『善隣国宝記』と『臥雲日件録抜尤』をめぐって

田村　航

はじめに

中世にさまざまな展開をした聖徳太子信仰のうち、(1)十五世紀のものについては林幹彌氏が天皇・公家・室町殿・禅僧の各階層にわたる様相をあきらかにし、(2)高岸輝氏は足利義教による八坂法観寺五重塔の再建と片岡山の達磨寺の達磨大師造像に触れ、(3)ともに達磨と聖徳太子の関係を軸に臨済禅の重要性を指摘している。

臨済禅、なかでも五山僧の聖徳太子理解については、川岸宏教氏が(4)瑞渓周鳳の『臥雲日件録抜尤』寛正六年（一四六五）正月二十日条の「尺書所レ載夢殿来由、令レ送二蔭涼一」にもとづき、(5)『聖徳太子伝暦』よりも『元亨釈書』に依拠するものであったとする。『元亨釈書』が五山僧の学問の根幹をなし、(6)瑞渓の『善隣国宝記』も記述の多くを『元亨釈書』によっているところから、(7)あながち否定できない見解だが、だからといって『聖徳太子伝暦』が等閑視されていたわけではない。何となれば『善隣国宝記』および『臥雲日件録抜尤』文正元年（一四六六）七月十二日条で『聖徳太子伝暦』が引用され、しかも同書は瑞渓の考察の根拠にまでされるからである。

『善隣国宝記』と『臥雲日件録抜尤』における『聖徳太子伝暦』の引用については、すでに田中健夫氏の言及があるものの、(8)氏はこれらが関連する可能性については触れていない。

そこで本稿では両書が『聖徳太子伝暦』の同一箇所を引用するところから、当該の『臥雲日件録抜尤』の記事が『善隣国宝記』の執筆経緯をしたためたものであることを確認したうえで、瑞渓が『聖徳太子伝暦』に何をもとめ、いかなる書物と見なしていたのかを検討し、これを当代の文化動向のなかに位置づける試みをしていきたい。

一、『善隣国宝記』所引の『聖徳太子伝暦』

まず『善隣国宝記』所引の『聖徳太子伝暦』を見てみよう。推古天皇十五年（六〇七）のくだりである。(9)

聖徳太子伝曰、群臣議曰、妹子懈怠、失㆓蕃国表㆒、罪合㆓流刑㆒。具ㇾ状聞奏。天皇問㆓太子㆒。太子奏曰、妹子之罪、寔不ㇾ可ㇾ寛。然修ㇾ好善ㇾ隣、妹子之功也。加以隋国使共来。思復如何。天皇大悦免ㇾ罪。又曰、隋帝書曰、皇帝問㆓倭皇㆒云々。天皇問㆓太子㆒曰、此書如何。太子奏曰、天子賜㆓諸侯王㆒書式也。然皇帝之字、天下一耳。而用㆓皇字㆒、彼有㆓其礼㆒云々。天皇召㆓太子以下㆒、而議㆓答書之辞㆒。太子握ㇾ筆書ㇾ之曰、東天皇敬問㆓西皇帝㆒云々。謹白不具。

右はふたつの内容から成るが、ともに隋の煬帝からの国書をあつかう。前半は聖徳太子が国書を百済で盗まれた小野妹子の罪を弁護したもので、後半は隋使の裴世清がもたらした国書における「倭皇」の表記を承け、太子が「東天皇敬問西皇帝」としたためたものである。これらは『聖徳太子伝暦』太子三十七歳条に見えるが、全文が引用されているわけではなく、適宜省略されている。『聖徳太子伝暦』の当該条と比較すれば明白である。(10)

> 太子卅七 十六年〔戊辰〕。夏四月、小野臣妹子至自大隋。々朝使人裴世清等十二人従妹子来至于筑紫。六月、到難波館。妹子奏曰、臣経百済之日、百済人探掠大唐表文。仍不得上矣。群臣議曰、妹子解〔懈〕怠、失蕃国表、罪合流刑。具状聞奏。天皇問太子。々々奏曰、妹子之罪、寔不可寛。然修好善隣、妹子功也。於臣復有得先身所持之経而来。加以随〔隋〕使共来。有流妹子、彼使乍聞、思復如何。天皇大悦、免妹子罪。秋八月、大随使客入京。詔遣飾騎七十五疋、迎椿市之街。太子微服而看。世清遥睇太子所居林上、語左右曰、彼有真人之気。経其林下、々馬揖去。観者異之。随帝書曰、皇帝問倭皇。使人長吏大礼蘇因高等、至具懐云々。天皇問太子曰、此書如何。太子奏曰、天子賜諸侯王書式也。然皇帝之字、天下一耳。而用倭皇字、彼有其礼、応恭而修。天皇善之。九月、随客還国。復以妹子為大使、吉志雄成為少使。天皇召太子已下、而議答書之辞。太子握筆書之曰、東天皇敬問西皇帝云々。謹白不具。太子奏以高向漢人・玄理等八人、為学生而遣。

『聖徳太子伝暦』の太子三十七歳条は前半が小野妹子の帰国、後半が妹子請来の『法華経』について述べたものである。右では前半のみの引用にとどめたが、それでも『善隣国宝記』と比較すれば、隋との国書に関する部分のみが抜粋されていることがわかる。外交文書を集成した『善隣国宝記』の性格上、当然というべきだが、

『善隣国宝記』で国書についてしか触れていなくても、瑞渓は省略した箇所をふくめ、右を読みこんでいた節がある。このことは『臥雲日件録抜尤』からうかがえる。

二、『臥雲日件録抜尤』所引の『聖徳太子伝暦』

『聖徳太子伝暦』を引用する『臥雲日件録抜尤』の記事は、文正元年（一四六六）七月十二日条である。

外記常忠（清原業忠）居士来。予就二本朝故事一問二不審一。日本々称二倭国一、倭字在二韻会歌韻一、此日本自称乎、或自二他国一称乎。居士亦不レ解レ之。又問、聖徳太子伝中、有二飾馬之語一、其義如何。曰、馬用二錫・鑾、杏葉之飾一。今年大嘗会時、亦有レ之云々。予又問、前有二三房一、後有二三房一、皆本朝博物之士也。某人々、未レ審二名字一、如何。曰、後三条院代、匡（マサ）房・惟（コレ）（伊）房・為（タメ）房、三人同時出。又后醍醐天皇代、有二宣（ノブ）房・定（サダ）房・親（チカ）房一云々。親房乃今伊勢・飛驒国司之先也。神皇正統記、此今（人之カ）作也。又太子伝、有二可レ疑者一、公当レ問二一条（兼良）殿一。

瑞渓は清原業忠と親交をむすび、たびたび日本のことを尋ね、知見を得ていた(11)。右はそのうちのひとつである。瑞渓が「聖徳太子伝中」の「飾馬」の意味を尋ねると、業忠は馬に付す「錫・鑾、杏葉之飾」すなわち鈴と銀杏の葉形の装飾具だと答え(12)、さらにこの年十二月開催の大嘗会でも用いられるとつけくわえた(13)。

『聖徳太子伝暦』で「飾馬」に該当する箇所は、前引中「遣二飾騎七十五疋一」のみで(14)、おそらく瑞渓はこの語について尋ねたのである。前掲の『善隣国宝記』では「飾騎七十五疋」をめぐる記載は省略されているが、それでも瑞渓はこの部分をふくめ、太子三十七歳条の全体を読解していた節がある。

それればかりか、瑞渓が業忠に「飾馬」の語義を問うた時期も見落とせない。『善隣国宝記』が「文正龍集丙戌八月十日」すなわち文正元年八月に執筆されたことにかんがみれば、(15)この直前に瑞渓は「飾馬」の質問をしたことになる。瑞渓による業忠への問いは、『善隣国宝記』に『聖徳太子伝暦』を引用するにあたってのものと考えられる。

『善隣国宝記』中の次の記述は、さらにこれを補強しよう。(16)

右神皇正統記所レ載、大概如レ斯。

予按、韻書曰、倭、烏禾切。女王国名。在二東海中一。前漢地理志、楽浪海中有二倭人一、分二百余国一。在二帯方東南大海中一、依二山島一為レ国。度レ海千里、復有レ国、皆倭種。唐東夷伝曰、日本古倭奴也。去二京師一万千里。其俗多レ女少レ男。小島五十余、皆自国、而臣二附之一。

予謂、楽浪海中有二倭人一、分二百余国一云々。凡以レ此為二日本一乎。然為二百余国一、可レ疑也。又曰、度レ海千里、復有レ国云々。若以レ此為二日本一、則上所謂楽浪海中百余国倭人、指二何国一耶。韻書以レ倭為二女王国名一。蓋天照太〔大〕神為二地神首一、而為二此国主一。故謂二之女王国名一乎。然則凡此国人民、皆為二其種其奴一耳。但度レ海千里之語、似下楽浪海中倭与二倭種国一有上レ異。未レ決レ疑爾。

『善隣国宝記』上巻の冒頭部分は日本の「倭」という表記について諸書の引用をする。「右神皇正統記所レ載」

は書きだしの「大日本者神国也。天祖創レ基、日神伝レ統焉」以下「如二彼方大漢・大唐之大一、則称美之語也。大倭非二此例一」までをさし、[17]これは『神皇正統記』序論の「大日本者神国也。天祖ハジメテ基ヲヒラキ、日神ナガク統ヲ伝給フ」以下「大倭ト云コトハ、異朝ニモ領納シテ書伝ニノセタレバ、此国ニノミホメテ称スルニアラズ［異朝ニ大漢・大唐ナド云ハ、大ナリト称スルコ、ロナリ］」[18]までを漢文に書きなおしたものである。先の『臥雲日件録抜尤』で「親房乃今伊勢・飛騨国司之先也。神皇正統記、此今作也」とつづられたのは、『善隣国宝記』における『神皇正統記』の引用を意識してのものであろう。

つづく「韻書」について、上田正氏[19]は『善隣国宝記』に見える唐の蔣魴の『切韻』を参考にかかげるが、[20]これは成尋の『参天台五臺山記』延久四年（一〇七二）十二月二十九日条[21]からの引用文中のものなので、まず関連しないだろう。

さらにこの「韻書」を田中健夫氏は「具体的にどの書をさすか不明」とし、[22]文意が似るところから、菅原是善の『東宮切韻』の「陸法言云、烏和反、東海中女王国」をしめすが、[23]じつは「倭、烏禾切」以下「皆自国、而臣二附之一」までは、『漢書』「地理志」と『新唐書』「東夷伝」の原文と異なる引用をふくめて、[24]元の熊忠が撰した『古今韻会挙要』の「平声下」五「歌［与レ戈通］」に同文が確認できる。[25]『臥雲日件録抜尤』でも「倭字在二韻会歌韻一」と『古今韻会挙要』への言及がなされ、おなじく「歌韻」中の「倭字」の参看が記されている。したがって『善隣国宝記』の「韻書」は『古今韻会挙要』である蓋然性が高い。先の「予按」すなわち瑞渓が「倭字」を調べたのは、文正元年（一四六六）七月十二日か、これに近い時期ということになろう。

そして『古今韻会挙要』所引『漢書』「地理志」の「倭」が日本かどうか疑わしいとする瑞渓の考察は『臥雲日件録抜尤』の「日本々称二倭国一」を前提にしていることを思わせ、とりわけ『新唐書』に「日本古倭奴也」

とあったからこそ、瑞渓は業忠に「此日本自称乎、或自二他国一称乎」という質問をしたようでもある。

以上傍証とはいえ、内容と時期の符合から、『臥雲日件録抜尤』文正元年七月十二日条の記事に『善隣国宝記』の成立事情の一端をみとめることができよう。それでは両書をむすびつける『聖徳太子伝暦』を、瑞渓はどのような書物ととらえていたのか。

三、史料としての『聖徳太子伝暦』

『善隣国宝記』推古天皇十五年（六〇七）の末尾では、元永元年（一一一八）四月二十五日に中原師安らが奏した宋国の牒状に関する勘文に言及し、こう記す。(26)

> 又引二経籍後伝記一曰、以小治田朝［今按推古天皇］十二年歳次甲子正月朔、始用二暦日一。是時国家書籍未レ多。爰遣二小野臣因高於隋国一、買二-求書籍一、兼聘二隋天子一。其書曰、日出処天皇、致二書日没処天子一。隋煬帝覧レ之不レ悦。猶怪二其意気高遠一、遣二裴世清等十三人一、送二因高一来観二国風一。其書曰、皇帝問二倭王一。聖徳太子甚悪下其黜二天子之号一為中倭王上、而不レ賞二其使一。仍報書曰、東天皇白二西皇帝一云々。

当該の勘文自体が現存しないうえ、(27)ここで引かれる『経籍後伝記』も逸書で、右でしか確認できないものだが、(28)瑞渓はこの記載をふまえて、次のような考察に及ぶ。(29)

又推古記〔紀〕・太子伝所レ記、妹子入隋、乃推古十五年丁卯也。然書〔経〕籍後伝記曰、十二年甲子。又倭皇作二倭王一。孰是。当下以二推古記・太子伝一為上レ是歟。又東天皇問二西皇帝一之語、由二太子伝一観レ之、実聖徳太子所レ作之書也。然代言故、推古記内、不レ記二所レ撰之人一、蓋史之常也。然則日出処・日没処之語、亦或太子所レ作乎。向所謂猶怪二意気高遠一之語、以釈下煬帝不レ悦而有二使者一之疑上。

まず隋との国書をめぐるふたつの疑問が呈される。ひとつ目は小野妹子が隋に赴いた時期について「推古十五年丁卯」とする『日本書紀』『聖徳太子伝暦』と「十二年甲子」とする『経籍後伝記』のどちらが正しいのか、またふたつ目も同様に煬帝の国書における天皇の表記について「倭皇」とする『日本書紀』『聖徳太子伝暦』と「倭王」とする『経籍後伝記』のどちらが正しいのかというもので、瑞渓はいずれの場合も『日本書紀』および『聖徳太子伝暦』を是とした。

さらに瑞渓は『聖徳太子伝暦』の「太子握レ筆書レ之」にもとづき「東天皇敬問二西皇帝一」の書き手を聖徳太子とし、(30)なおかつ前年煬帝に宛てた国書中の「日出処・日没処」も太子によるものとまで推測した。『日本書紀』では「東天皇敬問二西皇帝一」の執筆者を明記しないため、(31)必ずしも聖徳太子の実作とは断定しきれないのに、瑞渓は「史之常」として国書が天皇の「代言」ゆえに作成者を明記しないとの理由から、太子自身による国書の作成という結論を導きだした。そしてこれは『善隣国宝記』序文の「日本与二震旦一相通、蓋始二於垂仁天皇之代一乎。其通二書信一、則推古朝、聖徳太子自製二隋国答書一焉」から、(32)瑞渓の一貫した認識でもあった。瑞渓が国書の作成者としての聖徳太子に拘泥したのは、太子を日中外交の先駆者に据えたかったからである。

『善隣国宝記』には次の一文がしたためられる。[33]

不レ図、粟散之地、刧濁之代、復覩二過去久遠之風一。国王既然。将相以降、至二于士民一、無レ男無レ女、垂老薙二其髪一、円二其顱一、皆唱二南無一、為二口実一。豈非三吾国之為二仏国一也邪。実太子遺風余烈之使レ然者也。如レ通二書於震旦一、亦出二推古之朝一、則善レ隣為レ宝、豈非二太子之意一乎。

右とともに『善隣国宝記』では「既而聖徳太子始講二法華・勝鬘二経一、雨レ華放レ光、聳二動四衆一」や「仏法東漸、祖師西来。太子皆為二之地一乎」のように、[34]日本における仏法興隆の濫觴を聖徳太子にもとめ、これとあわせて日中における国書の往来もまた太子よりはじまったとした。かかる観点から、瑞渓にとっては聖徳太子こそ隋宛の国書の作成者にふさわしく、その根拠として『聖徳太子伝暦』をかかげたのである。

瑞渓は『善隣国宝記』で「或時乗二烏駒一翔二虚空一、而凌二士峰之雪一」と、[35]聖徳太子が甲斐の黒駒で富士の上空を飛翔した、神仙譚にも通ずる『聖徳太子伝暦』の伝説に触れながらも、[36]一方では同書に史実を見いだし『日本書紀』以上に重きを置くほどであった。[37]

さて、このように本来なら説話集ともいうべき『聖徳太子伝暦』を史料としてあつかう姿勢は、ひとり瑞渓にとどまらず、たとえば当時『伊勢物語』から史実を汲みとろうとしたのと同様、ある種の時代思潮という観がなくはない。以下は一条兼良の『伊勢物語愚見抄』である。[38]

（A）

このおとこをばながしつかはしてければ

業平中将流罪の事、国史に見えず。御門のいさゝか御気色あしかりけるを、事々しくいひなしたり。

（B）

伊勢の国にかりのつかひにいきけるに

国史云、光孝天皇元慶八年（八八四）十二月二日、勅使左衛門佐従五位上藤高経・六位六人・近衛一人・鶺七聯・犬九、遣二於播磨国一。中務少輔在原弘景・六位四人・近衛一人・鷹五・犬六、遣二於美作国一。並獦〔猟〕二取野禽一。仁和元年（八八五）三月七日、遣下従四位下左馬頭藤利基於遠江国、左近少将源湛於備後国一、並臂レ鷹提〔擁〕レ犬、行掃中野禽上。路次往還弁経レ彼之間、用二正税一供レ食。同二年二月十六日、遣下越前権介藤恒衆〔泉〕・雅楽頭従五位下在原棟梁於備中国一、並賚二鷹鶴一、払中取野鳥上。

かりのつかひは鷹狩の使也。業平この使をうけたまはりて、伊勢へくだりたる事、国史に証文なしといへども、かやうの事はしるしおとす事、又つねのこと也。

（C）

そこにありけるかたゐおきな

かたゐは、佳体の心にや。中将の事を国史に体貌閑麗なるよし、しるせる故なり。

(A)~(C)はそれぞれ『伊勢物語』第六十五・六十九・八十一段に関する注釈で「国史」と対比されている。(A)は二条后(藤原高子)に密通した在原業平を流罪に処した『伊勢物語』本文について、兼良は「国史」に見えないところから、流罪の事実はなく、清和天皇の業平への悪感情と理解する。(B)は『三代実録』の記事をかかげ、(39)業平が伊勢国に鷹狩におもむいた「証文」が「国史」にはないことをしめしつつ、それでも「しるしおとす事」は「つねのこと」としてあるとする。(C)は『三代実録』元慶四年(八八〇)五月二十八日条で業平を評した「体貌閑麗」をふまえて「かたゐ」を「佳体」と解釈する。(40)

兼良が「国史」による裏づけで『伊勢物語』の読解をおこなうのは、同書が業平の一代記として史実を収載すると見なしていたからで、(41)やはり瑞渓の『聖徳太子伝暦』に対する態度と似通う。とくに(B)の「国史」に記載されない史実もあるという議論は、『日本書紀』は国書の作成者を明記しないものだとした瑞渓の主張と重なろう。さらに瑞渓が有していた兼良との接点も、(42)両者の共通を引き立てるはずである。

このほか連歌師宗祇の『雨夜談抄』(『帚木別註』)も見逃せない。(43)

紫式部此物語をかく事、わがつくりたる物のやうになさずして、昔ありし事どものさまぐ〵につたへきゝし事をかきうつしなどしてとりあつめ、一部にしたるやうにかけり。

『源氏物語』は紫式部の創作ではなく、歴史上の出来事を集成して書かれたものだという。そしてその具体例として「桐壺の御門・朱雀院・冷泉院」は「延喜・承平・天暦のみかど」に、「光源氏」は「西宮左大臣高明公」に相当するとしたうえで、「賢木」「須磨」「明石」巻における周公旦・白楽天・菅原道真・小野篁・在原行平が列挙される。(44)

さらに「帚木」巻に『源氏物語』の全体が収斂されているとする宗祇の言説と相まって、(45)右は『源氏物語』本文によったとも考えられる。(46)「蛍」巻にはこう見える。

神代より世にあることを記しおきけるななり。日本記〔紀〕などは、たゞかたそばぞかし。これらにこそ道々しく詳しきことはあらめ。

光源氏が玉鬘に語った台詞である。物語とは神代以来のあらゆる出来事を書きとどめたもので、これに比べれば「日本記」をはじめとした六国史にしめされるのは歴史の一部でしかないという。『紫式部日記』で一条天皇が「源じの物がたり」の作者を「日本紀をこそよみたるべけれ。まことにざえあるべし」と評したように、(47)上記は「日本紀」すなわち六国史に精通したからこそ、その限界をも知悉した言であろう。そしてこれを補いうる物語とは、ほかならぬ『源氏物語』をさし、(48)同書の六国史を乗り越えんとする宣言が読みとれる。十五世紀当時『源氏物語』が共通の規範だったことにかんがみれば、(49)兼良が「国史」には見落とした史実があるとしたのも、あるいは「蛍」巻をふまえてのことなのかもしれない。

いずれにせよ、物語を史実のあらわれとする立場は『雨夜談抄』にもうかがえ、兼良と宗祇の交渉のほか、(50)三条西実隆が「抑今朝宗祇携二箒木巻抄出新作一帖一来。一見有レ興」と『雨夜談抄』を披見したこともふくめ、(51)どうやら共通の文化圏のごときものが想定できる。(52)瑞渓と『聖徳太子伝暦』もまたこれと接していた観がある。

もっとも、この問題を時代全体にまで敷衍するのは性急に過ぎるため、回り道を要するのは言を俟たないが、『聖徳太子伝暦』に史実を見いだそうとした瑞渓周鳳の方法論が、当人ひとりに収まらないのだけは確かであろう。

おわりに

十五世紀の聖徳太子信仰において臨済禅は比較的重要な位置を占めていた。とりわけ五山僧の聖徳太子観は『元亨釈書』によるところが大きいものの、瑞渓周鳳の『善隣国宝記』と『臥雲日件録抜尤』をひもとくと『聖徳太子伝暦』にも目が配られていたことに心づく。

瑞渓は『臥雲日件録抜尤』文正元年（一四六六）七月十二日条において清原業忠に『聖徳太子伝暦』太子三十七歳条に関する質問をおこない、当該条が『善隣国宝記』に引用されているところから、このやりとりは翌月の同書の完成につながったものと想定できる。

そしてその補強材料として、瑞渓による『古今韻会挙要』の引用および参看があげられる。『古今韻会挙要』は元代の熊忠が撰した書物で、従来不明とされてきた『善隣国宝記』上巻冒頭の「韻書」に該当することが本稿で新たに判明した。しかも『臥雲日件録抜尤』文正元年七月十二日条で参看された同書は、内容面においても『善隣国宝記』の引用部分と合致するため、やはり『臥雲日件録抜尤』同日条に『善隣国宝記』の執筆過程をみとめてさしつかえあるまい。

さらに瑞渓は『聖徳太子伝暦』中の太子が自ら隋宛の国書を作成した記載に信を置き、『日本書紀』で裏づけがとれないのにもかかわらず、これを史実と確定した。

このように説話集たる『聖徳太子伝暦』から史実を汲みとろうとした瑞渓の姿勢は、物語を歴史として理解する一条兼良の『伊勢物語愚見抄』や連歌師宗祇の『雨夜談抄』とも通じ、十五世紀の文化動向のなかに位置づけられそうである。

本稿では瑞渓と『聖徳太子伝暦』のかかわりのみに焦点を絞ったため、他の五山僧が同書をいかに理解していたのかという点については触れえなかった。

また前引『臥雲日件録抜尤』文正元年七月十二日条の『聖徳太子伝暦』でわからないことがあれば、清原業忠が一条兼良に確認してくれるはずだという記載は、兼良が同書に通じていたことを思わせ、それればかりか瑞渓が呈した「飾馬」の疑問にも兼良が間接的に解答した趣さえ感じさせる。

それでは兼良は『聖徳太子伝暦』をどのような書物と見ていたのか。なかでも本論同様、『日本書紀』との対比においてどうだったのか気になるところである。『大乗院寺社雑事記』文明六年（一四七四）二月五日条にはこう見える。[53]

禅閤仰、上宮太子入滅ハ二月五日也。日本紀分明也。廿二日之由、不レ得二其意一。今日正忌日也。

聖徳太子の忌日は二月五日と二十二日の両説あるが、[54]兼良は『日本書紀』にもとづき、二月五日とした。兼良にとっては六国史の記述こそが、歴史事実の確定において揺るがせにできない根拠だったわけだが、はたして『聖徳太子伝暦』はどうとらえていたのか。にわかに解明しうる問題ではないが、今後の課題としたい。

あわせて兼良の子息にあたる興福寺大乗院の尋尊が『聖徳太子伝暦』に目を通し、[55]後土御門天皇も同書を読んでいたところから、[56]十五世紀における『聖徳太子伝暦』の流布にも目を配らなくてはなるまい。

このほか、本稿では『古今韻会挙要』のみにとどまったが、当時とくに五山で普及した宋・元代の漢籍についても検討を重ねる必要があろう。[57]

注

(1) 大屋徳城『仏教各宗に於ける聖徳太子の信仰』(法藏館、一九二一年)、金治勇『聖徳太子信仰』(春秋社、一九七九年)、林幹彌『太子信仰の研究』(吉川弘文館、一九八〇年)、武田佐知子『信仰の王権 聖徳太子——太子像をよみとく』(中央公論社、一九九三年)、阿部泰郎「聖徳太子信仰」(石田尚豊編『聖徳太子事典』柏書房、一九九七年)、同「中世における歴史叙述と注釈——聖徳太子伝をめぐりて」(『古代文学』四一、二〇〇二年)、藤井由紀子『聖徳太子の伝承——イメージの再生と信仰』(吉川弘文館、一九九九年)、松本真輔『聖徳太子伝と合戦譚』(勉誠出版、二〇〇七年)、鶴崎裕雄「室町時代の紀行文に見る天神信仰・太子信仰——宗祇『筑紫道記』と三条西公条『吉野詣記』」(武田佐知子編『太子信仰と天神信仰——信仰と表現の位相』思文閣出版、二〇一〇年)二六一—四八頁、森茂暁『室町幕府崩壊——将軍義教の野望と挫折』(角川書店、二〇一一年)二三頁、榊原史子『『四天王寺縁起』の研究——聖徳太子の縁起とその周辺』(勉誠出版、二〇一三年)など。

(2) 林幹彌『太子信仰——その発生と発展』(評論社、一九七二年)二一六—二三九頁。

(3) 高岸輝「足利義教と美術——北山と東山をつなぐ」(『聚美』一三、二〇一四年)。

(4) 川岸宏教「太子伝研究の軌跡と課題——『聖徳太子伝暦』以後」(『国文学　解釈と鑑賞』第五四巻一〇号、一九八九年)。

(5) 『大日本古記録』。

(6) たとえば伏見宮貞成親王は東福寺の雲章一慶にとくに請うて『元亨釈書』の談義を受けている(『看聞日記』〈宮内庁書陵部蔵、貞成親王自筆本、特—一〇七・『圖書寮叢刊』・『続群書類従』補遺二〉永享六年〈一四三四〉四月十三日・五月十六日・八月二十九日条など。この点については拙論「足利義教の恐怖政治と『元亨釈書』」(国際シンポジウム「古典籍にみる高僧伝」、浙江工商大学東亜文化研究院・早稲田大学日本宗教文化研究所共催、於中国安徽省黄山市屯溪区黄山国際大酒店、二〇一二年)も参照。

(7) 田中健夫『『善隣国宝記』解説——成立の事情と背景』(同編『善隣国宝記・新訂続善隣国宝記』集英社、一九九五年)六二三—六二六頁。

(8) 同前、五〇三・六二一頁。

(9) 注7田中健夫編『善隣国宝記・新訂続善隣国宝記』三二一頁、『続群書類従』第三十輯上、三二四頁。

(10) 宮内庁書陵部蔵、伏―七二九。

(11) 注7田中健夫「『善隣国宝記』解説」六二〇―六二二頁。和島芳男『日本宋学史の研究　増補版』（吉川弘文館、一九八八年、初出一九六二年）一二二頁、川本慎自「禅僧の荘園経営をめぐる知識形成と儒学学習」（『史学雑誌』第百十二編第一号、二〇〇三年）も参照。

(12) 「錫・鑾」は『春秋左氏伝』桓公二年夏七月に「錫・鸞・和・鈴、昭二其声一也」と見え、「錫」は馬の額に、「鸞」は轡につけられる（『十三経注疏　附校勘記』下冊〈中華書局影印、一九八〇年〉一七四二―四三頁）。なお「鑾」は「鸞」と同字である（『説文解字』〈『四部叢刊』〉一二一頁）。

(13) この年に挙行されたのは後土御門天皇の大嘗会で、実際に御禊の行幸では殿上人が「杏葉」を使用している（『後法興院記』〈『増補続史料大成』〉文正元年〈一四六六〉十一月二十六日条）。『西宮記』巻十七「大嘗会御禊」の「天皇位服、節下大臣、前後次第使、皆餝馬［有二手振一。次官以下同レ之。権帯剣］。王卿唐鞍［魚帯］、五位以上唐・倭随レ有、着二杏葉一」の故実が（『新訂増補故実叢書』二九二頁）、十五世紀にも有効だったことがうかがえる。

(14) 『左馬寮式』は「凡蕃客乗騎唐鞍、寮家掌収」と外国からの賓客用の「唐鞍」について触れる（『新訂増補国史大系』九七八頁）。『聖徳太子伝暦』中の「餝騎」もこれに類するものであろう。

(15) 注7田中健夫編『善隣国宝記・新訂続善隣国宝記』八頁、注9『続群書類従』三一八頁。瑞渓は文明二年（一四七〇）十二月に『善隣国宝記』を増補し、こののち後人の加筆もなされている（注7田中氏「『善隣国宝記』解説」六一八―六一九頁）。

(16) 同前『善隣国宝記・新訂続善隣国宝記』一六頁、『続群書類従』三二〇頁。

(17) 同前『善隣国宝記・新訂続善隣国宝記』一〇―一六頁、『続群書類従』三一八―三二〇頁。

(18) 『日本古典文学大系』四一―四三頁。

(19) 上田正『切韻逸文の研究』（汲古書院、一九八四年）一一四・四八三頁。

(20) 注7田中健夫編『善隣国宝記・新訂続善隣国宝記』六四頁、注9『続群書類従』三三二頁。『日本国見在書目録』に「蔣防撰」の「切韻五巻」が見え（『続群書類従』第三十輯下、三六頁）、先行研究としては山口角鷹「蔣魴切韻とその逸文集録」（『日本中國學會報』第二十三集、一九七一年）があげられる。

(21) 平林文雄『参天台五臺山記 校本並に研究』（風間書房、一九七八年）一八二頁、藤善眞澄『参天台五臺山記』

下（関西大学東西学術研究所、二〇一一年）一四一・一五〇頁。日本における『参天台五臺山記』の受容については、水口幹記『渡航僧成尋、雨を祈る――『僧伝』が語る異文化の交錯』（勉誠出版、二〇一三年）三一七―三三一頁を参照。

(22) 注7田中健夫編『善隣国宝記・新訂続善隣国宝記』四九七頁。

(23) 『釈日本紀』（『新訂増補国史大系』）八頁。

(24) 『漢書』「地理志」の原文および顔師古の注は「楽浪海中有二倭人一、分為二百余国一。以二歳時一来献見云」「魏略云、倭在二帯方東南大海中一、依二山島一為レ国。度レ海千里、復有レ国、皆倭種」と（中華書局出版、一九六二年、一六五八―五九頁）、『新唐書』「東夷伝」の原文は「日本古倭奴也。去二京師一万四千里、直二新羅東南一。在二海中一、島而居、東西五月行、南北三月行。国無二城郭一、聯レ木為二柵落一、以二草茨一屋。左右小島五十余、皆自名レ国、而臣二附之一。置二本率一人一、検二察諸部一。其俗多レ女少レ男、有二文字一、尚二浮屠法一」である（中華書局出版、一九七五年、六二〇七頁）。

(25) 『古今韻会挙要』の原文は以下のとおりである（『北京大學圖書館藏日本版漢籍善本萃編』第八冊〈人民出版社、二〇一四年〉二七二頁）。「倭、烏禾切〔羽清音〕。女王国名。在二東海中一。〔前〕地理志、楽浪海中有二倭人一、分二百余国一。在二帯方東南大海中一、依二山島一為レ国。度レ海千里、復有レ国、皆倭種。〔唐〕東夷伝曰、日本古倭奴也。去二京師一万四千里。其俗多レ女少レ男。小島五十余、皆自名レ国、而臣二附之一。又支韻〔平水韻増〕」。該本については住吉朋彦『中世日本漢学の基礎研究　韻類編』（汲古書院、二〇一二年）一二二―一二九頁を、『古今韻会挙要』の成立や性格については花登正宏『古今韻會擧要研究――中國近世音韻史の一側面』（汲古書院、一九九七年）四九―八八頁、住吉朋彦「韻類書の効用――禅林類書試論」（『室町時代研究』第三号、二〇一一年）、同「韻類書をめぐる断章――五山僧習学の一面」（福島金治編『学芸と文芸』竹林舎、二〇一六年）三三六―三四三頁を参照。

(26) 注7田中健夫編『善隣国宝記・新訂続善隣国宝記』三四―三六頁、注9『続群書類従』三二五頁。

(27) 『師守記』（『史料纂集』）貞治六年（一三六七）五月九日条では、このときに勘申した先例をかかげている。

(28) 坂本太郎氏は『政事要略』所引の『儒伝』に『経籍後伝記』と同文の「以小治田朝十二年歳次甲子正月戊申朔[戊]、始用二暦日一」が見えるところから（『新訂増補国史大系』九九頁）、両書を同一のものと見なす（同『聖徳太子』

吉川弘文館、一九七八年、一〇四頁)。しかし『経籍後伝記』の「正月朔」と『儒伝』の「正月戊申朔」の相違に留意しつつ、両書をむすぶ裏づけがとれるまでは慎重を期すべきだろう。また王勇氏は『経籍後伝記』における隋からの書籍の購入を重視する(同『聖徳太子時空超越——歴史を動かした慧思後身説』大修館書店、一九九四年、二一二—二一七頁)。

(29) 注7田中健夫編『善隣国宝記・新訂続善隣国宝記』三二五頁、注9『続群書類従』三二五頁。

(30) 『善隣国宝記』ではとくに明記されないが、瑞渓は『神皇正統記』の「推古天皇ノ御時、モロコシノ隋朝ヨリ使アリテ書ヲオクレリシニ、倭皇トカク。聖徳太子ミヅカラ筆ヲ取テ、返牒ヲ書給シニハ、東天皇敬問二西皇帝一トアリキ」も念頭に置いていたかもしれない(注18『日本古典文学大系』四三頁)。

(31) 『日本古典文学大系』一九三頁。

(32) 注7田中健夫編『善隣国宝記・新訂続善隣国宝記』二頁、注9『続群書類従』三一六頁。

(33) 同前『善隣国宝記・新訂続善隣国宝記』六頁、『続群書類従』三一七頁。

(34) 同前『善隣国宝記・新訂続善隣国宝記』四・六頁、『続群書類従』三一七頁。

(35) 同前『善隣国宝記・新訂続善隣国宝記』四頁、『続群書類従』三一七頁。

(36) 高橋庸一郎「聖徳太子宗の経典——『聖徳太子伝暦』について」(注4『国文学　解釈と鑑賞』)。松本真輔氏は『聖徳太子伝暦』が従来の太子の「神秘性」「超人性」を一層強調したとする(注1『聖徳太子伝と合戦譚』六頁)。

(37) この理由のひとつとして瑞渓が『日本書紀』を直接参看しなかったという説(注7田中健夫「『善隣国宝記』解説」六二一—六二二頁)も考えられるが、現時点ではこの説の当否を判断しかねるので保留するしかない。

(38) 田中宗作『伊勢物語研究史の研究』(桜楓社、一九六五年)四〇九—四一〇・四一八頁、武井和人・木下美佳編『一条兼良自筆　伊勢物語愚見抄——影印・翻刻・研究』(笠間書院、二〇一一年)影印五五ウ・五七オ〜五八オ・六八オ(二二〇・二二六—二三〇・二七〇頁)、片桐洋一『伊勢物語の研究〔資料篇〕』(明治書院、一九六九年)五五一・五五三・五六一頁、『冷泉家時雨亭叢書』第四十一巻、二二五・二二九—二三〇・二五一頁(七オ・九オ〜ウ・二〇オ)。

(39) 『新訂増補国史大系』。

(40) 「かたゐ」は『伊勢物語肖聞抄』では「かたくなしき翁と云心也。業平自書の詞なるべし」と解釈し(注38片桐洋一『伊勢物語の研究〔資料篇〕』六三二頁)、『勢語臆断』では「乞児」(『契沖全集』第九巻〈岩波書店、一九七四年〉一五二頁)、現行の注釈では「乞食」(大津有一・築島裕校注『日本古典文学大系』一九五七年、渡辺実校注『新潮日本古典集成』一九七六年、石田穣二訳注『新版伊勢物語　付現代語訳』角川書店、一九七九年、福井貞助校注・訳『新編日本古典文学全集』一九九四年)とするため、兼良の解釈はやや特殊なものである。これはもともと初稿本系統の『伊勢物語愚見抄』(注38田中宗作『伊勢物語研究史の研究』、武井和人・木下美佳編『一条兼良自筆　伊勢物語愚見抄』)が「かたゐ」＝「佳体」を「或説」すなわち『冷泉家流伊勢物語抄』(注38片桐洋一『伊勢物語の研究〔資料篇〕』三七一頁)にもとづいたうえで『三代実録』とむすびつけたからであろう。

(41) この点については、陣野英則「『伊勢物語愚見抄』における『伊勢物語』観と「古典」」(前田雅之編『中世の学芸と古典注釈』二〇一一年)四二〇—四二六・四三〇・四三六頁を参照。

(42) 高橋範子『水墨画にあそぶ——禅僧たちの風雅』(吉川弘文館、二〇〇五年)一五六—一六六頁。

(43) 中野幸一編『源氏物語古註釈叢刊』第四巻(武蔵野書院、一九八〇年)六一六頁、早稲田大学図書館蔵、文庫二〇—四〇〇、四ウ。

(44) 同前『源氏物語古註釈叢刊』六一五頁、早稲田大学図書館蔵、一ウ。この説は『花鳥余情』の「源氏の大将、須磨の浦に隠居の事は、おもてには行平中納言のもしほたれしいにしへと周公旦の二叔の讒によりて東征せし事とを詮要として、うらには又菅丞相・西宮の左大臣の大宰府に左遷せられ、野相公の隠岐の国へながされし例をもてかけり」「白楽天が江州へ左遷せられし時、三月卅日に夷陵といふ所にとまりて、元微之にわかれし時、つくれる詩の句也。それをいま三位の中将に源氏のわかれ給ふ時に思なずらへて、もろ声にうちずじ給ふなり」(中野幸一編『源氏物語古註釈叢刊』第二巻〈武蔵野書院、一九七八年〉九九・一〇六頁、『龍門文庫善本叢刊』別編二〈勉誠社、一九八六年〉二八五・三〇三頁)を踏襲したものであろう。

(45) Jeffrey KNOTT「『源氏物語』が語るもの——宗祇『雨夜談抄』が開拓する「読み」とその意義」(第三八回『国際日本文学研究集会会議録』二〇一五年)。

(46) 『新編日本古典文学全集』二一二頁、『源氏物語大成』巻二、八一七頁。

(47) 宮内庁書陵部蔵、黒川本『紫日記』下(笠間書院、一九七二年)六二頁、『新編日本古典文学全集』二〇八頁。

(48) 『河海抄』には「これらにこそとは、惣じては物語・双紙等也。別しては此物語をさす歟」と見える(玉上琢

彌編、山本利達・石田穣二校訂『紫明抄・河海抄』角川書店、一九六八年、四〇八頁)。

(49)　原勝郎は「源氏は足利時代に於て始めて日本の源氏物語となつたのである。源氏を読まずして足利時代の文化を理解することは、殆ど不可能と云つてよろしい」と主張する(同「東山時代に於ける一縉紳の生活」〈同『日本中世史の研究』同文館、一九二九年〉五九一―五九二頁)。遠藤慶太『六国史――日本書紀に始まる古代の「正史」』(中央公論新社、二〇一六年)一九九―二〇一頁も参照。

(50)　両者の交渉は『竹林抄』序文(『新日本古典文学大系』五頁)などで確認できる。

(51)　『実隆公記』(続群書類従完成会)文明十七年(一四八五)七月七日条。『雨夜談抄』は奥書によれば、この年の七月に成立した。

(52)　文化人をつないだ存在としての一条兼良については、河野貴美子「緒論」(河野貴美子・Wiebke DENECKE・新川登亀男・陣野英則・谷口眞子・宗像和重編『日本「文」学史』第二冊「「文」と人びと――継承と断絶」(勉誠出版、二〇一七年)四七―五一頁を参照。

(53)　『増補続史料大成』。

(54)　『聖徳太子伝暦』太子四十九歳条、『扶桑略記』(『新訂増補国史大系』)四六頁。

(55)　『大乗院寺社雑事記』康正三年(一四五七)三月八日条。

(56)　『実隆公記』長享二年(一四八八)八月二十八日条。

(57)　この点については、河野貴美子「『花鳥余情』が説く『源氏物語』のことばと心――「漢」との関わりにおいて」(『国文学研究』第百七十五集、二〇一五年)、川本慎自「漢籍交流史の現在――日本中世における受容の視点から」(『歴史学研究』第九五三号、二〇一七年)を参照。

付記　本稿は早稲田大学日本宗教文化研究所主催の、第六三～六六回聖徳太子伝暦研究会(於早稲田大学戸山キャンパス第五会議室、二〇一三年四月二十一日・七月二十一日・九月二十三日・十二月八日開催)で筆者が担当した伏見宮本『聖徳太子伝暦』太子三十七歳条の翻刻をふまえたものである。貴重な御教示をくださった先生方に厚くお礼を申し上げます。

『真宗曼荼羅』に図像化された聖徳太子信仰

——いわゆる『光明本尊』妙源寺本の構造的解釈

安藤章仁

問題の所在

聖徳太子信仰を考える上で善信房親鸞（一一七三〜一二六二）によって開創された真宗は、建築（太子堂）、木彫（二歳南無仏像、十六歳孝養像）、絵画（聖徳太子絵伝、略絵伝、光明本尊、高僧連坐像、勝鬘経講讃図）、文献（和讃、上宮太子御記、善光寺如来絵伝の解説書や絵解き台本）や、善光寺信仰に関わる美術（一光三尊佛、善光寺如来絵伝、和讃、聞書）が豊富に現存されており、注目に値する。特に中世における聖徳太子信仰の造形美術群は量的に圧倒である。しかしながら、その全貌は、未だ明らかになっていない。今、そのカテゴリーを大別するならば、①親鸞に関わるもの、②親鸞以後の門弟に関わるもの、③本願寺覚如（一二七〇〜一三五一）の意向に沿うものの三つとなる。①についいては、先行研究が積まれ、③に関しては、本願寺の統制により蓮如（一四一五〜一四九九）、実如（一四五八〜一五二五）期には画一化される。問題は②である。あまりにも多様であることと、伝承が途絶えつつあり、地域における初期真宗門流の聖徳太子信仰とその造形美術の宗教的意味の解明は今後の研究を待たなければならない。ところで①の親鸞に関する聖徳太子信仰は、すべて著述からのアプローチで、②に展開する造形美術に関する研究はほとんどなされていない。それは、親鸞が直接する聖徳太子信仰の美術が、今回取り上げる妙源寺（愛知県）に所蔵される『真宗曼荼羅』（『光明本尊』）以外に現存しないことによるものである。本論では、聖徳太子信仰の真宗美術の濫觴となる『真宗曼荼羅』（『光明本尊』）に描かれた聖徳太子像及びその賛銘の宗教的意味について明らかにしたいと思う。

一、『真宗曼荼羅』（『光明本尊』）の概要

鎌倉時代は、日本仏教史において大きな転換期であった。その潮流は、旧来からの仏教と新興仏教に大別されるが、後者の中でも天台浄土教から独立して立教開宗した法然浄土教の門流にとって、念仏相承の正統性を弁証することは大きな課題であった。その問題に視覚的に答えたものが、親鸞が創始し、中世浄土真宗で流布した『光明本尊』と総称されるものである。

『光明本尊』とは、光明を放つ名号や釈迦弥陀二尊、インド・中国・日本における浄土教の菩薩・高僧・先徳を描いた群像で、その上下部や画中の色紙型に経論釈を銘文として書いたものの総称である。『光明本尊』という名称は今日の通称であり、古くは『光明本』という呼称が用いられていた。『光明本尊』という名称が一般化するのは、『光明本尊』を全国的に実地調査し、中世真宗美術として注目される端緒を開いた『真宗重宝聚英』第二巻が(1)、その名称を用いているからである(2)。

『光明本尊』の現存最古の作例は、初期真宗教団最古の道場である愛知県の妙源寺に伝来する。ここでは『光明本尊』の先駆的形態を伝える妙源寺本『真宗曼荼羅』に考察の焦点を絞り、日本の中世社会において仏教伝来

と民衆信仰が国内の新旧仏教界の事情を契機としてどのように図像化されていったのか、また、親鸞がいつ『光明本尊』を構想し、その構成にどのような意味と機能を持たせたのかを明らかにしたい。

妙源寺本『真宗曼荼羅』（図1）は、名号部（九字名号：南無不可思議光如来）、天竺晨旦部（印度・中国）、和朝部（日本）がそれぞれ別幅に表装され、三幅一舗である。一連の主題を三種に別幅する形式は、他の『光明本尊』に類例がなく、唯一である。その構成に基づくならば、妙源寺本は津田徹英氏が指摘する通り「九字名号並びに三

図1　真宗曼荼羅

朝浄土教祖師先徳念仏相承図」と呼称するのが説明的にはなるが内容を理解しやすい。

ところで、妙源寺本『光明本尊』を『真宗曼荼羅』と呼称するのは、小稿が初めてである。まずはじめに名称について問題にし、『真宗曼荼羅』と表記する理由を明らかにしたい。

妙源寺本は、『真宗重宝聚英』刊行以前は、『光明本』『光明本尊』の始原的なものであることは認めつつも、『光明本尊』ではないという認識が多数意見であった。(3) この点は『光明本尊』の解説本である『弁述名体鈔』(4)の次の記述によるものである。

高祖親鸞聖人御往生ノトキ、末代ノ門弟等、安置ノタメニサタメオカル、本尊アマタアリ、イハルユル六字ノ名号、不可思議光如来、無碍光仏等ナリ。梵漢コトナレトモ、ミナ弥陀一仏ノ尊号ナリ。コノホカ、アルイハ天竺晨旦ノ高僧、アルヒハ吾朝血脈ノ先徳等、ヲノオノ真影をアラハサレタリ。コレニヨリテ、面々ノ本尊、一々ノ真像等ヲ一舗ノウチニ図絵シテ、コレヲ光明本トナツク。ケタシ、コレ当流ノナカニタクミイダサレタルトコロナリ。

『弁述名体鈔』によれば、形式は必ずしも一定していないが「面々ノ本尊、一々ノ真像等ヲ一舗ノウチニ図絵シテ、コレヲ光明本トナツク」としている。三幅対の妙源寺本は、一舗におさめる『光明本』の規定にあてはまらないのである。さらに構成内容にも顕著な違いがある。それは一幅に仕立てられる『光明本尊』には、妙源寺本にはない釈迦弥陀二尊の絵像が左右に描かれるとともに三名号が配されていることである。(5) 殊に二尊の絵像が描かれることは、決定的な相違である。なぜなら親鸞は、法然（一一三三〜一二一二）の思想を継承し、(6) 仏身に対

して名号を重視しているからである。親鸞における阿弥陀仏の理解は、

仏は則ち是れ不可思議光如来なり。（『顕浄土真実教行証文類』(7)）

光明は智慧なり。智慧はひかりのかたちなり、智慧またかたちなければ不可思議光仏と申すなり。（『一念多念文意』(8)）

と説かれるように、形像的な仏身ではなく、智慧を象徴する光明として明かしている。したがって親鸞が、阿弥陀仏を本尊として表現する場合は、常に『方便法身尊号』(9)として名号に蓮台を描くのである。また、光明の表現も妙源寺本は九十一条の波状光であるのに対し、一幅本は直線光で、放光数は半減以下となる。

このように三幅対の妙源寺本と一幅の『光明本尊』は、形状のみならず構成内容や思想背景に大きな隔たりが認められる。後述の通り『弁述名体鈔』の著者である存覚（一二九〇～一三七三）が、妙源寺本を実見しながら、『光明本尊』として取り扱っていないことから、十四世紀末にはすでに同類ではないという見方が確立していたことがわかる。

確かに『光明本尊』という名称は、『名号本尊』とともに用いて、その通称としての便宜性は認められる。しかし、あくまでも総称として包括する呼称であって、固有名詞とするには問題があると言わざるをえない。いわゆる『光明本尊』は、三幅本と一幅本と峻別することによって、両者の相違や成立背景、思想内容、展開がはっきりすると言い得ることができる。ただし、本論の目的は、両者間の問題ではないので、次に『真宗曼荼羅』と呼称する二つの理由について述べておきたい。

妙源寺本を『真宗曼荼羅』と呼ぶ一つめの対内的理由は、今まで述べたきた通り存覚以来、三幅本と一幅本『光明本』は明確に分けられてきたからである。また近世以前に妙源寺本が『光明本』といった名称が用いられた事例はない。(10)そして三幅本には、第三章で述べる通り一幅本にはない機能性があるとともに、親鸞の真宗世界観が簡潔に重層的に表出されているからである。

もう一つの対外的理由は、「曼荼羅」の名称を用いることによって、鎌倉時代の浄土教美術というカテゴリーの中で捉えることができ、その位置づけが一宗派内での理解から浄土教美術、鎌倉仏教美術全体の中で議論されることが期待できるからである。

「曼荼羅」は、平安時代に真言宗において『両界曼荼羅』が盛んに用いられるようになり、鎌倉時代には浄土宗が『当麻曼荼羅』、『摂取不捨曼荼羅』、『迎接曼荼羅』を用いて積極的に人々を教化し、日蓮宗も『大曼茶羅』(『十界曼荼羅』)を本尊として用いている。このように「曼荼羅」を用いる布教伝道は、時代の潮流であった。

法然時代における『真宗曼荼羅』の先駆的形体としては、『摂取不捨曼荼羅』が考えられる。専修念仏弾圧に遭ったこともあり現存しないが、元久二年(一二〇五)十月の「興福寺奏状」第二条「新像を図する失」(11)や建暦二年(一二一二)十月の『摧邪輪』(12)、『沙石集』巻第一「浄土門人軽神明蒙罰事」(13)といった文献に同じ趣旨が説かれ、『摂取不捨曼荼羅』の図様を推測し得るクリーブランド美術館所蔵『融通念仏縁起絵巻』下巻(14)によって大凡の概要を知ることができる。その構図は、画幅中央に放光する阿弥陀仏を描き、その周辺に多くの人がいる。出家者には光明があたらないが、念仏者には光があたり救われる姿が描かれている。『真宗曼荼羅』と主題が完全に一致するわけではないが、明らかにその成立に影響があったことは想像に難くない。あわせて留意すべきことは、『阿弥陀二十五菩薩来迎図』(『早来迎』、知恩院)(15)や『法然上人絵伝』(『四十八巻伝』、知恩院)(16)など浄土宗美術には、阿弥陀仏の光が念仏者を救済する構図が多く見られることである。一幅本の『光明本尊』がそれらの図様を参考にしていることも推察しうるところである。

以上、真宗内外の理由から、試論的に三幅対の妙源寺本を『真宗曼荼羅』の名称で捉えなおしてみたいと思う。それは『光明本尊』のカテゴリーの中に位置づけること自体を否定するのではなく、『真宗曼荼羅』の名称は、親鸞晩年に顕著な真宗世界観と三幅対の構成による造形的思想的意義を十全に言い当てることができるからである。

次に『真宗曼荼羅』の各幅について押さえておきたい。『真宗曼荼羅』は各幅とも一枚絹を用い、上下に墨線で枠をとって賛文を記し、それらの外周に団花文の描表装を巡らしている。その全容と構成は、次の通りである（図2〜4）。

図2　真宗曼荼羅（和朝部）
161.4×39.0cm

和朝部
上部賛銘

法印聖覚
源空上人
親鸞法師
信空法師
恵心和尚
聖徳太子
小野妹子大臣
蘇我大臣
百齋博士學哥
恵慈法師

和朝部
下部賛銘

和朝部上部賛銘

選擇本願念佛集曰
南无阿彌陀佛往生之業念佛為本
又曰夫速欲離生死二種勝法中且
閣聖道門選入浄土門欲入浄土門
正雑二行中且抛諸雑行選應歸正
行欲修於正行正助二業中猶傍於
助業選應専正定正定之業者即是
称佛名稱名必得生依佛本願故
又曰當知生死之家以疑為所
止涅槃之城以信為能入

和朝部下部賛銘

法印聖覚和尚曰
夫根有利鈍者教有漸頓機有
奢促者行有難易当知聖道諸
門漸教也又難行也浄土一宗者頓教
也又易行也所謂真言止観之行
猿猴情難学三論法相之教牛羊
眼易迷然至我宗者弥陀本願定
行因於十念善導料簡決器量
於三心雖非利智精進専念実易
勤雖非多聞広学信力何不備乃至

名号部 上部賛銘
南无不可思議光如来（蓮台）
名号部 下部賛銘

図3　真宗曼荼羅（名号部）
177.0 × 42.0cm

名号部上部賛銘

設我得仏十方衆生至
心信楽欲生我国乃至十
念若不生者不取正覚
唯除五逆誹謗正法
又言
其仏本願力聞名欲往生
皆悉到彼国自致不退転
又言
必得超絶去往生安養国
横截五悪趣悪趣自然閉
昇道無窮極易往而無人
其国不逆違自然之所牽

名号部下部賛銘

和朝釈親鸞正信偈曰
本願名号正定業　至心信楽願為因
成等覚証大涅槃　必至滅度願成就
如来所以興出世　唯説弥陀本願海
五濁悪時群生海　応信如来如実言
能発一念喜愛心　不断煩悩得涅槃
凡聖逆謗斉回入　如衆水入海一味
摂取心光常照護　已能雖破無明闇
貪愛瞋憎之雲霧　常覆真実信心天
譬如日光覆雲霧　雲霧之下明無闇
獲信見敬得大慶　即横超截五悪趣

天竺震旦部
上部賛銘

法照禅師
少康法師　善導和尚　曇鸞和尚
懐感禅師　道綽禅師　慈愍三蔵
勢至菩薩
天親菩薩
龍樹菩薩

天竺震旦部
下部賛銘

図4　真宗曼荼羅（天竺晨旦部）162.0×40.2cm

天竺震旦部上部賛銘
齋朝曇鸞和尚曰 魏末高齊之初猶在神智高遠三國 知聞洞暁衆經獨出人外梁國天子 蕭王恒向北禮鸞菩薩註解往生論 裁成兩卷事出釋迦才三卷淨土論
善導和尚曰 言南无者即是帰命亦是発 願廻向之義言阿弥陀仏者 即是其行以斯義故必得往生

天竺震旦部下部賛銘
無量寿経優婆提舎願生偈 婆藪槃豆菩薩曰 世尊我一心帰命尽十方 无碍光如来願生安楽国 我依修多羅真実功徳相 説願偈総持与仏教相応 観彼世界相勝過三界道 究竟如虚空広大无辺際 又曰観仏本願力遇无空過者 能令速満足功徳大宝海

中央の名号部は、群生地で仰蓮上に墨線で文字の輪郭をとり、その中に金箔を置く双鉤塡墨で「南无不可思議光如来」の九字名号を書き、その周囲には九十一条の波状の光芒が発せられている。

左右両幅は、ほぼ同じ大きさの画面である。向かって左幅は、勢至菩薩と天竺晨旦の浄土教祖師を配し、向かって右幅には、聖徳太子と四随臣および和朝の浄土教先徳を描く。両幅上下段に配置される賛文に同一の描表装がなさていることから、対幅であることは明らかである。

一目瞭然であるが、中央の名号部は、中段が左右両幅より十五cmほど長く、また、上下段の描表装の意匠も左右両幅とは異なる。しかしながら、この三幅が一具として制作されたことは、三幅とも画風や体裁が共通し、画中の各銘文が三幅とも同筆であることから認められる。また、妙源寺本以後に展開する一幅本の『光明本尊』の

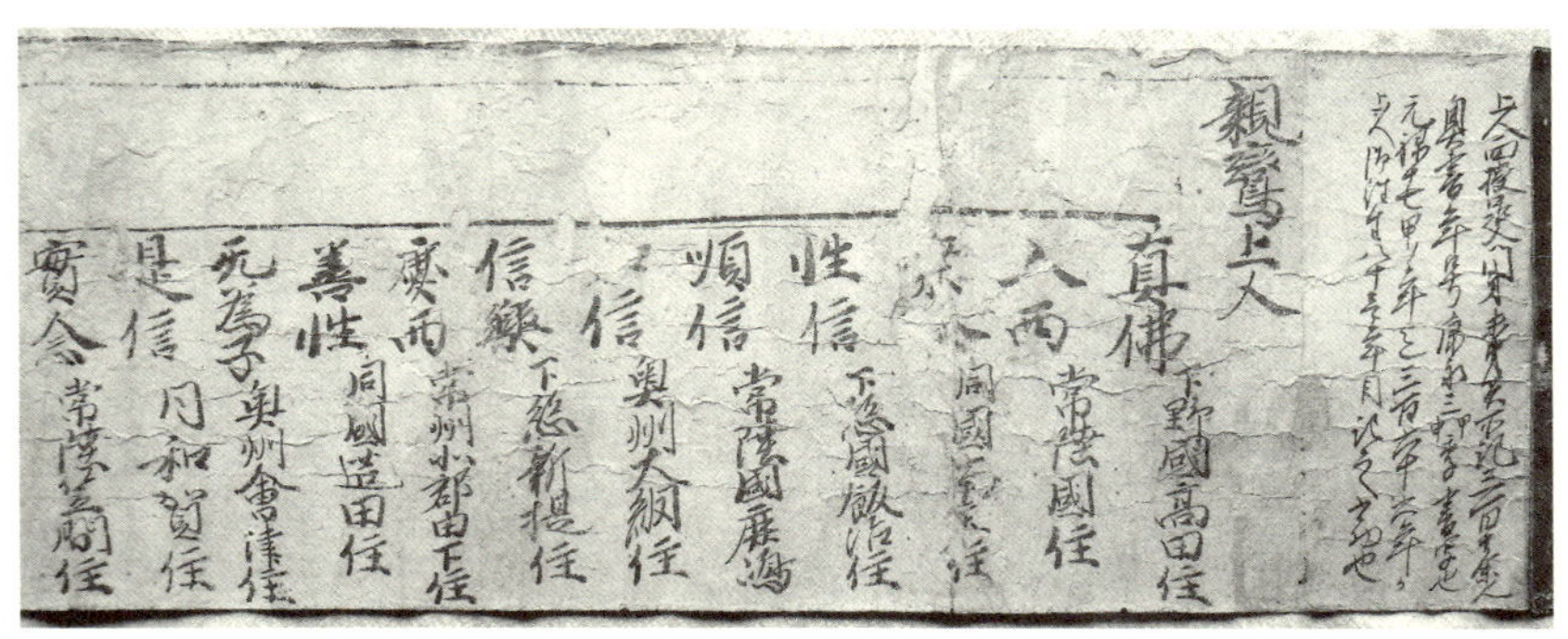
親鸞上人
真佛　下野國高田住
入西　常陸國住
性信　下総國飯沼住
順信　常陸國鹿嶋
信楽　下総新堤住
慶西　常州小都田下住
善性　同國益田住
是信　同和賀住

図５　親鸞上人門侶交名牒（巻頭部分）愛知 妙源寺

構成をみれば、そのことは自明である。さらに親鸞没後、約半世紀の開きはあるが、『光明本尊』の解説書である『弁述名体鈔』を書いた存覚が、妙源寺本を実見し、手控えである『袖日記』に「平田本」として記録している。『袖日記』の現状は、相伝される過程で乱丁や落丁があり、混乱するものであるが、その復元が試みられた結果、平田本が妙源寺本であり、その記載内容から三幅構成であることが判明している。(17)

この妙源寺本の賛銘および札名は、親鸞面授の直弟子である真佛（一二〇九～一二五八）の筆跡であることが確定している。真佛は、『親鸞上人門侶交名牒』（図5）の筆頭に記される有力門弟で、親鸞の筆跡に酷似した文字で多くの書写聖教を残している。真佛は、親鸞に先立つこと四年、正嘉二年（一二五八）に往生しているので、妙源寺本『真宗曼荼羅』が親鸞在世中の制作であることは確実となる。したがって妙源寺本は、親鸞在世中に親鸞自身が構想した原本を忠実に再現した唯一の作例ということになる。

では、妙源寺本『真宗曼荼羅』の製作時期はどこまで絞ることができるであろうか。この点に関して、賛銘中の二つの文言が有力な情報を示している。一つは、天竺晨旦部の札名に「天親菩薩」の尊称が用いられていることである。親鸞は、建長八年（一二五六）三月二十三日に書写した『入出二門偈頌』の冒頭で、「婆藪槃豆は是梵語なり。旧訳には天親是訛れり。新訳には世親なり。是を正と為す」[18]と述べ、以後、著述において新訳を用いている。同種の内容は、『尊号真像銘文』広略両本[19]にも書かれている。したがって、妙源寺本成立の下限は建長八年（一二五六）と断定することができる。

もう一つは、名号幅下段の賛銘にある「獲信見敬得大慶」である。これは親鸞の主著『顕浄土真実教行証文類』に収載される「正信念仏偈」の文言で、絶えず推敲が重ねられた一句として著名なものである。[20]妙源寺本と同文は、建長七年（一二五五）六月二日の『尊号真像銘文』（略本）と正嘉二年（一二五八）六月二十八日の『尊号真像銘文』（広本）に引用されており、建長七年（一二五五）に制作される『安城御影』（京都西本願寺）の賛銘にも同文が記されている。

以上のことから、妙源寺本の構想は、『尊号真像銘文』（略本）が書写された建長七年（一二五五）六月二日から『入出二門偈頌』が書写された建長八年（一二五六）三月二十三日までに成立していたと断定することができる。

ところで妙源寺には、「尊号真像銘文断簡」（以下、「断簡」）[21]（図6）が所蔵されている。内容は、「法印大和尚位聖覚真影云」「正信念仏偈」依経段釈迦章の八句「源信和尚銘云」「太子御銘」の四種の銘文である。この「断簡」は次の三点において『光明本尊』の研究史上、頗る重要である。一点目は、「断簡」の筆跡は原本照合の結果、真佛手跡であること。二点目は、その内容から妙源寺本『真宗曼荼羅』の賛銘の草稿本と措定されること。四種の内容が、妙源寺本賛銘に対応していることは言うまでもないが、「源信和尚銘云」「太子御銘」の内容は、妙源寺本『真宗曼荼羅』オリジナルの賛銘で『尊号真像銘文』等、出拠は皆無である。このことは「断簡」が妙源寺本『光明本尊』に直接する決定的な証拠である。三点目は、妙源寺本名号部下段に引用される「獲信見敬得大慶」の一句が、「断簡」では「見敬得大慶喜人」となっていることである。このことは、「断簡」が妙源寺本に先行するものであり、書写時期の下限が建長七年（一二五五）であることを示している。

では、「断簡」の書写時期は、何時頃まで遡ることができるであろうか。この点に関して「断簡」の「正信念仏偈」文に注目すると、「取」は親鸞の前期筆跡の字形、「悪」は後期筆跡の字形の特徴を示している。このことは、親鸞における前期と後期の筆跡が混在し、親鸞の字形が後期筆跡に成りきっていない段階の原本を書写したことを物語っている。「取」と「悪」の字形について、まったく同じ現象が、親鸞真蹟『紺地十字名号』（三重県専修寺）の賛銘に見受けられる。『紺地十字名号』の制作年代は、完全に後期筆跡で書かれた親鸞八十三歳の『黄地十字名号』（三重県専修寺）より少し早い八十歳（建長四年［一二五二］）前後の時期と考えられている。したがって「断簡」が書写された時期も、『紺地十字名号』と同時期頃と推定することができる。

以上、「断簡」による新知見により、妙源寺本『真宗曼荼羅』の制作に先立つ賛の銘文に関する構想は、「断簡」の書写時期が建長四年（一二五二）から建長七年（一二五五）の間に限定されることから、その間から建長八年（一二五六）迄の間が銘文選定の最終段階にあったことが判明する。銘文の断簡という限定はあるが、妙源寺本『真宗曼荼羅』の成立に関する過程の一端を窺うことができる。

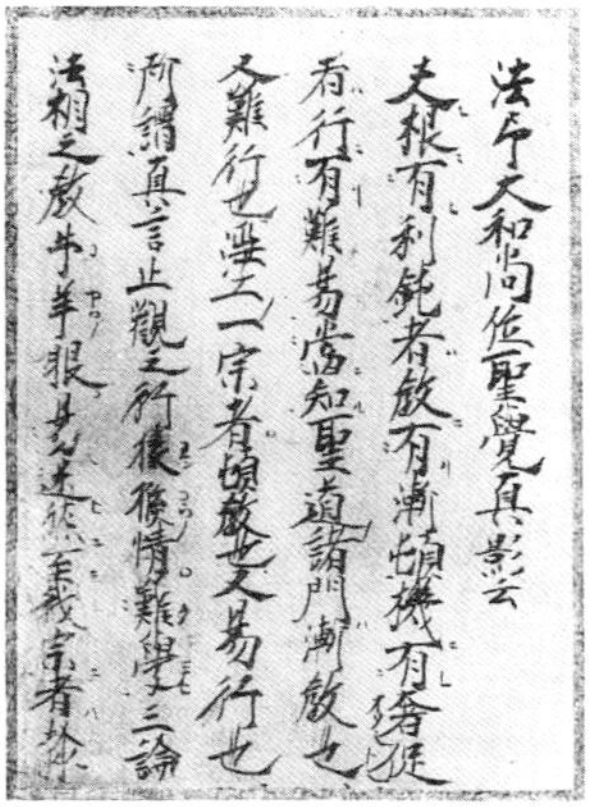
法印大和尚位聖覚真影云
夫根有利鈍者教有漸頓機有奢促
者行有難易当知聖道諸門漸教也
又難行也浄土一宗者頓教也又易行也
所謂真言止観之行猿猴情難学三論
法相之教牛羊眼易迷然至我宗者

図6　尊号真像銘文断簡（部分）

二、『真宗曼荼羅』成立の背景

妙源寺本『真宗曼荼羅』は、その賛銘の草稿本と断定される「断簡」の書写時期から建長四年（一二五二）頃までにその着想があったことが推測される。このことは、『真宗曼荼羅』の成立を考える上で重要な基点となる。というのは、親鸞は宝治二年（一二四八）に『浄土和讃』と『浄土高僧和讃』を脱稿している。建長七年（一二五五）に『皇太子聖徳奉讃』七十五首を著し、正嘉元年（一二五七）に『正像末法和讃』の草稿が制作されつつある。ここには、親鸞が民衆を意識し、人々に仏教を伝えたいという思いを汲み取ることができる。その思いとともに親鸞の思想も円熟し、一宗を立てる意志に遠かった親鸞は、法然から相承する念仏思想を、壮大な仏教思想の流れの中で位置づけようとした。この点は、親鸞の教学的営為全般からも首肯されるところである。そのことが「正信念仏偈」や『浄土高僧和讃』における七高僧の選定へと結実していく。そして、仏教から大乗仏教へ、大乗仏教から浄土教へ、浄土教から日本浄土教へと連なる法流を視覚的に図示することが親鸞における『真宗曼荼羅』を構想する着眼点と言える。

この点の動機は、親鸞の行実から複合的に補う必要がある。その外的要因としては、二つのことが考えられる。一つは、親鸞は法然門下の時代から旧来の仏教教団から「新宗」（「興福寺奏状」第二箇条の失）であるがゆえの批判と弾圧を蒙ってきたことである。この対応として、法然は重源に『浄土五祖図』の請来を依頼したと伝えられ、(22)親鸞においては主著『顕浄土真実教行証文類』において経典の引用にあたっては『仏説無量寿経』の異訳にまで留意し、さらに中国ならびに朝鮮半島の仏教者や思想にも注目し、積極的にグローバルな経釈文の受容を試み、法然の明かす念仏相承を弁証している。

妙源寺本『真宗曼荼羅』の全体構成から読み解くことのできるもう一つの外的要因は、国内の仏教信仰の動向である。武士が台頭する鎌倉時代は、仏教界にも大きな変革をもたらし、末法到来の時期と相俟って釈迦信仰、善光寺信仰、聖徳太子信仰に代表される仏教信仰が全国的に広まっていった。建久二年（一一九一）善光寺が復興されると、(23)善光寺信仰は急速に広まり、人々の信仰を集めるようになった。浄土教信仰の普及にあわせて観音菩薩の化身と神聖化されていた聖徳太子信仰も隆盛し、南都復興運動によって釈迦信仰も脚光を浴びるようになる。そしてこれらの中世の仏教信仰の特徴が、「三国伝来」「三尊信仰」といった要素に集約される。聖として北陸、関東、京都の日本中央部を行脚した親鸞は、現実社会に生きる信仰を肌で感じ、『真宗曼荼羅』を構成するにあたっては、その特徴を十全に取り入れたと考えられる。

一方、内的要因としては、親鸞帰洛後の関東における親鸞門弟の信仰状況である。建長八年（一二五六）五月二十九日の長男慈信房の義絶に至る「善鸞事件」は、親鸞の晩年に集中する著作や『方便法身尊号』（『名号本尊』）制作の契機と考えられている。一連の事件の中には、鎌倉幕府への念仏禁止の訴訟までに発展している。親鸞にとって関東における門弟の異義異端による事態の収拾は喫緊の課題であり、『真宗曼荼羅』を制作する動機の一つとして数えられる。

三、妙源寺本『真宗曼荼羅』の構成と機能

親鸞における『真宗曼荼羅』成立の背景を概観した上で妙源寺本『真宗曼荼羅』を眺めると、その構成と機能がよく分かる。

まず全体を見通し、妙源寺本から読み解くことのできる三つの構成を捉えてみたい。一つには、篤敬三宝（仏法僧）である。名号部が仏を、各幅上下段の賛銘が法、そして左右両幅に描かれる二十体の画像が僧伽である。ここには、仏教の原意趣が視覚的に具現化されている。

二つには、三国（インド、中国、日本）伝来である。向かって左幅下から上へ、そして向かって右幅下から上へ

と目線で追えばN字形に法統が流れている。しかも三国ならびに和朝の展開が衣体によって描き分けられているので、その境界が鮮明である。また、和朝部については、聖徳太子、源信、法然を中央で一直線に配して日本仏教の展開を明示している。

三つには、弥陀、観音、勢至の三尊形式である。名号部の「南无不可思議光如来」は、阿弥陀仏の異名である。向かって右幅和朝部の聖徳太子は、観音菩薩の化身である。向かって左幅に聖徳太子と対称の位置に配されるのは、大勢至菩薩である。三国伝来や三尊信仰を盛り込んだ構想が、先に見た国内の仏教信仰の動向を意識したものであることは言うまでもない。このように妙源寺本の三幅一舗構成には、「篤敬三宝」「三国伝来」「三尊信仰」の三要素が十全に構成されているのである。

続いて妙源寺本の機能について二点考えてみたい。まずここで問題になるのは、妙源寺本のみが、なぜ三幅一具の構成になっているかという点である。この問いに対する答えは、親鸞の伝道方法に起因する。親鸞は九十年という当時、驚異的な長命の生涯の中で一度も寺院を持つことはなかった。なぜならば親鸞の伝道の在り方は、消息に散見されるように一箇所に定住しない聖的教化形態をとっていたからである。聖としての親鸞像は、現存する親鸞寿像の持物にも象徴されている。また、親鸞の教えに集う同朋は、地縁性には基づくが、『歎異抄』第六条に「親鸞ハ弟子一人モモタスサフラフ」(24)と有名な一言が聞き伝えられているように、組織として教団化されるものではなかった。

このような寺院を持たない、また、寺院化されていない場所での聖的教化形態では、軽量でコンパクトな礼拝対象が要求された。親鸞が立体的な仏像ではなく、仏名に蓮台を配し本尊とした理由の一つがここにある。妙源寺本の三幅一具の構成は、全体的に大きくても携帯性に富んでいる。つまり、信仰者が集まる場において視聴覚的伝道を行うためのポータブルな内陣や仏壇の機能を有していたのである。この点は、尊像の配置が下方から上方に展開し、天竺晨旦部の椅子に遠近法を用い、平面に三次元の立体配列を意図して制作していることからもうかがわれる。

二点目は、親鸞は尊号と真像を制作するにあたり、宋代の装潢仕様である三段仕立ての構成を用いていることである。しかも、親鸞は大陸で流行する様式を取り入れるだけでなく、上下の引首に仏名の説明や教えの要文を賛銘として記し、視覚的に拝む対象としてだけではなく、教えを聴聞するという新たな機能を付加している。この点から、『真宗曼荼羅』は、親鸞が始めた視聴覚伝道の嚆矢と言える。

以上の機能分析の妥当性は、親鸞自筆の六幅の『方便法身尊号』（『名号本尊』）（図7）や二種の「親鸞寿像」（『安城御影』『鏡御影』）の現存類例がその証左となる。

あわせて看過してはならないことは、尊号ならびに真像の図像表現である。親鸞が『真宗曼荼羅』を構想するにあたって国内外の先行する画像を進取したことは、妙源寺本の画中を見れば判然とする。向かって左幅の中国七祖（慈愍、曇鸞、道綽、善導、懐感、小康、法照）の手の姿や持物の図様は、『浄土五祖図』（京都二尊院）[25]を受容して

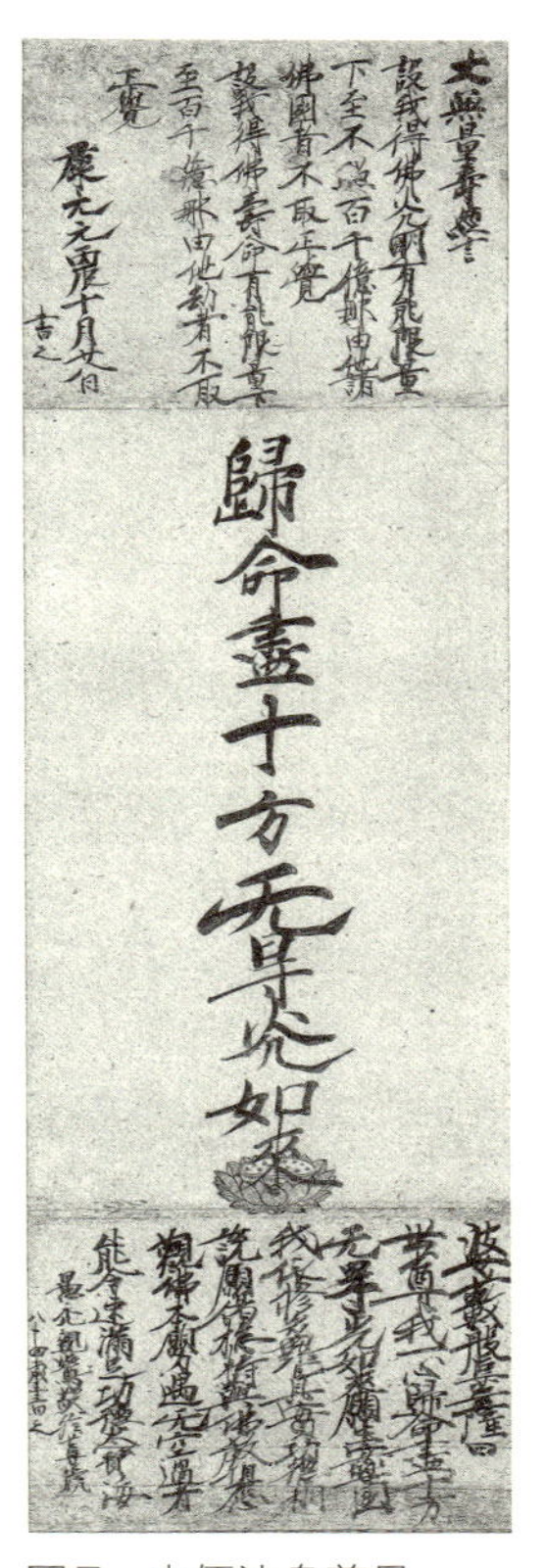

図7　方便法身尊号
愛知 妙源寺

いることが明らかである。また、中幅の九字名号における波条帯の光芒は、南宋仏画の影響下にある。親鸞においては思想構築においても顕著であるが、表装形式とともに図像を表現するにあたっても宋朝文化を積極的に受け入れていることがわかる。このように親鸞が強く中国大陸の思想や文化を意識する理由は、当時の浄土教徒に求められた課題にあったと考えられる。すなわち蘭渓道隆、無学祖元、栄西、俊芿、道元、幸西門下の明信ら中日仏教僧の交流が盛んになる時局に最先端の中国との関係性を強調し、法然から相承する念仏の教義的歴史的正統性を立証するためである。

親鸞の関心は国外のみに向けられたのではない。そもそも『真宗曼荼羅』の着想の原形は、法然門下で大流行した『摂取不捨曼荼羅』に求めることができる。しかしながら、写本も含めて現存しないため、その全容は明らかではない。文字を本尊とし、双鉤塡墨から自筆による墨書の『名号本尊』を制作する先駆的事例は、法然が源智へ与えた名号や明恵の『杜順禅師香象大師名号』『三宝礼名号』である。このように親鸞は、国内外の先行する事例を受容し展開させ、『真宗曼荼羅』の構想を実現させていくのである。[26]

『真宗曼荼羅』の成立は、鎌倉新仏教が胎動する中で独自に構想された中世真宗美術の一つの頂点である。絵伝類が親鸞以後に展開するのに対し、妙源寺本『真宗曼荼羅』は、親鸞が創始した尊号、真像、銘文を具えた唯一の視聴覚伝道遺例である。その構成と機能からは、親鸞が国内外の先行事例を進取した文化史的意義と親鸞が人々の求める信仰形態を汲みとり、親鸞を取り囲む内外の問題に答えるべく仏教信仰の要である三宝と正しい念仏信仰の相承を視覚的に組み込んだ思想史的意義の二つの意義を読み取ることができる。

ところで『真宗曼荼羅』には、親鸞の著作にはない問題点と全体を見渡した時に違和感がある。すなわち、なぜ礼拝の対象に寿像を描き、自著の文言を賛銘にしたのかという意図である。このことは親鸞の著述態度にはない自身による権威化とみることもできる。また『真宗曼荼羅』は、基本的に左右相称で、全体として調和がとれているのに、なぜ和朝部上段に不自然な空間を設けているのかという点である。これらの点は、実は親鸞の造形美術に共通する問題のようである。

親鸞が創造した現存する浄土教美術は、①『方便法身尊号』（『名号本尊』）四件七点、②寿像二件三点、③『真宗曼荼羅』一件三点である。三種に共通する点は、それぞれ尊号や真像をイメージ化するとともに銘文を付したり、複数の名号を用いることによってイメージの本質化を同時的に成立させていることである。上下の賛銘は、それらが礼拝の対象であるとともに教えとしての機能も持たせ、視聴覚伝道としての用途も思考されている。また、既述の通り、国内外の先行事例や文化を進取しており、自筆の文字を礼拝の対象とする点は、法然房源空や明恵房高弁の影響を受け、三段の表装形式は宋代の流行を取り入れている。さらに本質化とともに高度な思考により、全体が重層的に構成され、寺院化していない初期真宗サンガに有用な携帯性と機能性も十全に備えられている。

このように成立意義を読みとれる一方で、疑問点が多々浮上する。『方便法身尊号』については、なぜ礼拝の対象である名号と賛銘が墨書される同じ面に実名と年齢を記すのか。寿像については、そもそもなぜ寿像を複数描き、賛銘に自著の文言を用いるのか。『真宗曼荼羅』についても、なぜ中幅下段の賛銘に自著である「正信念仏偈」の要文を用い、右幅上段に寿像を挿入し、寿像と対称の位置を空白にし、全体の均衡を破りアシンメトリーにするのかといった点である（図8）。これらの事象に共通するのは、親鸞の著作内容に読み取れない自己顕示である。親鸞の著書にも実名と年齢が付される事例はあるが、それは奥書であり、礼拝の対象に記されるのとは意味が異なる。

図８　真宗曼荼羅（和朝部上段）

これらの疑問点も含めて親鸞の造形活動については、従来、康元元年（一二五六）に起こった慈信房義絶事件の影響が考えられている。確かに親鸞の真宗美術の制作はこの前後に集中する。混乱する関東の門弟の動揺を収拾することが急務であったことは想像に難くない。しかし、実効性を期して親鸞が礼拝の対象を実体化したとは、親鸞の思想行動からは考えにくい。着想の契機の一つとして十分考え得るが、目的とは言い難い。そこで考えたいのは、前述の『真宗曼荼羅』におけるアシンメトリーの意味である。親鸞は三国の浄土教者を特徴的に描き分けるが、親鸞像は法然、信空、聖覚の一群とは明らかに色分けられた薄墨の墨衣を纏っている。そして親鸞と対称の位置は空欄となっている。空欄の位置に親鸞と同じカテゴリーの人物が描かれることは容易に想到できる。この構成の意味は、後の一幅本『光明本尊』では法系が連なって描かれるが、本来は親鸞の教えに連なる一念仏者が描かれることが意図され、親鸞とともに浄土教の流れにある姿をイメージ化していると言い得ることができる。この視点で親鸞の寿像及び『方便法身尊号』を見るならば、寿像は弥陀の教えを受け取る念仏者親鸞の姿であり、『方便法身尊号』は念仏者親鸞が受領する教えの内実と見ることができる。親鸞の造形美術を礼拝の対象とみた場合に自己顕示と思われた疑問点も、教えを受ける「今現在」の「主体」の明示とするならば、親鸞の著述にみる思想とも齟齬しない。したがって親鸞における造形美術の意味は、信仰する礼拝の対象というよりは、弥陀とともに現在する念仏者親鸞の姿を可視化して伝えるところにあるのではなかろうか。そして親鸞と共にいる「私」をイメージ化する装置が、親鸞像と対称の位置にある違和感の空間であり、『真宗曼荼羅』の中にいる「私」に気づかせることが『真宗曼荼羅』のもう一つの機能と言い得ることができるのではないだろうか。

四、親鸞の生涯における聖徳太子信仰の影響

親鸞の生涯において最初の聖徳太子信仰の出遇いは、二十九歳の時に比叡山を下り、六角堂に参籠し、法然門下に入る一連の出来事の中にあった。ここで問題となるのは、なぜ二十年間の比叡山の修行に終止符を打ち、市井の中心地にある六角堂に籠もったのかという点である。『梁塵秘抄』に謡われる庶民の信仰の場であり、日本における在家仏教の始祖である聖徳太子建立の六角堂が選ばれたところに、親鸞の求道の焦点をみることができる。そして、比叡山と決別し、法然門下に入る二重の契機になるのが、六角堂参籠中に得る夢告である。

親鸞にとって最初の聖徳太子信仰との出遇いは、浄土門を歩むという生涯を決する重要な意味を持つものであったが、その後の親鸞の仏道に聖徳太子信仰の影響は、全く見受けられない。再び親鸞に聖徳太子信仰が大きな意味を持つのは、半世紀後の親鸞の晩年になってからである。

この空白の約五十年は、聖徳太子信仰には直接しないが、注目すべきことがある。それは、親鸞が善光寺聖として活動していたことが一次史料で明らかになることである。その根拠の一つは、親鸞の寿像にみる勧進聖的様相である。建長七年（一二五五）に法眼朝円が描いた『安城御影』を存覚が実見した記録『存覚袖日記』(27)には、

一、御座ハ大文、御敷皮ヲ被用狸皮
一、御草履ハ猫ノ皮
一、御鹿杖ハ桑ノ木のマタフリ也、上ヨリマタフリノ処マテ猫皮を被巻

とある。親鸞八十三歳の寿像に描かれるこれらの皮製品は親鸞の日用品と考えられるが、どれも旅の生活用具である。とくに鹿杖は、身分の高い僧や聖が携帯するものだとされている。(28) 二つめは、親鸞の消息から読みとれる勧進体制に依存する生活基盤や聖的教化である。この点に最初に注目したのは、宮崎圓遵氏である。宮崎説は、

護念坊のたよりに、教忍御坊より銭二百文、御こゝろざしのものたまはりて候ふ。さきに念仏のすゝめのもの、かたがたの御中よりとて、たしかにたまはりて候ひき。ひとびとによろこび申させたまふべく候ふ。

とはじまる十二月二六日付教忍坊宛の書状(29)に基づき、東国の門弟が送った懇志には、個人の懇志である「こゝろざしのもの」と念仏勧進によって得られた懇志「念仏のすゝめのもの」の二種があるとした。(30) 平松令三氏は、さらに親鸞消息中の門弟からの送金に対する文言すべてを検討し、「親鸞は上級勧進聖として得分を取得していたと考えられる」と結論づけている。(31)

また、真浄坊宛の消息には、(32)

さては、念仏のあひだのことによりて、ところせきやうにうけたまはり候ふ。かへすがへすこころぐるしく

候ふ。詮ずるところ、そのところの縁ぞ尽きさせたまひ候ふらん。（中略）そのところの縁尽きておはしまし候はば、いづれのところにてもうつらせたまひ候うておはしますやうに御はからひ候ふべし。

と、「ところせき」（所狭き）状態で困っている門弟に対し、念仏の縁が尽きたのだから他の地へ移るように促している。ここからは、親鸞の教化形態が定住せず、遊行遍歴を基本とする聖的であったことがわかる。

同時代史料ではないが、親鸞の曾孫覚如によって制作された『善信聖人絵』（京都西本願寺）上巻末尾に増補された「入西観察」段に、(33)親鸞と善光寺の結びつきを伝える話が収載されている。仁治三年（一二四二）、親鸞七十歳の時に入西房が親鸞の肖像画を制作したいと思い、定禅法橋という絵師を呼びよせて写生をさせようとしたら、親鸞が定禅が夢で見た「善光寺の本願の御房」であったと驚いたという逸話である。また、然阿良忠（一一九九～一二八七）の一代記『鎌倉佐介浄刹光明寺開山御伝』(34)に、

詣信之善光寺〇中略 自其以後経歴諸国上野下野武蔵上総下総常陸広談真宗

とあり、親鸞の布教活動経路と善光寺参詣に伴う念仏勧進のルートが一致する点も看過できない。さらに聖のキャラバン的行動とネットワークにも注目したい。家族を伴う旅の生活には、キャラバン的行動が安全である。また、比叡山と決別した親鸞が仏教界のいろいろな情報を聖のネットワークを通して得ていたことは聖であることのメリットとして想像に難くない。(35)実際に親鸞は日本に請来した最新の聖教や国内で見つかった聖教、さらには玄奘による新訳を主著の中で用いている。これらを可能にした情報源の一つとして考えておきたい。その他、

真宗高田派に鎌倉時代前期の一光三尊佛が伝来していること、文明本に収載される「善光寺和讃」五首(36)、初期真宗教団で『善光寺如来絵伝』が用いられたことも傍証になる。

いずれにしても親鸞が聖徳太子信仰と密接に関わる善光寺の勧進聖であるという決定的な事実は史料の上では見出すことができない。しかし語られ、描かれる行実の中には、聖的要素と善光寺との関係が確実に見てとれるのである。

親鸞が帰洛し、著述活動が活発になると、再び聖徳太子信仰がクローズアップされてくる。このことを一覧にしたのが次の年表である。

年表

年	月日	年齢	出来事
建仁元年（一二〇一）		29	六角堂に参籠し、聖徳太子の示現にあずかる（『恵信尼文書』）
建長七年（一二五五）	6・2	83	『尊号真像銘文』（略本）を撰述（専光寺本奥書）（『聖徳太子伝暦』二文なし）
	11・晦		『皇太子聖徳奉讃』七十五首を撰述（専修寺本奥書）
康元元年（一二五六）	5・29	84	慈信房（善鸞）を義絶（義絶状）
	11・29		『浄土和讃』十三首を撰述（愛知上宮寺本奥書）
正嘉元年（一二五七）	2・9	85	夢告和讃を感得（専修寺本『正像末法和讃』）
	2・30		『大日本粟散王聖徳太子奉讃』一一四首を撰述（覚如書写本奥書）
	閏3・1		去る2月9日の夢告を記す（専修寺本識語）
	5・11		『上宮太子御記』を書写（西本願寺本奥書）
正嘉二年（一二五八）	6・28	86	『尊号真像銘文』（広本）を撰述（専修寺本奥書）
文応元年（一二六〇）		88	『正像末法和讃』に『皇太子聖徳奉讃』十一首収載（文明版和讃奥書）

親鸞の主著や主要思想に聖徳太子信仰は、ほぼ皆無である。しかし晩年になると堰を切ったように聖徳太子が取り上げられてくる。その取り上げ方は、布教に関わるもので、建長七年（一二五五）から文応元年（一二六〇）までの五年間に三種の和讃、すなわち『皇太子聖徳奉讃』七十五首、『大日本粟散王聖徳太子奉讃』一一四首、『正像末法和讃』に収録される『皇太子聖徳奉讃』十一首が執筆される。八十歳を超えて聖徳太子に関する和讃を二〇〇首を作るのは驚異である。しかもその間に『方便法身尊号』（『名号本尊』）、御影（寿像）、『真宗曼荼羅』（『光明本尊』）を製作し、『尊号真像銘文』や大部の『西方指南抄』等、数十冊の書物を精力的に著している。

では、なぜ親鸞の晩年に至って聖徳太子信仰が顕著になるのであろうか。この点は正像末の三時思想と年表に明らかなように親鸞が実子である慈信房善鸞を義絶する事件の影響が大きいと考えられる。[37]親鸞が末法の時代を深く自覚するのは、『正像末法和讃』の「三時讃」[38]に見ることができる。さらに文明本『高僧和讃』の奥書には、和讃に取り上げていない聖徳太子の生年月日とその年の仏滅後の年数を一五二一年と算定している。[39]すなわち親鸞は、聖徳太子が末法に入って二十一年目に生誕したことを明記しているのである。

次に義絶事件についてであるが、親鸞が慈信房善鸞を義絶した経緯は、顕智（一二二六～一三一〇）が書写した親鸞の「義絶状」[40]や乗専が著した覚如の伝記『最須敬重絵詞』[41]によれば、親鸞帰洛後、関東教団で異義が蔓延しはじめたので、その事態収拾に建長四年（一二五二）頃に高齢の親鸞の代理として慈信房が関東へ派遣される。ところが慈信房は、夜中に親鸞から特別な教えを伝授されているとか、阿弥陀仏の第十八願を「シホメルハナ」（萎める花）にたとえて捨てさせるなど誤った教えを喧伝し、ついには鎌倉幕府が念仏停止の動きを見せたため「イマハオヤトイフコトアルヘカラス、コトオモフコトオモイキリタリ」と親子の縁を切ることを申し渡すことになったというものである。この事件を契機に親鸞が末法の時代を深刻に受けとめはじめたことは、門弟にあてた手紙の内容からも明白である。[42] 親鸞は建長七年（一二五五）の十一月末に『皇太子聖徳奉讃』七十五首を執筆している。実子を義絶することになる状況を末法の世相と深く受けとめ、同じく末法の時代に仏法を興隆した聖徳太子の生涯を讃詠するのである。

以上のように親鸞晩年の義絶事件が契機となり、それを末法思想の中で受けとめることにより、聖徳太子信仰が意味を持ってくるのである。聖徳太子への思慕は、末法時代における先達者の姿を求めるとともに、関東で混乱する門弟たちが、親鸞自身と同様の六角堂参籠時の廻心体験を再現することが期待されるのである。

五、親鸞における聖徳太子観

ここで注意すべきことがある。それは、親鸞の末法年時理解には二種類あり、それに伴い聖徳太子の位置づけも変化していることである。[43] しかも実子義絶事件を契機に新たな理解がなされている。一つは、親鸞の主著『顕浄土真実教行証文類』の「化身土文類」と『正像末法和讃』、文明本『高僧和讃』の奥書に示される理解である。ここでは正像一五〇〇年説を取り、中国の道綽（五六二〜六四五）、善導（六一三〜六八一）とともに聖徳太子を末法の人と捉える。これは平安時代以降の主流である永承七年（一〇五二）を末法初年とする説や親鸞が「化身土文類」に引用する『末法灯明記』の説とも異なるものである。もう一つは、『皇太子聖徳奉讃』[44] に

像法五百餘歳ニゾ　聖徳太子ノ御ヨニシテ
佛法繁昌セメツヽ　イマハ念佛サカリナリ

と詠み、「イマハ」に左訓して「コノヨハマチポフノヨナリ」と明示する正像二〇〇〇年説である。ここでは、聖徳太子は像法の人であり、仏法や念仏の弘宣者として理解されている。このように慈信房義絶事件による末法思想の深化と聖徳太子観は、次のようになる。

「化身土文類」	正像一五〇〇年説	最初に仏教を伝えた「和国ノ教主」
『正像末法和讃』		末法時代の「和国ノ教主」
『皇太子聖徳奉讃』	正像二〇〇〇年説	念仏を弘宣する「和国ノ教主」 像法時代の「和国ノ教主」

また、親鸞の著述における聖徳太子に関する表現からも親鸞における二つの聖徳太子観を看取することができる。この見方を最初に論じたのは、宮崎圓遵氏である。宮崎説は、「親鸞には、歴史的太子観と宗教的太子観があり、親鸞の太子信仰の根本的なものは、観音の垂迹と仰ぐ超歴史的な宗教的立場である」[45]という内容である。確かに親鸞の聖徳太子に関する文献は、『皇太子聖徳奉讃』『大日本粟散王聖徳太子奉讃』『上宮太子御記』にみられる聖徳太子の歴史的叙述を媒介として念仏が弘通されたことを明かす歴史的立場と、『正像末法和讃』十一首、『尊号真像銘文』二文のように聖徳太子のはたらきによって「正定聚」「誓願」「二種廻向」といった真宗的信仰世界に入ることを明かす宗教的立場がある。特に後者では、

コノ像ツネニ帰命セヨ　聖徳太子ノ御身ナリ
コノ像コトニ恭敬セヨ　弥陀如来ノ化身ナリ

と聖徳太子が、観音菩薩であり、阿弥陀如来の化身であるとする点が親鸞独特の理解として注目される。[46]

六、『真宗曼荼羅』に図像化された聖徳太子信仰

親鸞は、『真宗曼荼羅』を構成するにあたって二つの視点で聖徳太子を組み入れている。一つは、全体的視点であり、もう一つは、部分的視点である。

全体的視点では、三幅を一つの場面として「篤敬三宝」「三国伝来」「三尊信仰」の三つのモチーフの中で聖徳太子をそれぞれに位置づけている。「篤敬三宝」では、三宝の僧の一人として描き、「三国伝来」では、日本に最初に仏教を伝えた人として描き、「三尊信仰」では、観音菩薩の化身として描いている。

次に部分的視点、すなわち和朝部一幅に特化して考察すると、多様な聖徳太子観が「絵」と「銘」によって図像化されていることがわかる（図9）。「絵」については、二つのモチーフを読み取ることができる。一つは『大鳥部文松子伝』四十八歳条に該当すると考えられる廟崛太子である。これは聖徳太子が死期を予見し、造営させた墓所（磯長廟）の窟内を巡検した逸話の絵画化である。この時の廟窟偈に「我身救世観世音」とあり、観音菩薩が垂迹した姿であることがわかる。しかしこの図様には違和感がある。それは、四十八歳の聖徳太子が童形で描かれているからである。しかし京都二尊院、奈良薬師寺、山形慈光明院、米国フリア美術館の『聖徳太子ならびに二童子図』[47]を見ればその違和感が解ける。『聖徳太子ならびに二童子図』は、廟崛太子を描くのであるが、①童形、②垂髪、③柄香炉を胸前で捧げる点が共通する。津田徹英氏によれば、共通する三点の童子の表象こそ聖なる世界と俗世を橋渡しする介在者の役割を担うという。[48]この説は、礼盤上に坐す単独像であるが『聖徳太子孝養

像』（京都藤井有鄰館(49)）の向かって右上に如意輪観音の種子を配し、左上に「聖徳太子御廟記文」を記す同時代史料からも証明することができる。もう一つのモチーフは、聖徳太子と四臣の図様にある。これは、三重県西来寺の『勝鬘経講讃図』(50)の構成と同内容である。したがって、聖徳太子三十五歳の講讃太子を描いていることがわかる。

「銘」については、その内容は『尊号真像銘文』に収載されるものではなく、妙源寺本オリジナルの銘となる。それは、向かって右に「聖徳太子御廟記文」、左に衡山取経説話等が墨書される。この「銘」の内容と「絵」のモチーフである講讃太子を合わせて考えるならば、勝鬘夫人、慧思、聖徳太子を三位一体とする三生伝説が想定されていることがわかる。

このように『真宗曼荼羅』を全体と部分から見渡すと、親鸞が聖徳太子に関する和讃に詠んだ世界が図像化されていることがわかる。すなわち、①三宝の僧としての聖徳太子、②日本に仏教を伝来した「和国ノ教主」、③観音菩薩の垂迹としての聖徳太子、④講讃太子としての聖徳太子、⑤廟崛太子、⑥三生伝説の聖徳太子、⑦末法時代の「和国ノ教主」、⑧像法時代の「和国ノ教主」という多種の聖徳太子観が想定されている。

図９　真宗曼荼羅（和朝部下段）

また相承という流れでみるならば、『真宗曼荼羅』の横ラインは、三国体現の聖徳太子がイメージされ、和朝部における縦ラインは、日本仏教の教主であり、浄土教の教主である聖徳太子を読み取ることができる。

以上、『真宗曼荼羅』には、親鸞の思想、特に聖徳太子に関する和讃に説かれる多様な聖徳太子像を視覚化していることがわかる。聖徳太子信仰にみる垂迹説や転生説、歴史観が、図相でもって重層的に構成され、時空を超えた宗教的世界観として表象されているところに『真宗曼荼羅』の歴史的意義がある。さらに『真宗曼荼羅』における聖徳太子信仰が、絵（『真宗曼荼羅』）と読誦する文字（和讃）が照応し、実践的であることも注目すべきである。その実践的場が、初期真宗サンガにみられる聖徳太子像を安置する太子堂であり、(51)ここに『真宗曼荼羅』は奉懸され、『沙石集』巻五「行基菩薩之歌事」(52)の先例があるように和讃が読誦され、また『一遍聖絵』や真宗佛光寺派に『名帳絵系図』として展開するように興行と名帳が行われたと考えることができる。

注

（1）　同朋舎出版より一九八七年に刊行。

（2）　『光明本尊』の名称は、天文年間に墨書された臨済宗養泉寺（京都）の外箱「曼荼羅光明本尊御絵箱」が最古の事例とされている。平松令三『真宗史論攷』（同朋舎出版、一九八八年）一五三頁。

（3）　『光明本尊』に関する先行研究は、次の通りである。

日下無倫「光明本尊について」（『真宗史の研究』平楽寺書店、一九三一年）

重松明久「真宗各派本尊成立の思想的根拠」『中世真宗思想の研究』吉川弘文館、一九七三年）

宮崎圓遵「光明本尊の構成」（『真宗史の研究（上）』永田文昌堂、一九八七年）

平松令三「光明本尊の研究」（『真宗史論攷』同朋舎出版、一九八八年）

津田徹英「新たな本尊の出現」（『日本の美術』四八八、至文堂、二〇〇七年）

橋川正「尊号真像銘文と光明本尊」（『仏教研究』一四号、大谷大学仏教研究会、一九二三年）

梅原真隆「尊号真像銘文と光明本尊」（『顕真学報』一〇号、顕真学会、一九三三年）

藤枝昌道「光明本尊について」（『顕真学苑論集』五〇号、顕真学会、一九五八年）

石田茂作「光明本尊の発生と衰退」（宮崎圓遵還暦記念会編『真宗史の研究』永田文昌堂、一九六六年）

佐々木篤祐「光明本尊の成立と伝来」（宮崎圓遵還暦記念会編『真宗史の研究』永田文昌堂、一九六六年）
藤井元了「光明本尊成立の経緯」（『印度學佛教學研究』二一巻一号、日本印度学仏教学会、一九七二年）
藤沢正徳「初期真宗における本尊論の一考察親鸞——特に先徳像の扱いに関して」（『龍谷教学』一七号、龍谷教学会、一九八二年）
赤井達郎「光明本尊と絵系図」（『日本美術工芸』五六五号、日本美術工芸社、一九八五年）
平松令三「光明本尊の種類とその分布調査概要」（『龍谷大学仏教文化研究所紀要』二六集、龍谷大学仏教文化研究所、一九八六年）
宮崎圓遵「真宗本尊論序説」（『真宗重宝聚英』第一巻、同朋舎出版、一九八八年）
早島有毅「総説　高僧連坐像」（『真宗重宝聚英』第八巻、同朋舎出版、一九八八年）
佐々木乾三「『還相廻向聞書』——光明本尊の源流」（『佛光寺の歴史と教学』真宗佛光寺派宗務所、一九九六年）
山田雅教「中世後期における仏光寺と本願寺の名号観——光明本尊と無碍光本尊、そして六字名号」（『蓮如上人研究』教義篇Ⅰ、永田文昌堂、一九九八年）
津田徹英「光明本尊考」（『美術研究』三七八号、文化財研究所東京文化財研究所、二〇〇三年）
藤谷信道「光明本尊と『尊号真像銘文』の関係について」（『眞宗研究』四八号、真宗連合学会、二〇〇四年）
早島有毅「中世社会に展開した親鸞とその諸門流集団の存在形態——浄土教の本尊研究の課題設定作業の一環として」（『藤女子大学紀要』第一部四三号、藤女子大学、二〇〇六年）
早島有毅「九字名号を中尊とした三幅一舗の本尊の成立意義——岡崎市妙源寺蔵本を中心素材にして」（『藤女子大学紀要』第一部四四号、藤女子大学、二〇〇七年）
藤谷信道「光明本尊について——『尊号真像銘文』との関係を中心として」（『宗学院紀要』九号、本山佛光寺、二〇〇七年）
早島有毅「一幅本三国菩薩・高僧・先徳・太子連坐像の成立と聖徳太子信仰」（『アリーナ』五号、二〇〇八年）
早島有毅「垂迹としての聖徳太子——早島有毅「聖徳太子信仰と三国仏教史観」によせて」（『同朋大学仏教文化研究所紀要』二九号、同朋大学仏教文化研究所、二〇〇九年）
北島恒陽「正泉寺の光明本尊と真慧上人寿像」（『高田学報』九七輯、高田学会、二〇〇九年）

早島有毅道「聖徳太子信仰と三国仏教史観（上）一幅本三国菩薩・高僧・先徳・太子連坐像の成立構想に即して」（『同朋大学仏教文化研究所紀要』二九号、同朋大学仏教文化研究所、二〇〇九年）
早島有毅道「聖徳太子信仰と三国仏教史観（中）一幅本三国菩薩・高僧・先徳・太子連坐像の成立構想に即して」（『同朋大学仏教文化研究所紀要』三一号、同朋大学仏教文化研究所、二〇一一年）
早島有毅道「聖徳太子信仰と三国仏教史観（下）一幅本三国菩薩・高僧・先徳・太子連坐像の成立構想に即して」（『同朋大学仏教文化研究所紀要』三二号、同朋大学仏教文化研究所、二〇一二年）
名畑崇「記念講演　浄土真宗のすがた――光明本尊の出現」（『眞宗研究』六〇号、真宗連合学会、二〇一六年）
山田雅教「光明本尊の成立背景」（『日本宗教文化史研究』二一号、日本宗教文化史学会、二〇一七年）

（4）『真宗史料集成』第一巻（同朋舎出版、一九七四年）八五六頁。
（5）光照寺（福島）には、釈迦弥陀二尊と二名号を描かない一幅本が伝来している。ただし［皇太子聖徳］と「大勢至菩薩」はシンメトリーの位置ではない。『真宗重宝聚英』第一巻（同朋舎出版、一九八八年）一六頁。
（6）法然は、『選択本願念仏集』の中で「名号はこれ万徳の帰するところなり。しかればすなはち弥陀一仏のあらゆる四智三身十力四無畏等の一切の内証の功徳、相好光明説法利生等の一切の外用の功徳、みなことごとく阿弥陀仏の名号のなかに摂在せり。ゆゑに名号の功徳最も勝れとなすなり」と阿弥陀仏の内証の功徳も外用の功徳も名号に摂在すると説いている。
（7）『浄土真宗聖典全書』二（本願寺出版社、二〇一一年）一五五頁。
（8）『浄土真宗聖典全書』二（本願寺出版社、二〇一一年）六七四頁。
（9）親鸞が康元元年（一二五六）十月二五日に書いた「十字名号」（三重 専修寺蔵）と「八字名号」（三重 専修寺蔵）及び同年十月二十八日に書いた「十字名号」（愛知 妙源寺蔵）の紙背には『方便法身尊号』の文言と書写日が自筆で記されている（図10）。『真宗重宝聚英』第一巻（同朋舎出版、一九八八年）参照。
（10）江戸時代に摺られた妙源寺の『霊寶目録』には、「八祖御影　十祖御影　九字名号」と記されている。
（11）『日本思想体系』十五（岩波書店、一九七一年）。
（12）『日本思想体系』十五（岩波書店、一九七一年）。
（13）『日本古典文学大系』八五（岩波書店、一九六六年）。

(14) 図録『法然 生涯と美術』（京都国立博物館、二〇一一年）一〇四—一〇五頁。
(15) 図録『法然 生涯と美術』（京都国立博物館、二〇一一年）一九八頁。
(16) 図録『知恩院と法然上人絵伝』（京都国立博物館、一九八二年）参照。
(17) 若林眞人「存覚上人『袖日記』乱丁修復試案」（『龍谷教学』三八、二〇〇三年）。
(18) 『浄土真宗聖典全書』二（本願寺出版社、二〇一一年）三一五頁。
(19) 『浄土真宗聖典全書』二（本願寺出版社、二〇一一年）六一七頁。
(20) 推敲の様子は、『増補 親鸞聖人眞蹟集成』第一巻（法藏館、二〇〇五年）一四七頁で目視することができる。
(21) 全文は、『真宗聖教全書』五（大八木興文堂、一九四一年）九八頁に「妙源寺銘文」として収載されている。拙稿「真発見の真佛書写聖教について」（『印度學佛教學研究』五八（二）、二〇一〇年）参照。
(22) 「法然上人絵伝」（四十八巻伝　知恩院蔵）巻三十段五参照。
(23) 治承三年（一一七九）に大火によって全焼した善光寺は、源頼朝による「勧進上人」への協力要請の下文が発給されるなどして（『吾妻鏡』文治三年七月二十七日条）、建久二年（一一九一）には復興し、善光寺曼陀羅供の法要が行われている（『吾妻鏡』建久二年十月二十二日条）。
(24) 『浄土真宗聖典全書』二（本願寺出版社、二〇一一年）一〇五七頁。
(25) 図録『法然 生涯と美術』（京都国立博物館、二〇一一年）五四頁。
(26) 「熊谷入道へ状の御返事」（『法然上人全集』平楽寺書店、一九五五年）一一四六—一一四七頁。
(27) 『真宗史料集成』第一巻（同朋舎出版、一九八三年）九二三頁。

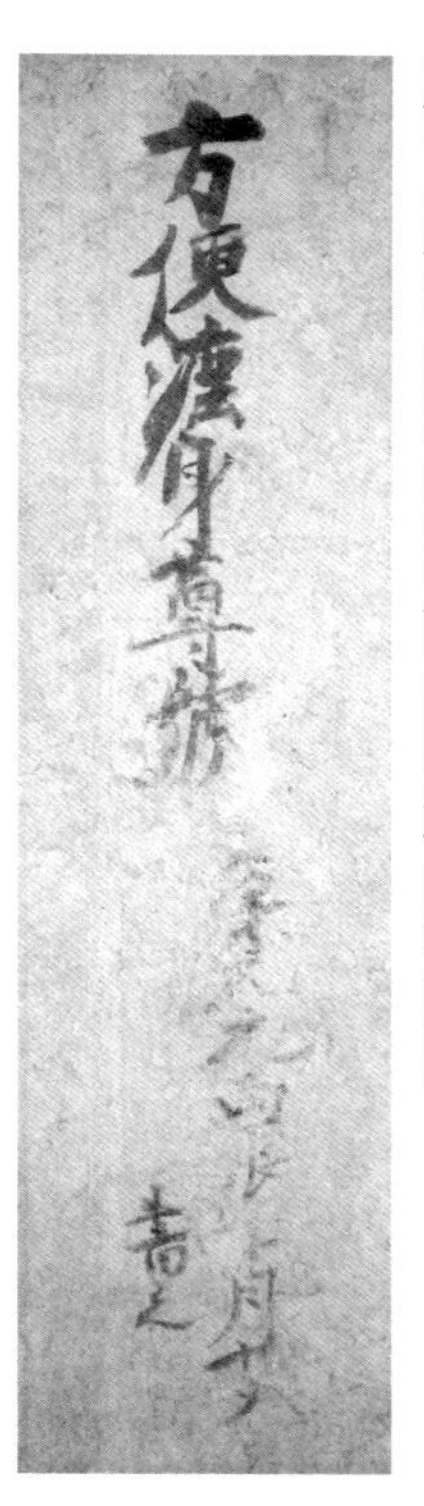

図10　方便法身尊号の裏書（赤外線撮影）愛知 妙源寺

(28) 蒲池勢至『親鸞がわかる』(朝日新聞社、一九九九年）参照。
(29)『浄土真宗聖典全書』二（本願寺出版社、二〇一一年）八三一頁。
(30) 宮崎圓遵『初期真宗の研究』(永田文昌堂、一九七一年）参照。
(31) 平松令三『親鸞』(吉川弘文館、一九九八年）二一八―二二〇頁。なお氏は『親鸞の生涯と思想』(吉川弘文館、二〇〇五年）の中で、真宗高田派に伝わる一光三尊佛は、中世勧進聖の類型と比較をし「親鸞の善光寺勧進上人就任の証し」ではないかと推測している。
(32)『浄土真宗聖典全書』二（本願寺出版社、二〇一一年）八四一―八四二頁。
(33)『真宗重宝聚英』第五巻（同朋舎出版、一九八九年）一四―一五頁。
(34)『群書類従』第九輯上伝部（続群書類従完成会、一九三七年）。
(35) 聖のネットワークがあることは、『塩嚢鈔』に「夫太子ハ本朝仏法ノ元祖。念仏ハ是太子所帰ノ法也。誠ニ念仏ノ功徳。弥陀ノ本願殊勝ナル事。諸経所讃多在弥陀ナレハ申ニ及ハス」と善光寺と四天王寺の念仏聖が交流しているところからわかる。
(36)『浄土真宗聖典全書』二（本願寺出版社、二〇一一年）五二七―五二九頁。
(37) 宮崎圓遵『真宗書誌学の研究　宮崎圓遵著作集第六巻』(永田文昌堂、一九八八年）二四三頁。
(38) 第六首「五濁悪世ノ衆生ノ　選択本願信ズレバ
　不可称不可説不可思議ノ　功徳ハ行者ノ身ニミテリ」
第七首「像末五濁ノ世トナリテ　釈迦ノ遺教カクレシム
　弥陀ノ悲願ハヒロマリテ　念仏往生トゲヤスシ」
第八首「像季末法ノ衆生ノ　行証カナハヌトキナレバ
　釈迦ノ遺法コトゴトク　竜宮ニスデニイリタマフ」
『浄土真宗聖典全書』二（本願寺出版社、二〇一一年）四七〇―四八四頁。
(39)『浄土真宗聖典全書』二（本願寺出版社、二〇一一年）四六六頁。
(40)『影印高田古典』第三巻（真宗高田派宗務院、二〇〇一年）四―六頁。
(41)『真宗聖教全書』三歴代部（大八木興文堂、一九四一年）八三九―八四三頁。

(42)「九月二日念佛人々御中宛付」（『浄土真宗聖典全書』二、本願寺出版社、二〇一一年、八三四―八三六頁）および「九月二日付慈信房御返事」（『浄土真宗聖典全書』二、本願寺出版社、二〇一一年、八三七―八三九頁）。ここでは善導の『転経行道願生往生浄土法事讃』を引用して末法の世相を説いている。
(43) 柏原祐泉『正像末和讃親鸞――親鸞聖人の末法観私考』（東本願寺出版部、一九八二年）。及び井上善幸「太子信仰から見た親鸞の末法観について」（『印度學佛教學研究』五二（一）、二〇〇三年）を参照。
(44)『浄土真宗聖典全書』二（本願寺出版社、二〇一一年）五四五頁。
(45) 宮崎圓遵『真宗書誌学の研究　宮崎圓遵著作集第六巻』（永田文昌堂、一九八八年）二五〇頁。
(46)『皇太子聖徳奉讃』四二首。『浄土真宗聖典全書』二（本願寺出版社、二〇一一年）五四三頁。
(47) 大阪市立美術館監修『聖徳太子信仰の美術』（東方出版、一九九五年）九一―九二頁。
(48) 津田徹英『日本の美術』四四二号（至文堂、二〇〇三年）。
(49) 大阪市立美術館監修『聖徳太子信仰の美術』（東方出版、一九九五年）八三頁。
(50) 大阪市立美術館監修『聖徳太子信仰の美術』（東方出版、一九九五年）一〇六頁。
(51) 妙源寺には、真宗最古の念仏道場として重要文化財に指定される太子堂が現存する。堂の前に柳の木があったことから「柳堂」と呼ばれるようになった。方三間、寄棟造、檜皮葺、正面一間に向拝をつけ、堂内には河内国から梅塘がもたらしたという聖徳太子十六歳の孝養像を安置する。正和三年（一三一四）の修復銘を持つ棟札には「桑子専修念仏柳堂」と記される（図11）。
(52)『新編 日本古典文学全集』五二巻（小学館、二〇〇一年）三〇六頁。

図11　柳堂（太子堂）　愛知　妙源寺

附録

絵解き台本：聖徳太子前世譚
——太子衡山へ翔ぶ

郭　佳寧

さて、ご縁を賜りまして、杭全神社に伝わります十幅のお太子様の御絵伝をお絵解き致します。本日、この座においてお取り次ぎいたしますことは、お太子様が青龍の車に乗って中国の衡山に法華経を取りに行った話でございます。それでは、このお話をお太子様自ら膳妃にお語りなさったところからお話しましょう。

【膳妃に前世を語る】

時に推古天皇二十六年、お太子様四十七歳の年のことでございます。冬十月のある日に、お太子様は膳妃を召して、自らの前世についてお語りになりました。「我は先の世、震旦で貧しい家に生まれた。ある日法華経を聴聞し、その法に深く感心し、出家して沙弥となった。そして衡山に登り、修行に励んだ。今思うと、私が初めて震旦に生まれたのは晋の末期であり、既に三〇〇年も前のことだったのだ。それから六度輪廻転生し、六生共に衡山において出家した。そして、今世は仏法を広めんがため、日本の王家に生まれ変わったのだ。」とお太子様は膳妃にお語りになりました。お太子様の話を聞いた膳妃は感涙に咽びました。これは、お太子様が晩年に、自らの前世について説かれた話であります。膳妃に語られたように、お太子様はその昔、法華経の神妙たる教えに感服したため、仏門に入り、衡山において六生にわたって修行をなされました。そのためお太子様は震旦のみではなく、日本国の皇太子として生まれ変わられた後にも、法華経を篤く信仰し、その教えを日本に広めることにご尽力なさったのでございます。

【法華経の落字を慧慈に問う】

ここで、年月を少しさかのぼってみましょう。推古天皇四年の御時、夏五月のある日、お太子様は始めて法華経をお読みになりました。そしてお太子様はこのはじめてみられた法華経に落字があることにお気付きなさって、自身の師である高麗の慧慈法師に尋ねました。慧慈法師は他国のお経も今この手に持っているお経と同じく書かれていると答えましたが、お太子様は「前世所持していたお経には確かにこの字句があり、落字がありません。」とおっしゃいました。さらに慧慈法師がお太子様に「そのお経はどこにございますか」と尋ねると、「中国の衡山にあります」と答えられました。慧慈法師は大いに不思議に思い、合掌礼拝をいたしました。

では、お太子様はなぜ初めてお読みになった法華経に落字があったことをお気付きになさったのでしょう。それは、先ほどお話しましたように、お太子様はその前世に中国の衡山というところで学んでいらっしゃったからなのです。

【南岳恵思】

では、その衡山という山は、どのようなところでしょう。絵伝の第九幅の上段に衡山が描かれております。雲の上まで高くそびえる山は衡山でございます。衡山は中国の霊山の一つで、南岳とも呼ばれております。崖は高くして道は険しく、近寄り難い山でございます。また、峰々は交錯し、松と桂が重なり合い、まるで雲を侵すようでございます。しかし、そのような衡山において、六朝末期において既に五千人の僧侶が苦行・座禅し、また法華経を日々に念誦しております。衡山で修行した僧侶は、冬夏を問わず肌脱ぎ、裸足で険しい道を歩き、木の葉を服して腹を満たしながら、仏法の修行に励んでおります。そして、衡山で修行した五千人の僧侶中、一人特異な僧がいらっしゃいました。

伝説によると、衡山の山門には、二十里の小径があるということでございます。そこに、衡山を守る一人の異人がおりました。もし盗賊などの悪人が山に入って小径に到れば、異人が忽ちにあらわれ、悪人の手を摑んで松林の奥に牽き入れます。そして異人は、「汝は過去の世に悪業を積んでしまい、今はここで暫く座禅し、心を静めなさい」と言いまして、巨大な石で悪人の足を押さえつけます。例え二十人でかかっても、その石を動かすことはできません。異人は、悪人が改心するまでその場から離れないということでございます。そしてこの異人が恵思禅師だと言われております。

恵思禅師というのは、南岳大師として仰がれ、中国の仏教に大いに影響を及ぼした人物でございます。恵思禅師は、十五歳で出家し、師である恵文禅師より教えを受け、三ケ月の禅定によって悟りを開きました。その後、恵思禅師は中国各地を遍路し、修行を重ねたと伝えられております。数年の間に、各地から信者が集まり、その中に、中国天台宗の開祖とされる智者大師・智顗もいたのでございます。

更に、恵思禅師は四十三歳の時に、金字の『法華経』を作り、衡山の石窟に秘蔵なさいました。恵思禅師は衡山で生涯をかけて修行に専念し、六十三歳で安らかに入滅されました。恵思禅師はご入滅の際に、一万余人の弟子たちを集め、「私が入滅した三十六年後に、必ずこの国に使者を遣わそう。その時、諸僧の中に、もし存命するものがいたら、私が所持していた法華経をお渡しなさい」というご遺言をお残しになられたのでございます。

実は、中国において南岳大師として崇められていた恵思禅師は、お太子様の第六世でございます。中国衡山で遷化された恵思禅師は、その後、日本で生まれ変わられました。実は、この恵思禅師は、その生前において達磨大師と対面したことがあります。その時、かの達磨大師に仏法興隆のため、日本に生まれ変わることを勧められました。恵思禅師はその通りに遷化の後、聖徳太子として日本の王宮にお生れなさったのでございます。恵思禅師は、自らが日本に転生することをご存知だったからこそ、先のようなご遺言をお残しなさったのでございましょう。絵伝の第九幅上段にご覧ください。ここに描かれているのは、恵思禅師が達磨大師と対面し、日本に転生することを勧められている場面でございます。

【妹子の取経】

さて、恵思禅師の遷化から三十六年後と申しますと、日本では推古天皇十五年の御宇、お太子様三十六歳の御時のことでございます。お太子様は、二十五歳の時に、初めてお読みなさった法華経に落字があって、日本に完全な法華経が流布していないことを歎き、全き経の流布を念願なさいました。また、前世の弟子たちとの約束を守るため、その年の五月、小野妹子を遣隋使として中国に遣わされました。妹子は、中国衡山の般若臺にある法華経を取り寄せることを命じられました。この法華経はお太子様が前世にお持ちになっていたものでございます。

絵伝の第七幅の下段左をご覧ください。妹子に、お太子様が前世所持なさっていた法華経の探察を命ずる場面でございます。妹子が中国の衡山を訪ねる場面はこちらの第九幅の上段に示されてございます。大きいな船に乗っているのは妹子一行であります。妹子たちは長い間船に乗り、荒波を超え、様々な苦難を乗り越えて、何とか随の港に辿り着きました。そして港からひたすら衡山を目指し、幾つかの険しい山を登り、厳しい峰々を越え、漸く衡山の般若臺が見えたのです。お寺に着いた妹子はお太子様のご指示に従って、「私は恵思禅師の使いでございます」と名乗りました。そうすると、三人の老僧が妹子の前に現れました。三人の老僧ともすでにずいぶん年をとっており、杖をついて立ち寄って参りました。三人の老僧に会った妹子は続いて、「恵思禅師は今、日本の皇太子、聖徳太子様としてお生まれになっております。お太子様は日本に仏法を広めるために、前世でお持ちになっていた法華経を取ってくるよう私に命じられたので、ここまでやって参りました。」と話しましたが、言葉が通じませんので、老僧たちは茫然として立ったままでございます。そこで妹子は思いました、日本で使っている文字は、昔中国から借りてきたものであります。文字を見せたならば、きっとわかってくれるだろう、と。すると、妹子は庭先の白洲の上に跪き、指で次の文字を書きました。

吾乃恵思禅師使人也。今于本朝有聖徳太子、無恵思禅師者。
太子者崇尊佛法、自説諸経妙義、兼製義疏。
今令吾等取其昔身所持法華経一巻。

三人の老僧は妹子が書いた文字を見て、大いに喜び、「恵思禅師からの使いがいらっしゃった」と叫びながら、

第九幅

第七幅

妹子が求める法華経を探しだせと沙弥に命じました。三人の老僧は涙を流しながら、沙弥が持ってきた法華経と、お太子様の前世であった恵思禅師の仏具を妹子に渡した後、三人の老僧は妹子たちにお寺の中を案内しました。お太子様が前世に住んでいた場所、お経を写した際に書き置いた墨跡を見せ、お寺の外を出て、過去三世のお墓である三基の石塔、桂客殿とその後ろの更なる過去三世の三基の石塔を示しました。お太子様が衡山に修行なされた過去六生のお墓は、絵伝の第九幅の上段左に描かれています。こちらに大きく描かれているのは衡山を尋ねてきた妹子たち、及び三人の老僧が妹子を案内する場面でございます。

一方、法華経を渡された妹子は大いに喜び、そのお経を大切にしまい込み、再び険しい山野を越え、荒れた海原を越え、出発から約一年後、漸く日本に戻りました。また、妹子が日本に戻る際に、隋の皇帝は裴世清など十二人を使いとして、妹子と共に日本へ送りました。お太子様は妹子の帰国を大変に悦び、飾馬七十五匹をつかわして妹子と隋の使者たちを迎えました。日本に戻った妹子は、任務を見事に果たしたと思い、衡山の老僧から受け取った箱をお太子様に手渡しました。お太子様がその箱を開くと、舎利三粒、名香などが入っていたのでございます。しかし、妹子が持って帰った法華経を手にした瞬間、お太子様の笑顔が曇ったのでございます。

【太子の取経】

さて、それから暫く経ちまして、お太子様三十七歳のある日に、お太子様は斑鳩宮、現在法隆寺の境内にある夢殿の前に、諸大臣たちを召し寄せなさいました。「去年、小野妹子大臣が隋の衡山に行って取ってくれた法華経は、私が前世に持っていた法華経ではなく、弟子が持っていたものである。そのため、私はこれから七日七夜、この夢殿に籠り、魂を中国衡山に遣わして、前世に持っていた本当の法華経を取ってこよう。」とお太子様はおっしゃいました。そしてお太子様は、夢殿に上がって、内より堅く扉を閉ざしてしまわれたのでございます。夢殿の前に集まってきた公卿たちは大いに不思議な思いをなしておりましたところ、高麗国の高僧――慧慈法師がやって来ました。この慧慈法師と申しますと、先ほどもお話しました通り、法華経の落字に関して、お太子様と対話した方でございます。「お太子様は、今夢殿にお籠りなさって、既に三昧定にお入りになったので、夢殿の周りでは物音を立ててはなるまいぞ」と、慧慈法師は夢殿を囲んでいた公卿たちを誡めます。

さて、妹子が日本に帰った後、中国衡山において、お太子様の前世であった恵思禅師の弟子である老僧は、小沙弥が間違ったお経を妹子に渡したことを気付き、後悔千万の日々を送っておりました。そんなある日、天空より微妙な音楽が聞こえ、衡山の峰々まで響きわたってきました。その響く音に驚いた老僧は、僧房の外に出て、青空を眺めてみました。すると、何と大変不思議な光景が天辺に現れております。東の彼方より、ひとむら大きな白い瑞雲が浮いております。その雲の上には、何と数百人もの一団が、老僧がいる草庵に向かってやってきます。行列の先頭に立つのは、赤い甲冑を着て、緑の帯を身に纏わせた四天王であります。そして、よく見ると、四天王の後ろから、青龍の車が目の前に迫ってくるのでございます。見上げた老僧はその不思議な光景を驚嘆するうちに、一人の貴人が老僧の目に映ったのでございます。その時何故か、老僧はこの貴人は恵思禅師の生まれかわり、日本の聖徳太子だと確信したのです。お太子様の尊い姿を見て、茫然とした老僧は、はッと気付きまして、もしかしたら…と思い、法華経が納められていた般若臺の北にある石室に向かっていきました。石室に着いた老僧の目の前には、三十七年間置いてあった恵思禅師の法華経が、忽然と消えていたのです。老僧は、その場に立ちすくみ、その昔南岳大師恵思禅師に仕えたことを思い出して、かつての一万人の弟子たちは、今はただ自分一人しか残っていないことを思い、寂しい涙が頬を伝ったのでございます。

一方その頃、斑鳩宮の夢殿ではすでに七日が過ぎ、八日目の暁が迎えられております。そして、夢殿の扉がさっと開いて、お太子様が姿をあらわされたのでございます。七日の間、休まず夢殿の外で警備していた臣下たちは、急いでお太子様のご無事を確認しようと夢殿の中にかけ寄ろうとすると、中の机の上に、金色に輝いている一巻の法華経が置かれているのでございます。なんと不思議な事だと臣下たちは感嘆するばかりでございます。

【妹子再び衡山に行く】

さて、お太子様が夢殿に入定した時から一年が経ちました。そしてある日、小野妹子はまた遣隋使として中国に遣わされ、再び衡山に登りました。衡山に着いた妹子を迎えに来たのは、一人の老僧でございます。「あなたは、先年尋ねてきた日本の聖徳太子様の使者ではございませんか。実はその時に、誤ったお経をお渡ししてしまったのです。誠に申し訳ないことでございます。去年、聖徳太子様がその正しい法華経を取りに来られました。その時には、青龍の車に乗って、東の空から飛んできたのでございます。」と老僧が申したのでございます。それは、ちょうどお太子様が夢殿に籠っている時期でしたので、お太子様は本当に、自らお経を取りに行かれたのだと妹子は驚きました。第九幅の上段右側の絵伝には、お太子様が青龍の車に乗って、衡山に飛翔する場面が描かれております。雲に乗っている行列の先頭に立つのは護法の四天王、その青龍の車に乗っているのはお太子様でございます。更に、車の後ろに集まっていたのはお太子様の随身たちであります。

このように、お太子様が自ら法華経を取りにいってくださったおかげで、いまでも日本国では仏法が繁盛しているのでございます。お太子様は、諸々の衆生を救うため、中国衡山から日本に生まれ変われて、仏法を広める

ことに生涯をかけてご尽力なさったのでございます。以上、お太子様と中国衡山との因縁のお話をお取次いたしました。この座はこれにて結ばせていただきます。

絵解きする様子（郭佳寧）

絵解き台本：圣德太子的前世今生譚之衡山取経

郭 佳寧

今天我很荣幸能有此机会，在衡山圣地为在座的各位讲解圣德太子的绘传。所谓绘传，就是区别与一般的文字传记，是用绘画的形式来表现圣德太子一生的事迹。今天即将为各位讲解的是现藏于日本杭全神社的圣德太子绘传，这部作品一共由十幅挂轴画组成。今天我讲解的是其中的第九幅，圣德太子乘坐青龙车，飞跃万里来到中国衡山取走前世所持法华经的故事。说这个故事之前，先让我们从太子关于自身前世的自述开始讲起。

【太子自述前世】

时值日本推古天皇二六年，太子四七岁的那年冬天。一天，太子在和自己的妃子—膳妃谈话的时候，无意中说起了自己的前世。太子对膳妃说「吾前世生于华夏大地一贫苦农家。因机缘巧合，偶闻一僧讲解法华经，顿时，吾被法华经之精妙教义所感染，由此发心出家，去到那衡山开始了数十年的修行。现在回忆起来，那原是吾初托生华夏，时值晋朝末年，如今算来，距今已有三百余年。从那世之后，吾便在华夏大地转生六世，且每一世都于衡山潜心修行，终老一生。至第六世，吾为传扬佛法，发愿六世之后转生于日本皇室，以佛法救济芸芸众生。」膳妃听了太子关于前世的自述，想到太子为救众生苦心修行转世，不由得潸然泪下。太子对膳妃所讲的这段话是太子晚年的时候关于自身前世的一段回忆。正如同太子所讲，太子在其前世的时候，因感念法华经的精妙而发心出家，在衡山历经六世转生于日本国。太子一心向佛，励志以佛法普度众生，因此转生于日本皇室的太子亦对法华经信仰颇深，誓愿将法华经的教义传递到日本的每一寸国土。

【太子初读法华经】

这里，暂且让我们把时间倒退到太子年少的时候。推古天皇四年，太子二十五岁。在那年夏季五月里的一天，太子在宫中伏案苦读，此时太子阅读的正是法华经。初夏的太阳温暖明亮，伴随着庭院中散发出的阵阵紫阳花香，太子细心的阅读着手中的法华经。可就在此时，太子察觉到经文中有异样。太子随即就经文中的问题请教了自己的老师—高丽国的慧慈法师。慧慈法师接过太子手中的法华经，慢慢的查看手中的经书，但并未发现有经文遗漏。法师对太子说，「此法华经经文未见遗缺，吾平生所见法华经皆如此本」。太子起身说到「非也。吾前世所见法华经中，确有此本未见字句也」。慧慈法师接着询问到「若如殿下所言，彼本法华经今在何处」。太子望向天边意味深长地说道「在衡山般若台也」。对此，慧慈法师虽不深知其中缘由，只觉此事非比寻常。随后法师亦起身，双手合十，礼拜太子。那么究竟为何太子初读法华经就能察觉其中遗缺的字句呢？这就要从刚才太子自述中的在衡山修行的前世开始讲起了。

【南岳惠思】

让我们先来看看太子所提到的衡山是怎样的一座灵山呢。大家请看绘传的第九幅上半部分。这里所描绘的高耸入云的山峰就是衡山了。衡山是中国著名的灵山之一，也被称作南岳。衡山峰峦叠嶂，松柏交错，景色壮丽。但也因其峰回路转，行道艰难，外人常常难以接近。可就在这险峻的衡山之中，在六朝末年既有五千僧侣常年打坐苦行，日日念诵法华经文。在衡山修行的僧侣们，无论冬夏都潜心于佛法，裸足行走在山峦之间，以树叶果腹。话说，在这衡山修行的五千人僧侣中有一僧，佛法修为有异常人。

传说在通向衡山山顶寺庙的二十多里山路上，此僧常常守护于山门之外。若有盗贼意欲上山行窃，途径此地之时，此僧定会出现擒拿恶人。此僧擒恶人到松林深处，对恶人道「汝于往昔积恶业，现于此不可不忏悔也。今暂且稍坐禅，以静其心」。说罢，此僧又搬起一巨石，将巨石压在恶人双足之上。那巨石之重，即便二十人同时用力也不能移动分毫。此后，僧人一直在此看守，直到恶人诚心忏悔改过自新。那么传说中的这个僧人究竟是何方神圣呢。这传说中的僧人正是赫赫有名的惠思禅师。

惠思禅师，也被尊称为南岳大师，在中国佛教史上有着举足轻重的地位。惠思禅师十五岁出家，师从惠文禅师，仅仅禅定三个月就已参悟佛法。之后，惠思禅师遍路中国各地，一边修行一边讲学。数年间，全国各地的信者汇集到惠思禅师身边，以求教诲。在禅师的信者之中，就有日后成为中国天台宗开祖的智者大师—智顗。在讲学之余，惠思禅师在四十三岁时，亲自誊写了金字的法华经文，并将经文藏于衡山般若台的石窟之中。之后历经二十年，禅师在衡山苦心修行，于六十三岁时安然入寂。话说，禅师入寂之时，召集一万余名弟子，并留下了重要的遗言。禅师遗言说「吾入寂三十六年后，定会派使者来此衡山。彼时，若汝等中尚有在世者，可将吾生前所持法华经交付于彼使者」。众弟子闻恩师遗言，无不声泪俱下。

惠思禅师究竟为何会留下如此遗言呢。其实，惠思禅师在衡山入寂之后，并没有急于前往极乐净土，而是转世到了海之东方的日本国，成为了日本国的圣德太子。禅师之所以会转生于日本，是因为受到了达摩大师的启发。惠思禅师生前曾于衡山和达摩大师有过交谈。达摩大师说「汝已于衡山修行六世，因缘已尽。何不转生于东海之国。彼国未受佛法机缘庇佑，贪念横行。汝应前去广传佛法，普度众生」。就这样，惠思禅师接受了达摩大师的劝谏，在衡山入寂之后，转生于日本的皇室，成为圣德太子，尽一生所能普法度众生。

【小野妹子取经】

话说在惠思禅师圆寂之后的三十六年，中国正值隋朝，日本是推古天皇十五年，圣德太子三十六岁。如刚刚所讲，太子在二十五岁初读法华经时，发现当时在日本流传的法华经有遗缺字句，并非完本。对此，太子一心想祈愿完本法华经能流传日本，同时也为实现前世在衡山入寂时与弟子们的约定。于是在推古天皇十五年五月，太子决定派大臣小野妹子作为遣隋使出访中国，并取回前世藏于衡山的法华经。请看绘传的第七幅下半部分。这里所描绘的就是太子命小野妹子到衡山取经的画面。小野妹子一行乘船到达中国宁波港口的场面是在绘传的第九幅下半部分左侧。这里所画的大船就是小野妹子所乘坐的船。小野妹子及其他的遣隋使们乘船从日本出发，乘风破浪，历经万里，终于到达了隋朝的港口。之后，遣隋使们从港口出发，一路披星戴月，翻山越岭，终于来到了衡山的般若台。到达衡山之后，小野妹子按照太子的指示，站在山门外向小沙弥说道「吾乃惠思禅师使者也」。小野妹子声音刚落，三名老僧便从寺中走了出来。想必是听到了小野妹子的说话声。三名老僧看上去都已经年过八旬，他们拄着拐杖慢慢地向小野妹子走来。小野妹子看到老僧，接着说道「惠思禅师现为日本圣德太子，太子为广传佛法命吾等来此衡山，取其前世所持法华经」。但是由于言语不通，三名老僧在听到小野妹子的话后，面面相觑，立于原地。这时，小野妹子心里想到「日本所用文字皆自中华所借之物也。虽音声不同，若以文字示之，岂不晓之」。随即，小野妹子来到寺中庭院，在白沙地上写下了以下的文字。

吾乃惠思禅师使人也。今于本朝有圣德太子，无惠思禅师。

太子者崇尊佛法，自说诸经妙义，兼制义疏。

今令吾等取其昔身所持法华经。

三名老僧看到小野妹子写下的文字，顿时大喜，大声说道「惠思禅师使人今来也」。说罢，老僧命身边小沙弥速速取来法华经。待小沙弥取来法华经和惠思禅师生前所用佛具后，三名老僧望着经文和佛具，忍不住簌簌泪落。老僧将法华经和佛具交给小野妹子之后，带着一行人前往寺中，后又去往惠思禅师生前修行之地。禅师生前写经时所留下的墨痕，至今还依稀可见。寺外所建惠思禅师的三生石，以及桂客殿后的最初转生的三生石塔，上面虽然早已布满了苔藓，但太子当年为精进佛法，在衡山修行的画面已然浮现在小野妹子的脑海里了吧。太子在衡山修行，六世转生的墓塔，绘传上被描绘在了这里。这里占据画卷大部分的是衡山，这里是三名老僧带小野妹子拜访寺庙的场景。

另一方面，小野妹子在取得法华经后很是喜悦，小心翼翼地将经文包裹好放进了箱子。告别衡山后，小野妹子一行踏上了回国的旅途。他们再次翻过山岭，越过河海，终于在出发的一年之后回到了日本。小野妹子在回国之际，隋朝派出了大臣裴世清随小野妹子一起前往日本。听到小野妹子回国的消息，太子喜出望外，派出队伍前去迎接小野妹子和来访的裴世清。回到日本的小野妹子，以为自己出色的完成了太子的任务，沾沾自喜地将从衡山得来的装有经文的箱子交给了太子。太子打开箱子，里面有舍利三粒，名香若干。可是当触碰到小野妹子取得的法华经时，太子的笑容突然暗淡了起来。

【太子取经】

在小野妹子去往衡山取经的一年之后的一天，太子在自己的斑鸠宫中，也就是现位于奈良法隆寺境内的梦殿前，对诸大臣说道「去年，吾命大臣小野妹子去往衡山，取吾前世所持法华经。但大臣所取之经，非吾前世所持之经也。乃吾弟子之物也。故吾自今日起，七日七夜间入定此梦殿，遣吾魂魄前往衡山，取吾前世法华经」。随后，太子进入梦殿，从殿内将门窗紧闭。聚集在殿外的公卿大臣们深感此事非同寻常。这时，高丽国的慧慈法师走了过来。这位慧慈法师就是之前提到的，太子二十五岁时和太子讨论法华经遗缺字句的高丽高僧。「太子此刻正于梦殿入三昧定，尔等在此切不可发声」。慧慈法师这样告诫着周围的大臣们。

话说另一方衡山方面。自小野妹子离开衡山之后，太子的前世惠思禅师的弟子，也就是之前说到的老僧。老僧意识到小沙弥拿错了法华经，交给小野妹子的并不是当年惠思禅师所持之经文。为此，三名老僧每日叹息，为自己的疏忽后悔不已。可就在太子入定梦殿的那天，衡山上发生了不可思议的事情。话说，那天老僧一如往常在寺里念佛诵经，忽然从天边传来了美妙的乐声，那声音响彻衡山。听到乐声的老僧急急忙忙来到佛堂外，仰头眺望天边。只见万里晴空中从东方飘来一朵祥云。细细地看去，在那祥云之上竟然有着数百的人，演奏着音乐，排列着队伍。而那祥云此刻正向老僧所在的草庵飘来。那队列的最前方赫然站立着护法四天王，他们披着赤色的甲胄，身上缠绕着绿色的丝带，场面十分壮观。而在四天王身后的是一辆青龙车，那青龙车腾云驾雾华丽万分，在老僧眼前一跃而过。老僧正感叹平生从未见过此番奇异景象之时，突然青龙车上一位衣着非比寻常的贵人出现在了老僧的眼前。老僧猛然如梦初醒，虽不知何故，但老僧认定了这位贵人就是惠思禅师的转世，日本的圣德太子。望着太子尊贵的身姿，老僧再次陷入了沉思。可就在茫然之中，老僧像是猛地意识到了什么，回过神来赶忙朝着般若台北边的收藏着惠思禅师生前所持法华经的石室奔去。当气喘吁吁的老僧到达石室后，被眼前的景象惊呆了。原来，安放在此已有三十七年之久的法华经早已不见了踪影。老僧若有所思，回想起自己年轻修行时的场景。当年南岳大师上万名的弟子，如今却只剩下自己一人，老僧不禁黯然落泪。

而此刻在日本的斑鸠宫内，太子入定的第七日终于结束，就在即将迎来第八日的黎明之际，梦殿的大门突然打开，里面现出了太子的身影。七日间一直在外等候的大臣们担心太子的安危，在门打开的瞬间一拥而上。只见梦殿的桌子上赫然安放着一卷法华经，经卷金光闪闪，异常夺目。面对此情此景，诸大臣感叹不已。

【小野妹子再次出访衡山】

在太子入定梦殿一年之后，小野妹子作为遣隋使再次出发前往中国。在此次出访之际，小野妹子再次登上了衡山。这次前来迎接小野妹子的只有一名老僧。老僧认出了小野妹子是之前来访的惠思禅师的使者，对小野妹子诉说了前一年青龙车的事情。「前年，汝来访之时，误将弟子之法华经交付于汝，此乃吾等之过失，望见谅。去年，圣德太子殿下乘青龙之车，自东方苍穹来此衡山，自取前世所持法华经」。据老僧的叙述，去年太子乘青龙车来衡山之际，正是太子入定梦殿之时。小野妹子听了老僧的话后，对太子遣其魂魄前往衡山取经之事大为惊叹。大家请看绘传的第九幅上端右侧，从东方而来的祥云上是太子一行的队伍，队列最前方的是护法四天王，四天王身后是乘坐青龙车的圣德太子，太子的身后是追随太子的侍从们，他们有的演奏着音乐，有的演绎着歌舞。

就这样，太子亲自前往衡山取得了法华经，此后没有遗缺字句的，完整的法华经才得以在日本流传开来，同时由于太子的努力，佛教在日本也得到了更广的传播与发展。太子为精进修行在衡山转生六世，后又为普度众生，转生于未受佛法机缘庇护的日本国，尽其一生守护佛法，救济苍生。以上为大家讲解的就是太子和衡山的六世因缘，以及衡山取经的故事。关于太子一生的事迹和功德还有很多很多，这里就先让我们告一段落。

聖徳太子信仰・聖徳太子伝 基本研究図書目録

吉原浩人

凡例

一、本目録は、聖徳太子信仰と聖徳太子伝の参考に資すべく編纂した。
一、本目録は、単行書に限って扱い、雑誌や単行書に掲載された論文等は省略した（⑤のみ例外）。
一、本目録には、すでに研究書としての役割を終えているもの、漫画、法隆寺関係の論著の一部は省略した。
一、本目録は、①「研究書・一般書」、②「文庫・新書・叢書・ブックレット」、③「事典」、④「論集」、⑤「テクスト」、⑥「図録」に分類した。このうち、①②は書籍の形態による分類であるため、境界があいまいであるが、②は一般に入手しやすいものとした。その中には、いわゆるトンデモ本の類も含まれるが、聖徳太子がどのように紹介されているかを知るために、あえて掲載している。
一、本目録の最大の特徴は、⑤「テクスト」にある。従来、聖徳太子の伝記を研究するためには、各テクストが分散して活字化されているため、専門家以外は扱うことさえ困難であった。⑤には、聖徳太子伝や伝聖徳太子著書の原文（一部訳註）を収載する単行書・紀要類一覧を掲出しているので、これを手がかりにより効率的に研究を進めることができるであろう。ただし煩瑣になるので、各書籍に収載される伝記の詳細や翻刻者については省略した。併せ、吉原が編集に参与した『国文学　解釈と鑑賞』第五四巻一〇号「特集＝聖徳太子伝の変奏」（一九八九・一〇）も参照されたい。
一、本目録には、遺漏も数多くあると思われる。特に図録類は手許にあるもののみで構成したので、掲載できなかったものも多い。今後の修訂のため、さまざまな方面からご示教を乞いたい。

①研究書・一般書

大屋徳城『日本仏教史の研究』第二巻、東方文献刊行会、一九二九・四→『大屋徳城著作選集』第三巻「日本仏教史の研究二」国書刊行会、一九八八・一
橋川正『上宮太子御記の研究』丁子屋書店、一九三五・一
田中重久『聖徳太子』東光堂、一九四二・一
金治勇『聖徳太子の生涯と思想』百華苑、一九五八・三
文化財保護委員会編『四天王寺』吉川弘文館、一九六七・五
大野達之助『聖徳太子の研究――その仏教と政治思想』吉川弘文館、一九七〇・五
林幹彌『太子信仰――その発生と発展』評論社、一九七二・六
小倉豊文『聖徳太子と聖徳太子信仰』綜芸社、増訂版一九七二・七
林幹彌『太子信仰の研究』吉川弘文館、一九八〇・二
新川登亀男『上宮聖徳太子伝補闕記の研究』吉川弘文館、一九八〇・九
花山信勝『聖徳太子と憲法十七条』大蔵出版、一九八二・七
田中嗣人『聖徳太子信仰の成立』吉川弘文館、一九八三・一二
『日本仏教のこころ』「聖徳太子と大安寺」ぎょうせい、一九八四・五
『阿部隆一遺稿集』第三巻「解題篇二」汲古書院、一九八五・一一
岡本精一『太子道を往く』奈良新聞社、一九八七・三
『久米邦武歴史著作集』第一巻「聖徳太子の研究」吉川弘文館、一九八八・三
武光誠・前之園亮一『聖徳太子のすべて』新人物往来社、一九八八・一二
『坂本太郎著作集』第九巻「聖徳太子と菅原道真」吉川弘文館、一九八九・四
堅田修『上宮太子御記序説』真宗大谷派出版部、一九九〇・七
『聖徳太子七つの謎』新人物往来社、一九九一・七
高田良信『聖徳太子の生涯と信仰』法隆寺、一九九一・一〇
『多屋頼俊著作集』第二巻「和讃の研究」法藏館、一九九二・一

王勇『聖徳太子時空超越　歴史を動かした慧思後身説』大修館書店、一九九四・七
飛鳥昭雄・山上智『聖徳太子の「秘文」開封』徳間書店、一九九八・一
石田尚豊『聖徳太子と玉虫厨子――現代に問う飛鳥仏教』東京美術、一九九八・二
大山誠一『長屋王家木簡と金石文』吉川弘文館、一九九八・三
保坂俊三『日本国誕生と聖徳太子』丸ノ内出版、一九九八・四
金本朝一『太子町・当麻の道』綜文館、一九九八・五
藤井由紀子『聖徳太子の伝承――イメージの再生と信仰』吉川弘文館、一九九九・八
奈良六大寺大観刊行会編『奈良六大寺大観　補訂版』第一巻「法隆寺一」～第五巻「法隆寺五」、一九九九・九
～二〇〇一・七
『飯田瑞穂著作集』1「聖徳太子伝の研究」吉川弘文館、二〇〇〇・一
大山誠一『聖徳太子と日本人』風媒社、二〇〇一・五
ＮＨＫ「聖徳太子」プロジェクト『聖徳太子信仰への旅』日本放送協会出版、二〇〇一・一一
大橋一章・谷口雅一『隠された聖徳太子の世界～復元・幻の天寿国』日本放送協会出版、二〇〇二・二
川勝守『聖徳太子と東アジア世界』吉川弘文館、二〇〇二・一二
梅原猛・黒岩重吾・上田正昭他『聖徳太子の実像と幻像』大和書房、二〇〇二・一
『梅原猛著作集』1・2「聖徳太子」上・下、小学館、二〇〇三・二、四
津田徹英『日本の美術』第四四二号「中世の童子形」至文堂、二〇〇三・三
大山誠一編『聖徳太子の真実』平凡社、二〇〇三・一一
田中英道『聖徳太子虚構説を排す』ＰＨＰ研究所、二〇〇四・九
佐治芳彦『捏造された聖徳太子神話』日本文芸社、二〇〇四・一〇
倉西裕子『聖徳太子と法隆寺の謎――交差する飛鳥時代と奈良時代』平凡社、二〇〇五・二
森田悌『推古朝と聖徳太子』岩田書院、二〇〇五・九
高田良信『世界文化遺産法隆寺を語る』柳原出版、二〇〇七・二
刀田山鶴林寺編『鶴林寺太子堂とその美』（鶴林寺叢書1）法藏館、二〇〇七・八

松本真輔『聖徳太子伝と合戦譚』勉誠出版、二〇〇七・一〇
刀田山鶴林寺編『鶴林寺と聖徳太子――「聖徳太子絵伝」の美』（鶴林寺叢書2）、法藏館、二〇〇八・四
大山誠一『天孫降臨の夢――藤原不比等のプロジェクト』日本放送出版協会、二〇〇九・一一
大野玄妙・立松和平『法隆寺』（新版古寺巡礼 奈良1）、淡交社、二〇一〇・五
杉本好伸編『聖徳太子伝』国書刊行会、二〇一一・二
大角修『【超訳】十七条憲法 聖徳太子の言葉』枻出版社、二〇一一・一〇
小林恵子日本古代史シリーズ第五巻『聖徳太子の正体』現代思潮新社、二〇一二・三
小林恵子日本古代史シリーズ第六巻『史上から消された聖徳太子・山背王朝』現代思潮新社、二〇一二・五
渡辺信和『聖徳太子説話の研究――伝と絵伝と』新典社、二〇一二・六
高田良信『日本人のこころの言葉 聖徳太子』創元社、二〇一二・一二
阿部泰郎『中世日本の宗教テクスト体系』名古屋大学出版会、二〇一三・二
榊原史子『『四天王寺縁起』の研究――聖徳太子の縁起とその周辺』勉誠出版、二〇一三・三
井上亘『偽りの日本古代史』同成社、二〇一四・二
石井公成『聖徳太子 実像と伝説の間』春秋社、二〇一六・一
田中英道『聖徳太子 本当は何がすごいのか』育鵬社、二〇一七・七

②文庫・新書・叢書・ブックレット

田村圓澄『聖徳太子』（中公新書）、中央公論社、一九六四・六
坂本太郎『聖徳太子』（人物叢書）、吉川弘文館、一九七九・一二
梅原猛『隠された十字架――法隆寺論』（新潮文庫）、新潮社、一九八一・四
上原和『聖徳太子――再建法隆寺の謎』（講談社学術文庫）、講談社、一九八七・三
棚橋利光編『四天王寺年表』（清文堂史料叢書）、清文堂、一九八九・六
中村浩・南谷恵敬『四天王寺』（考古学ライブラリー）、ニュー・サイエンス社、一九九一・四
石渡信一郎『聖徳太子はいなかった』（三一新書）、三一書房、一九九二・一二↓『完本 聖徳太子はいなかった

聖徳太子の謎を解く』（河出文庫）、河出書房新社、二〇〇九・九
五島勉『聖徳太子「未来記」の秘予言』（プレイブックス）、青春出版社、一九九一・九
梅原猛『聖徳太子』1〜4（集英社文庫）、集英社、一九九三・四〜一〇
武田佐知子『信仰の王権 聖徳太子』（中公新書）、中央公論社、一九九三・一二
武光誠『聖徳太子　変革の理念に生きた生涯』（現代教養文庫）、社会思想社、一九九四・一
遠山美都男『聖徳太子　未完の大王』（NHKライブラリー）、日本放送出版協会、一九九七・一二
徳永真一郎『聖徳太子　物語と史蹟をたずねて』（成美文庫）、成美堂出版、一九九五・一〇
大山誠一『〈聖徳太子〉の誕生』（歴史文化ライブラリー）、吉川弘文館、一九九九・五
関裕二『聖徳太子は蘇我入鹿である』（ワニ文庫）、KKベストセラーズ、一九九九・一一
遠山美都男『聖徳太子はなぜ天皇になれなかったのか』（角川ソフィア文庫）、角川書店、二〇〇〇・一〇
吉村武彦『聖徳太子』（岩波新書）、岩波書店、二〇〇二・一
上原和『世界史上の聖徳太子　東洋の愛と智慧』（NHKブックス）、日本放送協会出版、二〇〇二・二
谷沢永一『聖徳太子はいなかった』（新潮新書）、新潮社、二〇〇四・四
佐藤正英『聖徳太子の仏法』（講談社現代新書）、講談社、二〇〇四・六
武澤秀一『法隆寺の謎を解く』（ちくま新書）、筑摩書房、二〇〇六・七
新川登亀男『聖徳太子の歴史学』（講談社選書メチエ）、講談社、二〇〇七・二
曾根正人『聖徳太子と飛鳥仏教』（歴史文化ライブラリー）、吉川弘文館、二〇〇七・二
飛鳥昭雄・山上智『聖徳太子秘文『未来記』開封』（5次元文庫）、徳間書店、二〇〇八・九
酒井龍一・荒木浩司・相原嘉之・東野治之『飛鳥と斑鳩　道で結ばれた宮と寺』（奈良大ブックレット）、ナカニシヤ出版、二〇一三・一一
大平聡『聖徳太子 倭国の「大国」化をになった皇子』（日本史リブレット）、山川出版社、二〇一四・四
関裕二『異端の古代史③　聖徳太子は誰に殺された』（ワニ文庫）、KKベストセラーズ、二〇一五・七
東野治之『聖徳太子――ほんとうの姿を求めて』（岩波ジュニア新書）、岩波書店、二〇一七・四

③事典
黛弘道・武光誠『聖徳太子事典』新人物往来社、一九九一・四
石田尚豊編『聖徳太子事典』柏書房、一九九七・一一

④論集
平安考古会編『聖徳太子論纂』平安考古会、一九二一・三→日本図書センター、一九七六・一一覆刊
聖徳太子奉讃会編『聖徳太子と日本文化』平楽寺書店、一九五一・五
『日本仏教学会年報』第二九号、一九六四・三→平楽寺書店より『聖徳太子研究』として刊行
聖徳太子研究会編『聖徳太子論集』吉川弘文館、一九七一・一一
田村圓澄・川岸宏教編『聖徳太子と飛鳥仏教』（日本仏教史論集1）吉川弘文館、一九八五・一〇
『国文学　解釈と鑑賞』第五四巻一〇号「特集＝聖徳太子伝の変奏」一九八九・一〇
蒲池勢至編『太子信仰』（民衆宗教史叢書）、雄山閣出版、一九九九・一〇
大山誠一編『聖徳太子の真実』平凡社　二〇〇三・一一
本郷真紹編『和国の教主　聖徳太子』（日本の名僧1）、吉川弘文館、二〇〇四・一一
上田正昭・千田稔編『聖徳太子の歴史を読む』文英堂、二〇〇八・二
武田佐知子編『太子信仰と天神信仰』思文閣出版、二〇一〇・五
大山誠一編『日本書紀の謎と聖徳太子』平凡社、二〇一一・六
吉田一彦編『変貌する聖徳太子』平凡社、二〇一一・一一

⑤テクスト
『大日本仏教全書』一一二「聖徳太子伝叢書」仏書刊行会、一九一二・五
『日本歴史図絵』第一輯「聖徳太子伝図絵他」国民図書、一九二〇・一一
『復原 聖徳太子伝暦』聖徳太子奉賛会、一九二七・一〇
『続群書類従』八上「伝部」続群書類従完成会、一九二七・六

東方書院編集部『太子伝玉林抄』東方書院、一九二九・三
花山信勝『聖徳太子御製　法華義疏の研究』山喜房佛書林、一九三三・九
笹野堅編『室町時代短編集』栗田書店、一九三五・一一
荻野三七彦『聖徳太子伝古今目録抄』法隆寺、一九三七・二→名著出版、一九八〇・一一覆刊
藤原猶雪『日本仏教史研究』大東出版社、一九三八・七→一の丸出版、一九七四覆刊
横山重・太田武夫校訂『室町時代物語集』第四、大岡山書店、一九四〇・九→井上書店、一九六二・六覆刊
花山信勝・家永三郎『上宮聖徳法王帝説』（岩波文庫）、岩波書店、一九四一・二
藤原猶雪編『聖徳太子全集』全四巻、龍吟社、一九四二・一二→第三巻・第四巻のみ『聖徳太子伝』上・下として臨川書店より一九七七・一〇覆刊
出雲路敬和編『ひらかな聖徳太子伝暦』桜橘書院、一九四三・二
竹内理三編『寧楽遺文』下巻　東京堂　一九四四・一〇→東京堂出版　一九六二・一一訂正版
小島叡成『聖徳太子伝暦摘解』東本願寺出版部、一九六五・七
横山重校訂『古浄瑠璃正本集』第五、角川書店、一九六六・一
『圖書寮叢刊』「伏見宮家九条家旧蔵 諸寺縁起集」宮内庁書陵部、一九七〇・三
中村元編『日本の名著』２「聖徳太子」中央公論社、一九七〇・四→中公バックスとして一九八三・五再刊
出口常順・平岡定海編『聖徳太子・南都仏教集』（世界教育宝典・仏教教育宝典２）、玉川大学出版部、一九七二・一〇
『日本庶民文化史料集成』第二巻「田楽・猿楽」三一書房、一九七四・一二
家永三郎他『日本思想大系』２「聖徳太子集」岩波書店、一九七五・四
花山信勝『法華義疏』上・下（岩波文庫）、岩波書店、一九七五・四〜五
『法隆寺蔵尊英本 太子伝玉林抄』全三巻、吉川弘文館、一九七八・三
横山重・室木弥太郎・阪口弘之校訂『古浄瑠璃正本集』第八、角川書店、一九八〇・二
『同朋学園佛教文化研究所紀要』第二号（万徳寺蔵『聖徳太子伝』）、一九八〇・三
平松令三編『真宗史料集成』第四巻「専修寺・諸派」同朋舎、一九八二・一一

『芸能史研究』第八二号（東大寺図書館本『正法輪蔵』）、一九八三・七
『東横国文学』第一六号（慶應義塾三田メディアセンター蔵『聖徳太子正法輪』）、一九八四・三
『斯道文庫論集』第二〇輯（身延文庫蔵『聖徳法王三国伝燈灌頂伝』・野中寺蔵『上宮太子御遺言記注』）、一九八四・三
法隆寺昭和資財帳編纂所編『法隆寺史料集成』四「聖徳太子伝私記」ワコー美術出版、一九八五・一〇
法隆寺昭和資財帳編纂所編『法隆寺史料集成』十「聖誉抄」ワコー美術出版、一九八五・一〇
日中文化交流史研究会『東大寺図書館蔵文明十六年書写『聖徳太子伝暦』影印と研究』桜楓社、一九八五・一二
国民文化研究会内聖徳太子研究会『聖徳太子仏典講説　勝鬘経義疏の現代語訳と研究』上・下、大明堂、一九八八・二～一九八九・二
『同朋学園佛教文化研究所紀要』第十一号（覚什『聖徳太子伝記』）、一九八九・一二
『斯道文庫論集』第二四輯（身延文庫蔵『〔太子伝〕附上宮皇太子菩薩伝』・慶應義塾三田メディアセンター蔵『上宮救世大聖御伝』）、一九九〇・三
『絵解き研究』第八号（『上宮太子御遺言記』）、一九九〇・六
高崎直道編『大乗仏典〈中国・日本篇〉』第十六巻「聖徳太子・鑑真」中央公論社、一九九〇・一一
『実践国文学』第四三号（大谷大学図書館蔵『聖徳太子伝記』）、一九九三・三
棚橋利光編『四天王寺史料』（清文堂史料叢書）、清文堂、一九九三・四
山本一『金沢大学附属図書館暁烏文庫蔵 正法輪蔵』和泉書院、一九九四・四
吉田英哲・奥田清明監修『書き下し『聖徳太子伝暦』』世界聖典刊行協会、一九九五・一一
棚橋利光編『四天王寺古文書』第一・二巻（清文堂史料叢書）、清文堂、一九九六・三
『絵解き研究』第十四号（慶應義塾大学三田メディアセンター蔵『太子伝絵』）、一九九八・一二
牧野和夫『聖徳太子伝記』（伝承文学資料集成1）、三弥井書店、一九九九・五
『古典資料研究』第一号（慶應義塾大学三田メディアセンター蔵『聖徳太子由来事』）、二〇〇〇・六
伊藤正義監修『磯馴帖 村雨篇』和泉書院、二〇〇二・七
野澤政直『新装版　禁書　聖徳太子五憲法』新人物往来社、二〇〇四・八

沖森卓也・佐藤信・矢嶋泉『上宮聖徳法王帝説 注釈と研究』吉川弘文館、二〇〇五・三
斯道文庫古典叢刊『中世聖徳太子伝記集成』全五巻、勉誠出版、二〇〇五・四
真福寺善本叢刊第二期5『聖徳太子伝集』臨川書店、二〇〇六・三
中村元・早島鏡正『勝鬘経義疏 維摩経義疏（抄）』（中公クラシックス）、中央公論新社、二〇〇七・三
瀧藤尊教・田村晃祐・早島鏡正『法華義疏（抄） 十七条憲法』（中公クラシックス）、中央公論新社、二〇〇七・五
大東急記念文庫善本叢刊中古中世篇第十六巻『聖徳太子伝』汲古書院、二〇〇八・一
藏中しのぶ『延暦僧録注釈』大東文化大学東洋研究所、二〇〇八・三
渡辺信和『聖徳太子説話の研究――伝と絵伝と』新典社 二〇一二・六
東野治之『上宮聖徳法王帝説』（岩波文庫）、岩波書店、二〇一三・三
「法隆寺記録」を読む会編『南北朝期 法隆寺記録』（南都寺社史料集1）、岩田書院、二〇一四・七
『法隆寺献納宝物特別調査概報 XXXV 古今目録抄1』東京国立博物館、二〇一五・三
『法隆寺献納宝物特別調査概報 XXXVI 古今目録抄2』東京国立博物館、二〇一六・三
後藤昭雄監修『天野山金剛寺善本叢刊』第一期第二巻「因縁・教化」勉誠出版、二〇一七・二
『法隆寺献納宝物特別調査概報 XXXVII 古今目録抄3』東京国立博物館、二〇一七・三
「法隆寺雑記」を読む会編『南北朝期 法隆寺雑記』（南都寺社史料集2）、岩田書院、二〇一七・七
『法隆寺献納宝物特別調査概報 XXXVIII 古今目録抄4』東京国立博物館 二〇一八・三

⑥図録

天沼純一編『四天王寺図録 伽藍編』四天王寺、一九三六・一
田中重久『聖徳太子絵伝と尊像の研究』山本湖舟写真工芸社、一九四三・八
石田茂作他編『秘宝 四天王寺』講談社、一九六八・一
奈良国立博物館編『聖徳太子絵伝』東京美術、一九六九・一〇
菊竹淳一編『聖徳太子絵伝』（『日本の美術』第九一号）至文堂、一九七三・一二
石田茂作『聖徳太子尊像聚成』講談社、一九七六・二

『聖徳太子御絵伝　四天王寺絵堂障壁画　杉本健吉筆』総本山四天王寺、一九八三・九
『法隆寺とシルクロード仏教文化』法隆寺、一九八九・一
［展観図録］『昭和大修理完成記念　法隆寺展　昭和資財帳への道』東京国立博物館、一九九六・一〇
平松令三・光森正士・百橋明穂『真宗重宝聚英』第七巻「聖徳太子絵像・聖徳太子木像・聖徳太子絵伝」同朋舎出版、一九八九・二
［展観図録］『平成の出開帳　法隆寺秘宝展――百済観音堂建立勧進』小学館、一九八五・一一
［展観図録］『～法隆寺昭和資財帳調査完成記念～国宝法隆寺展』ＮＨＫ、一九九四・三
大阪市立美術館監修『聖徳太子信仰の美術』東方出版、一九九六・一
［展観図録］『特別展　法隆寺献納宝物』東京国立博物館、一九九六・一〇
［展観図録］『聖徳太子と斑鳩』奈良県立橿原考古学研究所附属博物館、一九九八・四
［展観図録］『――聖徳太子廟の香花寺――叡福寺縁起と境内古絵図』太子町立竹内街道歴史資料館、二〇〇〇・九
［展観図録］『聖徳太子絵伝が語るもの――聖徳太子のものがたり』飯田市美術博物館　二〇〇一・一〇
［展観図録］『聖徳太子展』ＮＨＫ・ＮＨＫプロモーション、二〇〇一・一〇（東京都美術館・大阪市立美術館・名古屋市博物館）
［展観図録］『太子町に息づく聖徳太子』太子町立竹内街道歴史資料館、二〇〇二・九
［展観図録］『法隆寺　日本仏教美術の黎明』奈良国立博物館、二〇〇四・四
［展観図録］『法隆寺一切経と聖徳太子信仰』大谷大学博物館、二〇〇七・一〇
『法隆寺献納宝物特別調査概報　XXVIII　聖徳太子絵伝1』東京国立博物館、二〇〇八・三
［展観図録］『聖徳太子ゆかりの名宝～河内三太子：叡福寺・野中寺・大聖勝軍寺～』ＮＨＫ大阪放送局・ＮＨＫプラネット近畿・読売新聞大阪本社、二〇〇八・四
［展観図録］『伊那谷の仏教絵画――聖徳太子絵伝と真宗の宝を集めて』飯田市美術博物館　二〇〇八・九
［展観図録］『聖徳太子伝の世界――えがかれた和国の教主』大谷大学博物館、二〇〇八・一〇
『法隆寺献納宝物特別調査概報　XXIX　聖徳太子絵伝2』東京国立博物館、二〇〇九・三
『飯田市美術博物館所蔵「聖徳太子絵伝」研究資料』中世掛幅縁起絵研究会、二〇〇九・一二

『法隆寺献納宝物特別調査概報XXX　聖徳太子絵伝3』東京国立博物館、二〇一〇・三

『杭全神社所蔵「聖徳太子絵伝」研究資料』阿部泰郎（名古屋大学大学院文学研究科）、二〇一〇・一二

『法隆寺献納宝物特別調査概報XXIX　聖徳太子絵伝4』東京国立博物館、二〇一一・三

[展観図録]『聖徳太子一三九〇年御遠忌記念　法隆寺展』日本経済新聞社、二〇一二・三

『法隆寺献納宝物特別調査概報XXXII　聖徳太子絵伝5』東京国立博物館、二〇一二・三

[展観図録]『〝絵解き〟ってなあに？　語り継がれる仏教絵画』龍谷大学龍谷ミュージアム、二〇一二・一〇

『法隆寺献納宝物特別調査概報XXXIII　聖徳太子絵伝（四幅本）1』東京国立博物館、二〇一三・三

『法隆寺献納宝物特別調査概報XXXIV　聖徳太子絵伝（四幅本）2』東京国立博物館、二〇一四・三

『井波別院瑞泉寺所蔵「聖徳太子絵伝」研究資料』名古屋大学大学院文学研究科附属人類文化遺産テクスト学研究センター、二〇一五・六

『本證寺所蔵「聖徳太子絵伝」研究資料』名古屋大学大学院文学研究科附属人類文化遺産テクスト学研究センター、二〇一六・九

[展観図録]『聖徳太子絵伝模写完成記念特別展　まねる・うつす・つたえる　信じる心をつたえる美』安城市歴史博物館、二〇一六・九

『「聖徳太子絵伝」衡山図像集　研究資料』名古屋大学大学院人文学研究科附属人類文化遺産テクスト学研究センター・早稲田大学日本宗教文化研究所、二〇一七・八

跋文——衡山シンポジウム開催の経緯など

本書は、二〇一七年八月二十一日から二十三日にかけて、中国湖南省衡陽市南岳区の衡陽南岳君雅洲際酒店と南岳衡山で開催された、シンポジウム「南岳衡山と聖徳太子信仰」の成果を広く世に問うために編纂したものである。その開催経緯と、当日の状況などについて、以下に記録しておきたい。

二〇一六年六月二十五日、慶應義塾大学三田キャンパスで開催された、平成二十八年度説話文学会大会初日のシンポジウムテーマは「聖徳太子と説話」であった。ここに基調講演・報告・司会者として登壇した、牧野和夫・高橋悠介・松本真輔・村松加奈子・阿部泰郎各氏のうち、牧野・松本・阿部各氏は、吉原が所長を勤める早稲田大学日本宗教文化研究所（早大宗文研）招聘研究員であり、村松氏もいまは解散した「絵解き研究会」時代からのお付き合いがある。また、早大宗文研には他に王勇・井上亘両氏ら、日本古代史・聖徳太子研究の第一線の研究者が在籍しており、阿部泰郎氏率いる名古屋大学大学院人文学研究科附属人類文化遺産テクスト学研究センター（名大CHT）と力を合わせれば、現時点における最高水準の聖徳太子研究の研究者が集結できることになるのではないかと考えた。そこで、シンポジウム休憩時間に阿部氏に相談したところ、両機関が協力して、南岳衡山でシンポジウムと、現地踏査を行おうということになった。

二〇一六年に吉原は、長沙市の湖南師範大学において、中国の国家高端外国専家と、湖南省の省級引進外国智力項目専家として同時任命されており、同大学院での授業実施と湖南省各地の文化遺跡を踏査する必要があった。ちょうど七月には、禹王伝説探求のため、湖南師範大学教授冉毅氏の先導で、衡山周辺を調査することになっていた。そこで、禹王遺跡を探索した後、南岳大廟のある衡陽市南岳区において、二〇一五年に湖南師範大学で開催された国際シンポジウムの際にお世話になった、元南岳区旅游局局長曠仲郎氏に、シンポジウム開催を打診した。すると曠氏はすぐさま、南岳宗教局副局長・南岳佛教協会副秘書長周躍葦氏を呼び出してくださり、我々が滞在する三日間、毎日四名で開催に向けて打合せするなど、話は急速に進んでいった。折りしも南岳衡山では、世界遺産登録を目指し、さまざまな文献・絵画資料の発掘を行っていた。しかし日本に、古代中世の『聖徳太子絵伝』に描かれた衡山図が約六十点もあるとは、現地ではどなたも認識しておられなかった。

そこで同年九月十一日、南岳大廟内の南岳佛教協会三徳講堂で専題学術報告会を開催していただき、吉原は「聖徳太子の南岳慧思後身説・衡山取経譚の形成とその絵画化」と題して講演を行ったのである。ここでは、古代中世の衡山をめぐる聖徳太子信仰の意義と、かえって日本に文献や絵画が保存されていることを語った。会場には、南岳区共産党副書記王燕氏はじめ地方政府・党関係者、南岳佛教協会会長懐輝法師をはじめとする高僧が列席された。その席で、日本側の資料提供を熱望されたため、本シンポジウム実施の際に、郭佳寧編『「聖徳太子絵伝」衡山図像集　研究資料』（名大CHT・早大宗文研刊）を新たに作成し、三十部寄贈したのである。

吉原はその後も、長沙と名古屋を何度か往復し、冉毅・阿部泰郎両氏とともに、シンポジウム開催のための準備を進めていた。ところが諸般の事情により、湖南師範大学との共同主催が不可能となってしまった。そこで日本側両機関のみが主催者となり、冉毅氏の全面協力のもと、シンポジウムを開催することになった。

シンポジウム集合前、吉原は万一に備え、長沙市に先に入っていた。日本各地からの参加者は、福岡・関西・中部・羽田の四空港から、北京か上海を経由して、長沙空港で集合する手はずであった。ところが八月二十日、中国各地の天候が大荒れとなり、落雷のためフライトキャンセルが相次いでしまった。北京経由の参加者は、何とか二十日深夜に南岳区に到着できたが、上海経由の八名は二手に分かれてしまい、結局シンポジウム初日には間に合わなかった。最後の四名が会場に到着したのは、シンポジウム二日目がはじまろうとする午前三時であった。研究発表日程も大幅に変更せざるを得なくなったが、二日目の午後には、南岳佛教協会諸大徳臨席のもと、郭佳寧さんによる中国語の絵解き実演を行い、三日目には晴天の中、衡山の現地踏査を実施することができたのである。田村航氏は、都合によりシンポジウムには参加できなかったが、紙上参加の形で本書に論文を寄せていただいている。

なおシンポジウムでは、本書収載の講演・発表以外に、王勇「伝聖徳太子写『維摩詰経』をめぐって」という基調講演が行われた。そこでは、北京大学図書館所蔵の敦煌写経に含まれる『維摩詰経』巻下に「始興中慧師聡

シンポジウム基調講演（阿部泰郎）

シンポジウム集合写真

衡山望日台から祝融峰を望む

信奉震旦善本観勤深就篤信三宝／経蔵法興寺　定居元年歳在辛未上宮厩戸写」という奥書があるという、まことに衝撃的な事実が紹介された。つまりこの奥書には、始興年中（隋末唐初の私年号）に慧聡が中国の善本を奉じたものを、観勤（勒カ）が法興寺の経蔵に納めたと書かれているのである。さらに注目すべきは、定居元年（日本の私年号）に、「上宮厩戸」すなわち聖徳太子がこれを写した明記することである。この北京大学本『維摩詰経』は、敦煌写経ではなく、日本の古写経であることは明白であろう。しかしこの新出奥書と経典の存在を、どのように解釈すべきなのだろうか。王勇氏は、講演の中で興味深い見解を述べられたが、ここに詳細を記すわけにはいかない。きちんとした考證を経て論文にするまで、あと二三年を要すると慎重な態度を取っておられるので、本書には残念ながら掲載することがかなわなかった。王勇氏による、一日も早い論文の公表を待ち望みたい。

以上、本シンポジウム開催までの道のりは決して平坦ではなかったが、常に私たちに寄り添って献身的な助力を惜しまれなかった湖南師範大学冉毅氏に、参加者一同を代表して心よりの感謝の念を捧げたい。また出版事情の厳しい中、快く刊行をお引き受け下さり、かつ大幅な直しが相次いだ困難な編集を担当された編集部長吉田祐輔氏と編集部福井幸さんに、心より御礼申し上げたい。さらには、審査を経て多額の出版補助費を交付された、早稲田大学総合研究機構各位にも深謝申し上げる次第である。

二〇一八年六月吉日

杭州市下沙高教園区 浙江工商大学東亜研究院三〇三号高訪学者研究室にて

早稲田大学文学学術院教授・同日本宗教文化研究所所長

吉原浩人

跋文——南岳衡山で聖徳太子絵伝を絵解く

本書の土台となったシンポジウム「南岳衡山と聖徳太子信仰」（二〇一七年八月：中国湖南省衡陽市南岳衡山）の中心主題は、日本における聖徳太子信仰の展開のなかで形成された聖徳太子伝の核心を成す、太子転生譚としての南岳恵思禅師の聖徳太子への再誕および達磨大師との契約と、前世持経である法華経の太子取経譚であった。いずれも南岳衡山を舞台とする太子伝説話である。その形成と展開については、巻頭論文に概略を述べたが、シンポジウム企画の大きな動機となったのは、これらの太子伝説話が中国を代表する聖地霊山である南岳衡山をめぐって語られ、聖徳太子絵伝には必らず衡山の図が描かれているにもかかわらず、こうした日本古代・中世に広く知られた南岳衡山伝承のことが、中国には全く知られていないことである。日中の仏教を介した文化交流史の一焦点というべき聖徳太子信仰の重要な場（トポス）というべき南岳衡山をめぐる伝承を、その図像資料と共に再考し、注目を喚起することが、本シンポジウムに課せられた役目であった。

聖徳太子信仰の大きな特徴は、太子の伝記が、文字資料だけではなく、仏伝のごとく絵伝としてイメージ化され、それを媒介として流布し唱導されることである。古代から制作され、中世に大きく発展し厖大な作例をのこす太子絵伝に欠かせないモティーフのひとつが、南岳衡山の場面であり、そこに描かれた「衡山図」は、中国にも多くは遺されていない十一世紀から十四世紀にかけての仏教聖地図像として、文化交流史上でも注目すべき宗教イメージの遺産であるといえよう。また、説話図像として太子絵伝の衡山図が興味深いのは、それが南岳恵思禅師と達磨大師との邂逅契約の転生譚と小野妹子および太子の前世持経取経譚の二つの時を異にする説話が同じく描かれる、いわば異時同図法の説話画になっていることである。更に、太子絵伝における眼目となる二つの太子飛翔譚、つまり甲斐黒駒に騎乗しての富士山飛翔と並んで、青龍車に乗って魂を衡山に遣わしての飛翔を描く、一方の世界を構成することで、古代以来の太子絵伝が構想する壮大なスケールの世界観を表象するのが、この衡山図像なのである（なお、南岳恵思と対面した達磨もまた虚空に飛登して東へ去るのであって、衡山図には太子と達磨のふたつの飛翔が更に交差することになることも注意される）。

聖徳太子絵伝における代表的な「衡山図」を聚めて編んだ『「聖徳太子絵伝」衡山図像集 研究資料』は、シンポジウムのために制作配布されたが、これは諸図録からの抜粋だけでなく、科研基盤(S)「宗教テクスト遺産の探査と綜合的研究」による宗教図像テクスト文化遺産としての聖徳太子絵伝の調査によって採訪したオリジナルな画像データも活用され、新たに編集されたものである。と同時に、これら対象となった太子絵伝（と一体化した太子伝承）の世界を、本来の太子信仰メディアとして果たしていた機能を復原して、衡山の地元の方々に、また中国の研究者たちに実感していただくためには、資料としてテクストを提供しイメージを見せるだけではなく、絵伝を前にものがたる絵解きによるパフォーマンスを行うプレゼンテーションが必要と判断した。これも、企画者の吉原氏の強い要望によるものである。

それを可能としたのは、名古屋大学人文学研究科附属人類文化遺産テクスト学研究センター（CHT）による、太子絵伝の絵解きを含めた綜合的な調査研究の取り組みと蓄積である。編者の所属する文化人類学（旧比較人文学）研究室では、二〇〇七年より大学院・学部共通「比較人文学フィールドワーク演習」として、聖徳太子伝を読むだけでなく、伝記を元にテクスト（台本）を創り太子絵伝を絵解く、テクスト解釈実践としての学外授業を行っている。そのフィールドは、富山県南砺市城端（じょうはな）の真宗大谷派城端別院善徳寺で毎年七月二十二日より二十八日にかけて催される虫干法会であり、そこにおいて開帳される法宝物のひとつ、聖徳太子二歳御尊像に伴って掛けられる四幅の太子絵伝の絵解きを、学部生・大学院生および留学生と共に、二〇一八年まで毎年行ってきた。同じ南砺市井波の井波別院瑞泉寺で同時期に行われる太子伝会において、役僧によって担われる太子伝絵解き説法は、現在全国で唯一、太子絵伝の絵解きを恒例として営んでいる。名古屋大学の取り組みは、その伝承に学び、学生たちが自発的かつ主体的に取り組む社会教育プログラムとして実践してきたものである。城端別院でも虫干法会において蓮如上人御絵解きが行われており、これを担われている馬川透流師の絵解きは、太子絵伝絵解きをする学生たちを含めて、聴聞する人々に大きな感動を与えている。

城端における太子伝絵解きを度重ねる毎に、別院や地域の方々との太子を介した交流の機縁が生じており、それは両別院と共同して催した数次の「絵解きフォーラム」(二〇一三、一五、一八年)、あるいは金沢大学と共催した「金沢絵解きフォーラム」(二〇一七)など、絵解き文化を伝承する北陸地域に密着した社会連携活動となって展開されている。

とりわけ本シンポジウムの直接の契機となったのは、二〇一六年に愛知県安城市歴史博物館特別展「まねる　うつす　つたえる」における、安城本證寺聖徳太子絵伝十幅(重文)の摸写完成記念の展覧会にCHTが協同して開催した「安城絵解きフォーラム――聖徳太子絵伝と日本の絵解き文化」である。吉原氏はそのシンポジウムに講師として参加され、名古屋大学の大学院生がこの機会に黒駒の富士飛翔と衡山取経のふたつの太子の飛翔を主題とする絵解きを披露した。この際に、湖南師範大学の冉毅教授が参観くださり、その絵解きにいたく感動され、ぜひ、中国衡山の地においてこの絵解きを再演してほしいと要望された。この時に日本語で太子取経の絵解きを演じたのが、本書に載せた絵解き台本を作り、また論文も執筆した、名古屋大学博士後期課程の郭佳寧君である。

二〇一七年八月に衡山において行われたシンポジウムは、吉原氏の「跋文」に記すように不測の天変により当日に現地へ入ることができず、ようやく二日目の未明に辿りついたのであったが、大急ぎで短縮された講演や報告はともかく、参加した一同が楽しみにしていた衡山取経段の絵解きは、同年春に藤江正謹宮司の御許可を得て高精細デジタル画像を取得させていただいた大阪市平野区杭全（くまた）神社所蔵の聖徳太子絵伝十幅本（室町時代、十六世紀）の第九幅によって、日本語台本から中国語（北京官話）に改めて、やはり郭佳寧君により披露された。その口演は、聴聞した南岳衡山の僧侶の方々や研究者に深い感銘を与えた。特に、基調講演をつとめられた浙江大学の王勇教授は、郭君の絵解きが伝統的な中国民間の演唱芸の口調をよく生かした語りとなっていることを高く評価されておられた。つまり、単なる翻訳ではなく、それぞれの文化伝統をふまえ、則した形式（スタイル）を工夫した点で、日中の文化比較と交流を体現するような絵解きとなったのである。

これらの、シンポジウムを基盤的な資料やデータによって支え、また絵解きの復原創作などにより活性化する活動は、名古屋大学ＣＨＴが推進するＪＳＰＳグローバル展開プログラム（課題設定型）「絵ものがたりメディア文化遺産の普遍価値創成のための国際共同研究」受託研究事業の一環として取り組まれたものである。これらの調査研究や社会連携活動を支援して下さった多くの方々と機関、そして従事して大きな成果をあげてくれた参加者の皆様に、この機会を借りて感謝申し上げる。また、そのひとつの目覚ましい成果が、本書のように中国と日本の両国を飛び翔って結ぶ学術交流の所産として世に出されることを心よりうれしく思うところである。

二〇一八年六月

名古屋大学人文学研究科附属ＣＨＴセンター長

阿部泰郎

執筆者一覧

編者

阿部泰郎（あべ・やすろう）

名古屋大学人文学研究科附属人類文化遺産テクスト学研究センター教授・センター長、早稲田大学日本宗教文化研究所招聘研究員。

専門は、中世日本宗教文芸、宗教テクスト学。

主な著書に『湯屋の皇后――中世の性と聖なるもの』（名古屋大学出版会、一九九八年）、『聖者の推参――中世の声とヲコなるもの』（名古屋大学出版会、二〇〇一年）、『中世日本の宗教テクスト体系』（名古屋大学出版会、二〇一三年）、『中世日本の世界像』（名古屋大学出版会、二〇一八年）などがある。

吉原浩人（よしはら・ひろと）

早稲田大学文学学術院教授、早稲田大学日本宗教文化研究所所長、浙江工商大学東亜研究院客員教授、広東外語外貿大学東方語言文化学院客員教授。

専門は、日本宗教思想史、東アジア文化交流史。

主な編著書に真宗重宝聚英第三巻『阿弥陀仏絵像・阿弥陀仏木像・善光寺如来絵伝』（共編、同朋舎、一九八八九年）、『《燈籠佛》の研究』（至文堂、二〇〇〇年）、『東洋における死の思想』（春秋社、二〇〇六年）、『海を渡る天台文化』（共編、勉誠出版、二〇〇八年）などがある。

執筆者（論文掲載順）

高松寿夫（たかまつ・ひさお）

早稲田大学文学学術院教授。

専門は日本上代文学。

主な著書に『上代和歌史の研究』（新典社、二〇〇七年）、『日本古代文学と白居易』（共編、勉誠出版、二〇一〇年）、『柿本人麻呂』（笠間書院、二〇一一年）などがある。

河野貴美子（こうの・きみこ）

早稲田大学文学学術院教授、早稲田大学日本宗教文化研究所幹事。

専門は和漢古文献研究、和漢比較文学。

主な著書に『日本霊異記と中国の伝承』（勉誠社、一九九六年）、『日本「文」学史　A New History of Japanese "Letterature" 第一冊「文」の環境――「文学」以前』（共編著、勉誠出版、二〇一五年）、『日本「文」学史　A New History of Japanese

"Letterature" 第二冊「文」と人びと——継承と断絶』（共編著、勉誠出版、二〇一七年）などがある。

崔　鵬偉（さい・ほうい）

早稲田大学大学院文学研究科博士後期課程、早稲田大学日本宗教文化研究所RA。

専門は説話文学・和漢比較文学。

主な論文に「平安鎌倉期文献にみる警蹕の魔除け機能——その由来について」（『多元文化』第七号、二〇一八年）、「『今昔物語集』巻二十七第五「冷泉院水精成人形被捕語」考——怪異の正体を中心に」（『東洋の思想と宗教』第三五号、二〇一八年）、「渤海使関係文筆資料　注釈稿『日本後紀』延暦十五年（七九六）十月己未条所載「渤海王嵩璘啓」」（『早稲田大学日本古典籍研究所年報』第十一号、二〇一八年）などがある。

三好俊徳（みよし・としのり）

名古屋大学人文学研究科・研究員。

専門は日本中世思想・文芸研究。

主な論文に「宗論文芸としての『酒飯論絵巻』——第四段詞書を中心に」（『アジア遊学』一二五号、二〇一四年）、「『扶桑略記』の法会と僧——椋家亡母供養説話の位置づけについて」（京都仏教説話研究会編『説話の中の僧たち』、二〇一六年）、「歴博本『転法輪抄』密教帖の世界」（『国立歴史民俗博物館研究報告』一八八号、二〇一七年）などがある。

近本謙介（ちかもと・けんすけ）

名古屋大学大学院人文学研究科准教授。

専門は中世日本宗教文芸。

主な著書・論文に『春日権現験記絵注解』（神戸説話研究会編、和泉書院、二〇一四年改訂重版〈二〇〇五年初版〉）、『天野山金剛寺善本叢刊第一期　第二巻——教化・因縁』（共編、勉誠出版、二〇一七年）、「南都における浄土信仰の位相——貞慶と『春日権現験記絵』をめぐって」（『國語と國文学』第九二巻五号、二〇一五年）などがある。

郭　佳寧（かく・かねい）

名古屋大学文学研究科博士課程後期課程。

専門は日本宗教文化。

主な論文に「密教空間からみる覚鑁の思想——密厳院を中心として」（『日本宗教文化史研究』第二十巻第一号、二〇一六年）、「覚鑁撰「多聞天講式」考——講式をめぐる思想・信仰・伝承の生成」（『日本宗教文化史研究』第二十二巻第一号、二〇一八年）などがある。

牧野和夫（まきの・かずお）

実践女子大学文学部教授、早稲田大学日本宗教文化研究所招聘研究員。

専門は中世文学。
主な著書・論文に『中世の説話と学問』（和泉書院、一九九一年）、『延慶本『平家物語』の説話と学問』（思文閣出版、二〇〇五年）、『日本中世の説話・書物のネットワーク』（和泉書院、二〇〇九年）などがある。

田村　航（たむら・わたる）
明治学院大学・早稲田大学非常勤講師、早稲田大学日本宗教文化研究所招聘研究員。
専門は十五世紀の日本文化。
主な著書・論文に『一条兼良の学問と室町文化』（勉誠出版、二〇一三年）、「藤原惺窩与朝鲜俘虏的笔谈」（王勇主編、谢咏副主編『东亚的笔谈研究』浙江工商大学出版社、二〇一五年）、「白川資雅と「狐」」（『朱』第六十号、二〇一七年）などがある。

安藤章仁（あんどう・ふみひと）
早稲田大学非常勤講師、早稲田大学日本宗教文化研究所招聘研究員。
専門は浄土教思想。
主な著書・論文に『よみがえる上宮寺の法宝物』（自照社出版、二〇〇四年）、『親鸞読み解き事典』（柏書房、二〇〇六年）、「親鸞における『楽邦文類』の受容とその意義」（『高田学報』一〇〇輯、二〇一二年）などがある。

＊本書は、以下の助成金・研究費の研究成果の一部として刊行するものである。関係各位に篤く御礼申し上げる次第である。

早稲田大学総合研究機構学術出版補助費・中国国家外国専家局二〇一六年度教科文衛高端外国専家項目「東瀛腹地湖湘文化史迹查考及所載史実的典籍読解与本原文化的対比研究」湖南師範大学（代表：吉原浩人）・中国湖南省人力資源和社会保障庁二〇一六年度省級引進国外智力項目「東瀛腹地湖湘文化史迹查考及所載史実的典籍読解与本原文化的対比研究」湖南師範大学（代表：吉原浩人）・早稲田大学二〇一七年度特定課題研究助成費特定課題A（一般助成）「聖徳太子信仰と南岳衡山」（2017A-008）（代表：吉原浩人）・日本学術振興会グローバル展開プログラム「絵ものがたりメディア文化遺産の普遍的価値の国際共同研究による探求と発信」（代表：阿部泰郎）・日本学術振興会科学研究費助成事業基盤研究（S）「宗教テクスト遺産の探査と綜合的研究――人文学アーカイヴス・ネットワークの構築」（26220401）（代表：阿部泰郎）

編者略歴

阿部泰郎（あべ・やすろう）

名古屋大学人文学研究科附属人類文化遺産テクスト学研究センター教授・センター長、早稲田大学日本宗教文化研究所招聘研究員。

専門は、中世日本宗教文芸、宗教テクスト学。

主な著書に『湯屋の皇后――中世の性と聖なるもの』（名古屋大学出版会、1998年）、『聖者の推参――中世の声とヲコなるもの』（名古屋大学出版会、2001年）、『中世日本の宗教テクスト体系』（名古屋大学出版会、2013年）、『中世日本の世界像』（名古屋大学出版会、2018年）などがある。

吉原浩人（よしはら・ひろと）

早稲田大学文学学術院教授、早稲田大学日本宗教文化研究所所長、浙江工商大学東亜研究院客員教授、広東外語外貿大学東方語言文化学院客員教授。

専門は、日本宗教思想史、東アジア文化交流史。

主な編著書に真宗重宝聚英第三巻『阿弥陀仏絵像・阿弥陀仏木像・善光寺如来絵伝』（共編、同朋舎、1989年）、『《燈籠佛》の研究』（至文堂、2000年）、『東洋における死の思想』（春秋社、2006年）、『海を渡る天台文化』（共編、勉誠出版、2008年）などがある。

南岳衡山と聖徳太子信仰

編者　阿部泰郎　吉原浩人

発行者　池嶋洋次

発行所　勉誠出版㈱

〒101-0051　東京都千代田区神田神保町三－一〇－二

電話　〇三－五二一五－九〇二一㈹

二〇一八年六月二十九日　初版発行

印刷　製本　中央精版印刷

ISBN978-4-585-21046-7　C3015

海を渡る天台文化

東アジアの様々な文化に多大な影響を与えてきた天台仏教。典籍の交流・思想の伝播・文学表現への影響など多角的・総合的な視点から、その受容と展開を解明する。

吉原浩人・王勇 編・本体六〇〇〇円（+税）

東アジアの漢籍遺産
奈良を中心として

奈良時代、そして奈良という場にスポットをあて、漢籍を基軸としてさまざまな方面へと派生し広がりゆく知の世界を多面的かつ重層的に描き出す。

河野貴美子・王勇 編・本体八〇〇〇円（+税）

東アジアの仏伝文学

古代、中世から近現代まで幅広く、その展開を捉え、中国、朝鮮半島、日本、ベトナムなど、東アジアの漢字漢文文化圏に共有された文化・文学の意義を検証する。

小峯和明 編・本体一四〇〇〇円（+税）

ひと・もの・知の往来
シルクロードの文化学

様々な領域の知見から描き出したときに立ち現れる、東西の文化の融合と展開のありようについて、それを媒介する「道」――シルクロードの意義とともに確認する。

荒木浩・近本謙介・李銘敬 編・本体二四〇〇円（+税）